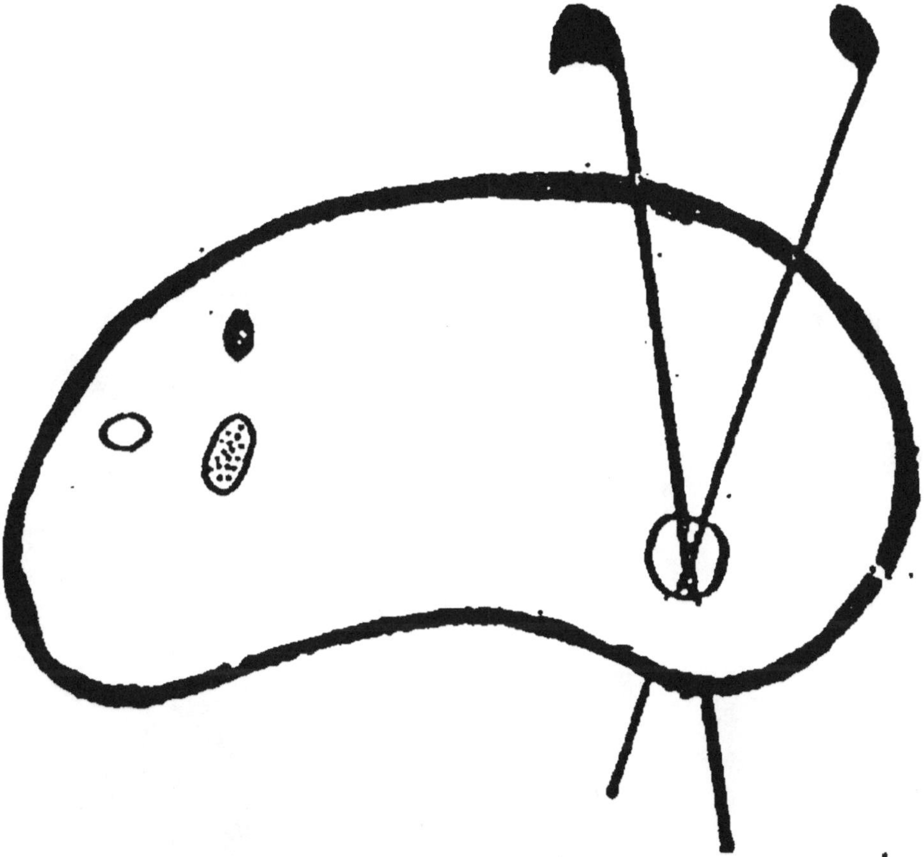

DEBUT D'UNE SERIE DE DOCUMENTS
EN COULEUR

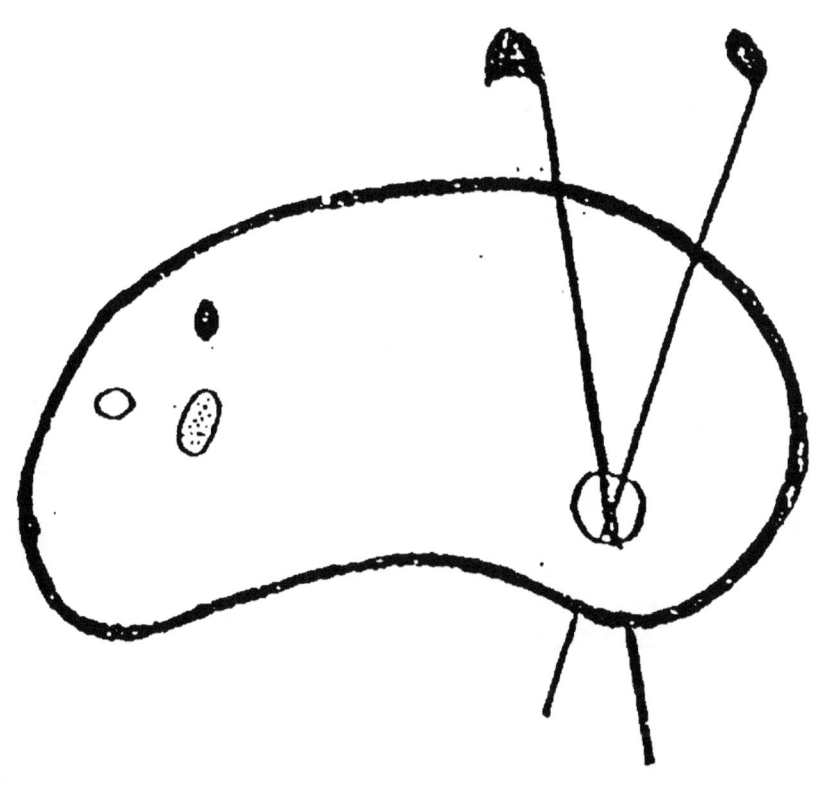

FIN D'UNE SERIE DE DOCUMENTS
EN COULEUR

LA VRAIE VIE

MANUEL PRATIQUE

DES

DEVOIRS DE L'HOMME ET DU CITOYEN

LA VRAIE VIE

MANUEL PRATIQUE

DES

DEVOIRS DE L'HOMME & DU CITOYEN

Par B. VÉRET

Ouvrage couronné par la Société Nationale d'Encouragement au Bien

AMIENS
TYPOGRAPHIE Ve LAMBERT-CARON
Imprimeur-Libraire
PLACE DU GRAND-MARCHÉ

PARIS
Chez HACHETTE et Cie, Boulevard Saint-Germain, 79
1880

Tout exemplaire de cet Ouvrage est réputé contrefait, s'il ne porte pas, comme ci-dessous, la signature de l'Éditeur.

AVANT-PROPOS

Depuis un demi-siècle, on a fait des hommes égoïstes, des natures vénales en les pénétrant de cet axiome. « Chacun chez soi, chacun pour soi. » En leur disant à tout propos : « enrichissez-vous. »

Aussi, nos mœurs se sont-elles corrompues, et nos vertus civiques ont disparu avec l'idée du devoir : de là nos désastres sans nom de Sédan à Metz, le triomphe de l'étranger et notre humiliation.

Si donc nous voulons relever la France de l'abaissement où l'ont précipitée le culte des intérêts matériels, l'oubli des vérités morales et religieuses et la guerre de 1870, il faut que désormais l'élément moral occupe dans l'éducation populaire la place considérable qui lui appartient.

C'est pour essayer de concourir à cette œuvre patriotique que j'ai rédigé ce Manuel où se trouvent des pages empruntées à des écrivains comme Lamartine, Victor Hugo, MM. Legouvé, Barthélémy Saint-Hilaire, etc., — à des philosophes et à des moralistes comme MM. Jules Simon, J. Barni, P. Janet, Bénard, Salmon, Barrau, etc., — à des publicistes comme MM. L. Jourdan, E. Charton, V. Tissot, etc.

LA VRAIE VIE

MANUEL PRATIQUE
DES
DEVOIRS DE L'HOMME & DU CITOYEN

CHAPITRE I.

L'HOMME.

La bonne instruction, mes jeunes amis, n'est pas seulement celle qui apprend à lire, à écrire, à compter, c'est l'instruction qui élève et moralise les âmes en leur apprenant à aimer Dieu et le prochain, le droit et la justice, la patrie et la liberté, c'est celle qui apprend surtout à placer les joies et les satisfactions de la conscience au-dessus des biens matériels.

Voilà pourquoi je veux vous enseigner cette partie de la morale qui traite des devoirs de l'homme envers lui-même, envers ses semblables, la patrie, et l'humanité.

Morale. — On définit la *morale* la science du bien et du mal, du juste et de l'injuste, de l'honnête et du déshonnête ; elle a pour objet de nous faire connaître toutes les vertus à acquérir, tous les vices à éviter, tous les devoirs à accomplir, d'imprimer à notre conduite la direction la plus convenable pour assurer notre bonheur autant que cela dépend de la volonté humaine.

Connais-toi toi-même. — La sagesse antique avait gravé sur le fronton du temple de Delphes cette brève sentence : « *Connais-toi toi-même.* » Sentence qui disait à tous que l'homme est pour lui-même un sujet d'étude, utile, et nécessaire.

Cette étude, en effet, lui révèle la noblesse de son origine, la beauté de sa tâche et la grandeur de ses destinées ; elle fait voir qu'il y a en nous des penchants naturels qui nous poussent à agir et au-dessus de ces penchants une règle inscrite par le Créateur dans la conscience, qui trace les devoirs et les droits de chacun, et fonde *la morale individuelle et la morale sociale.* Ainsi l'idée qu'il faut attacher à la morale est celle d'une règle invariable à laquelle la volonté humaine est tenue d'obéir et d'où naissent tous nos devoirs.

Nature de l'Homme. — Le fonds de l'homme étudié dans les diverses circonstances inhérentes aux phénomènes de la vie, rassemble en lui les deux manières d'être désignées par les mots *esprit* et *matière, physique* et *moral* ; il a un *corps,* un *organisme* comme tous les êtres animés ; il a une *âme,* un *esprit,* source de la pensée, de l'entendement et de la volonté, principe de toutes les facultés.

Le Corps, l'Ame. — Le corps n'est que l'enveloppe visible, la partie périssable de nous-même, la forme matérielle de l'homme. Mais nous sentons tous qu'il y a dans notre corps quelque chose qui pense, veut, sent, et cette chose on l'appelle l'âme, essence immortelle, émanée de Dieu, principe spirituel, indépendant de la matière qui constitue véritablement *l'homme, l'être moral, la personne, le moi* comme disent les philosophes.

Ces deux sortes d'éléments de la nature humaine, quoique distincts l'un de l'autre, sont unis par un lien mystérieux qu'une sagesse impénétrable a pour toujours dérobé à nos recherches. Mais si inexplicable que nous paraisse cette union, elle n'en existe pas moins ; il y a entre les mouvements du corps et les opérations de l'esprit une liaison intime qui n'échappe à personne et que l'on ne saurait révoquer en doute, car nous en voyons à chaque instant les résultats. Nous voyons tous les jours que des corps frêles et contrefaits renferment des âmes belles autant que les plus belles, d'une indomptable énergie, des âmes de fer comme on dit; tandis que des corps taillés en hercule contiennent des âmes faibles, incapables d'aucun effort vers le bien, inaccessibles à toute noble émotion, comme à tout enthousiasme. Des visages laids, durs, reflètent parfois une exquise sensibilité, une ineffable douceur. N'est-ce pas l'éclatante preuve de la différence qui existe entre les deux substances dont se compose l'être humain. N'est-ce pas l'image frappante de l'assemblage forcé de deux natures sans rapport entre elles, d'une terrestre et grossière écorce qui retient captive une pure essence.

Ainsi donc, il y a dans l'homme autre chose que de la matière : il y a une âme distincte du corps et l'être moral a une sphère d'activité dans laquelle n'est point renfermée la vie de l'être physique.

Les organes des sens ne sont que les instruments de l'Ame. — Nous sentons par nos organes, mais ce ne sont pas eux qui sentent pour nous, nos membres n'agissent pas sans l'intervention de notre volonté; nos organes sont des moyens, non des principes de sensations, de pensée. Les sens reçoivent les impressions produites par les objets sur tous les points de notre corps, mais l'âme est là pour les reconnaître, et c'est elle qui voit, qui sent, qui entend et qui juge.

Nous pensons par notre cerveau, et ce n'est pas lui qui pense, qui réfléchit, qui veut pour nous, car la matière n'a pas cette puissance. L'âme, il est vrai, a besoin d'un organe pour communiquer le mouvement aux diverses parties de la machine humaine et cet organe est le cerveau : c'est lui qui, au moyen des nerfs qui en partent et qui se rendent à tous les points du corps, leur imprime le mouvement avec une merveilleuse rapidité ; c'est encore lui qui, à l'aide des mêmes nerfs, transmet à l'âme les sensations déterminées en nous par le contact des objets extérieurs. En réalité, le cerveau avec ses nerfs n'est qu'un intermédiaire entre l'âme et les autres organes, mais il est l'intermédiaire indispensable du mouvement, des sensations. On lui a même assigné le rôle qui ne peut appartenir qu'à l'âme, car le cerveau, organe matériel, ne saurait accomplir un acte aussi immatériel que la pensée.

La vue et l'ouïe nous fournissent également une preuve irrécusable que c'est l'âme, et non les sens, qui juge les impressions. L'œil n'éprouve aucun effet particulier des sensations qui résultent pour nous de la vue d'un tableau gai ou triste ; il nous transmet indifféremment les impressions qui naissent d'aspects si divers ; l'âme seule goûte les jouissances attachées à la contemplation des chefs-d'œuvre de l'art ou des beautés de la nature. Ainsi encore, pour entendre, il faut écouter : quoique le son vienne frapper l'oreille, si l'esprit n'a pas entendu nous percevons à peine un bruit vide de sens ; lorsque quelqu'un nous ennuie et nous fatigue par ses bavardages, nous le laissons parler, et portant l'action de notre intelligence sur un autre sujet, nous n'entendons plus qu'un murmure confus.

Au contraire, éprouve-t-on du plaisir à entendre : on s'approche de la personne qui parle, on prête une oreille attentive pour que rien n'échappe à l'intelligence.

L'Esprit ne vieillit pas comme le Corps. — L'être humain vient au monde avec une âme qui a ses facultés comme le corps a les siennes ; de part et d'autre, elles tendent à se développer d'une manière identique ; le corps commence par un infiniment petit et dans le cours naturel et régulier de la vie, il parcourt invariablement deux périodes l'une ascendante ou d'accroissement, l'autre descendante ou de décroissement. L'âge de 40 ans est le terme de la première période ; passé ce terme les forces physiques commencent à s'affaiblir ; elles décroissent par degrés à peu près égaux à ceux qui avaient marqué leur accroissement. Le corps s'affaiblit, s'use, s'altère avec les progrès de l'âge et la mort arrive par la suspension graduelle des fonctions organiques.

L'âme ne se révèle pas tout d'abord dans les premiers temps de la vie par des signes nettement marqués. Elle apparaît presque nulle dans le premier âge, puis obscure et ensuite s'éclairant d'une lumière de plus en plus vive. En observant le chaos intellectuel dans lequel l'homme est plongé à sa naissance, ainsi que le développement graduel de ses facultés, on voit jaillir du milieu de ces épaisses ténèbres la première manifestation de l'âme, la première pensée, puis d'autres idées arriver en foule, comme au ciel apparaissent successivement d'innombrables étoiles ; mais tandis que le principe de vie qui anime le corps et lui fait exécuter les actes nombreux qui constituent ses fonctions, perd sa force avec l'âge et s'éteint, l'âme, au contraire, continue à se développer, ou tout au moins conserve son énergie jusque dans l'extrême vieillesse, souvent même jusqu'à la mort.

Presque tous les hommes de génie qui se sont illustrés par des chefs-d'œuvre étaient depuis longtemps dans la seconde période de leur existence lorsqu'ils composèrent leurs plus beaux ouvrages : à quatre-vingt-dix ans, au moment où la mort vint l'atteindre, Michel-Ange, le plus grand d'entre les grands artistes de l'Italie, dirigeait encore la construction de la basilique de Saint-Pierre de Rome, cet incomparable monument de la foi chrétienne. — Monsieur Thiers était entré dans sa 74ᵉ année lorsqu'il fut élu en 1871 Président de la République ; cet illustre homme d'Etat, qui jusqu'à sa dernière heure se montra si prodigieux de zèle et d'activité pour le bien public, sut en moins de deux ans retirer la France de l'abîme où elle avait failli s'engloutir.

La vraie Vie. — Et maintenant demandons-nous quelle est la fin pour laquelle l'homme a été créé, en d'autres termes pourquoi Dieu nous a-t-il donné la vie ? La morale et la religion sont d'accord pour résoudre ainsi cette question : Faire le bien, pratiquer la vertu et par là mériter le bonheur. Telle est la vraie destinée de l'homme sur cette terre.

Il faut avant tout vous bien pénétrer de cette pensée :

que l'existence de l'homme ne consiste pas seulement à développer et à entretenir son corps, à faire mouvoir ses membres ; elle implique une donnée essentielle : la conscience et l'intelligence d'une destination immortelle.

La vie n'est donc pas une chose que le hasard donne et que le hasard enlève : c'est le premier des dons que nous fasse le Créateur. Vivre, ce n'est pas uniquement respirer, boire, manger, dormir ; c'est faire usage de nos sens, de toutes nos facultés. Vivre, c'est cultiver son esprit et son cœur en les attachant à des devoirs et à de bonnes œuvres ; c'est prier, c'est travailler, c'est s'efforcer d'être utile à sa famille, à son pays, à son prochain. La vie, la vraie vie pour l'homme est une mission sainte qu'il doit accomplir par le dévouement et par le sacrifice de lui-même.

A considérer ce qui se passe dans le monde, il semble que deux principes contraires s'en disputent perpétuellement l'empire : le bien et le mal, le vice et la vertu, le plaisir et la douleur. La vie humaine présente donc deux voies ; l'homme a le pouvoir de choisir entre elles ; ce choix est difficile et exige de nous d'incessants efforts. C'est pourquoi la vie est dite une épreuve et on la représente souvent comme un combat.

Oui, mes jeunes amis, tout est lutte dans la vie ; quand vous serez hommes, c'est-à-dire demain, car le temps qui nous entraîne et nous mûrit court plutôt qu'il ne marche, vous ferez la dure expérience de cet incessant combat, qui est le lot et la loi de tout homme.

Préparez-vous donc aux chocs qui viendront vous meurtrir, aux déceptions qui essaieront de glacer vos espérances, aux injustices qui pèseront sur vous. Faites-vous forts contre la douleur, car elle frappe incessamment à notre porte ; faites-vous résistants contre l'erreur qui chaque jour essaie de vous entraîner, faites-vous patients, car la patience est une vertu qui nous dit que l'heure de la justice viendra, qu'il faut savoir l'attendre, et lorsque le fardeau de la souffrance vous paraîtra trop lourd, les coups trop redoublés, réfugiez-vous dans cet asile inexpugnable que chacun possède en soi : la conscience.

C'est votre conscience qui vous soutiendra, si elle est satisfaite de vos œuvres, c'est elle qui vous abritera dans tous les orages que vous traverserez ; si vous souffrez pour le devoir, c'est elle qui vous fortifiera et vous consolera comme elle a fait de ceux qui avant vous ont été déchirés et meurtris pour la sainte cause du progrès humain.

Mais si la lutte est la condition de la vie, la paix de l'âme en est le prix, et pour obtenir cette paix il est un moyen infaillible : c'est de faire son devoir partout et toujours.

CHAPITRE II.

LES FACULTÉS HUMAINES.

L'homme, être intelligent et libre, dirigeant ses propres actions a été doué des facultés nécessaires pour en connaître la valeur ; jouissant à la fois d'une existence physique et morale, il en résulte pour lui l'obligation de conserver et de perfectionner l'une et l'autre : c'est à cette fin que l'instinct guide le corps et la conscience l'entendement.

Disons d'abord quelques mots de l'instinct que dans le langage ordinaire on confond souvent avec l'intelligence.

Instinct. — Tous les êtres inférieurs à l'homme, privés de raison et sans volonté, ont besoin comme lui pour entretenir leur existence de se mouvoir et de chercher leur nourriture ; aussi le Créateur les a-t-il doués d'une force intérieure d'où procèdent tous les actes accomplis dans un but de conservation ; cette force propre est l'*instinct*, loi nécessaire et sûre, à laquelle les animaux obéissent fatalement et qui leur fait atteindre infailliblement leur complet développement et leur fin. C'est une impulsion des organes, un entrainement commandé par une destination fatale, absolue, irrésistible, et les êtres animés ne sont utiles ou nuisibles qu'en vertu de leur organisation spéciale : Le tigre a été créé pour se nourrir de la chair palpitante et s'abreuver du sang d'une proie vivante ; le mouton pour paître l'herbe tendre de la prairie ; l'abeille pour butiner le suc des fleurs.

Chez l'homme l'instinct et l'intelligence sont deux forces parfaitement distinctes et qui ne peuvent être isolées en nous ; car toutes deux sont des nécessités de notre existence. Toutes les fois que les sens agissent sans la participation de la volonté, de la réflexion, c'est de l'instinct : Dans une chûte imprévue, pour protéger la tête on porte les bras en avant par un mouvement spontané plus rapide que la pensée.

Faire une chose non apprise, la faire fatalement et invariablement par les mêmes procédés, est une autre forme de l'instinct. Les abeilles, les fourmis produisent des œuvres d'une intelligence qui n'est pas en elles et dont elles n'ont point le sentiment ; l'homme seul comprend ce qu'il y a de merveilleux dans leurs ouvrages.

On a observé que les êtres qui ont le plus d'intelligence sont ceux qui ont le moins d'instinct et réciproquement, que ceux qui ont le plus d'instinct sont ceux qui possèdent la plus faible dose d'intelligence : chez les insectes, l'instinct seul domine, ce n'est que par habitude qu'on dit l'intelligence de l'araignée, des abeilles.

L'amour de la vie que l'on appelle l'*instinct de conservation* domine tous les autres ; c'est lui qui fait que l'homme prévoit, écoute, évite, combat autour de lui tout ce qui peut menacer son existence, et qu'il se défend par tous ses sens : il se sert de ses yeux pour voir le danger, de ses pieds, pour le fuir, de ses mains pour le repousser, de son courage pour le surmonter.

L'instinct de conservation a pour auxiliaires deux sensations puissantes attachées à toutes nos actions comme deux génies tutélaires ; l'une *sensation de douleur*, nous avertit et nous détourne de tout ce qui tend à nous détruire ; l'autre *sensation de plaisir*, nous attire et nous porte vers tout ce qui tend à conserver et à développer notre existence. Cependant nous ne trouverions pas dans le seul désir de la conservation, un guide suffisant, un conseil assez sage pour nous conduire sûrement dans la vie ; car ce désir même, s'il n'était arrêté par le frein de la conscience, nous pousserait souvent dans le précipice qu'il a pour but de nous faire éviter.

Pouvoir de l'âme. — La réunion des facultés de l'âme forme ce qu'on appelle l'*entendement humain ;* il y a trois pouvoirs distincts dans l'âme, trois facultés générales ; 1° la *sensibilité* ou pouvoir de sentir ; 2° l'*intelligence* ou faculté de connaître ; 3° l'*activité* ou faculté d'agir.

Sensations. — La sensibilité est la faculté à laquelle se rapportent les sensations et les autres affections de l'âme ; les sensations, soit intérieures, soit venues du dehors, offrent une grande variété dans leur nature, selon nos penchants, nos besoins, les éléments de notre constitution physique et morale.

On les ramène à trois espèces : plaisirs et souffrances du corps ou *sensibilité physique ;* plaisirs et peines de l'esprit ou *sensibilité intellectuelle ;* plaisirs ou peines du cœur ou *sensibilité morale.*

La sensibilité physique est mise en jeu par cinq organes externes appelés les cinq sens savoir : le tact, le goût, l'odorat, la vue et l'ouïe qui sont pour l'âme la source de plaisirs et de peines en même temps que de connaissances.

Les sensations intellectuelles sont en rapport avec le développement de l'intelligence ; elles varient selon nos facultés, selon les objets et la manière de les envisager.

Les sensations morales, que l'on désigne ordinairement par le nom de sentiments, correspondent aux affections si multipliées du cœur humain ; elles sont variées comme nos affections, nos penchants et nos passions.

L'Intelligence. — *L'intelligence* est la faculté de connaître, de concevoir, de comprendre toutes les choses auxquelles l'esprit de l'homme peut atteindre ; c'est elle qui choisit, qui pèse, qui compare les idées, afin d'en déduire un jugement qui motive nos actions.

C'est uniquement par l'intelligence que l'homme a quelque valeur ; quand elle est bornée, il tombe dans un véritable esclavage ; incapable de gérer ses affaires, il devient, pour ainsi dire, étranger à l'humanité.

Cette faculté se développe, se perfectionne par l'usage de la vie, par l'expérience et l'éducation, elle augmente par la mémoire du passé, comme par les comparaisons dont elle s'entoure dans le présent pour nous diriger au milieu des circonstances imprévues et si variables de la vie.

L'intelligence est fort inégalement répartie parmi les hommes ; mais il y a pour tous une intelligence à peu près égale qu'on nomme le *sens commun;* tandis qu'il existe pour quelques individus privilégiés de la nature une intelligence supérieure qui s'appelle *esprit, talent, génie.*

Les habitudes deviennent parfois des instincts chez l'homme ; ainsi, il arrive souvent qu'on fait par instinct ce qu'on avait fait auparavant par intelligence : quand on lit, quand on écrit, on ne pense plus aux lettres que les yeux parcourent ou que la plume trace machinalement.

L'intelligence humaine renferme plusieurs facultés particulières, dont les principales sont : la perception externe, la mémoire, l'imagination ;

1° La *perception externe* est la faculté par laquelle nous connaissons le monde qui nous environne, les corps qui le remplissent, et qui nous permet de juger leurs propriétés.

2° La *mémoire* est la faculté par laquelle nous nous rappelons les faits et les objets passés, les personnes et les temps qui ne sont plus.

3° L'*imagination* est le pouvoir que nous avons de nous rappeler vivement et de voir en quelque sorte les choses qui ne sont plus sous nos yeux.

Elle diffère de la mémoire en ce que celle-ci nous laisse toujours cette pensée que l'objet qui nous occupe est absent.

C'est aussi un don de l'esprit qui consiste à recevoir de vives impressions des objets réels et à combiner ces impressions de manière à produire avec elles de nouvelles créations. Enfin c'est la faculté d'inventer, de concevoir, jointe au talent de rendre vivement les conceptions. C'est elle qui fait les poètes, les artistes, les romanciers.

L'imagination est la plus brillante de nos facultés ; elle fait revivre le tableau entier de la nature et repasser devant nos yeux les scènes que nous avons vues, l'image des personnes absentes ou que la mort a fait disparaître ; elle allége les misères de la vie réelle, en créant un monde idéal qu'elle embellit à son gré des plus brillantes fictions, elle est pour l'homme une source inépuisable de jouissances et la principale cause des plaisirs de l'esprit. Mais quand elle n'a pas la raison pour guide, elle fausse notre jugement et par la puissance qu'elle a d'exagérer les proportions des choses, elle nous rend parfois malheureux et insensés, en peuplant notre esprit de visions et de fantômes, ou en nous rendant dupes des rêves les plus absurdes.

On dit de l'imagination qu'elle est la folle du logis, parce que, de toutes nos facultés, elle est la plus sujette à s'égarer. Le meilleur moyen de nous préserver de ses écarts, c'est de prendre de bonne heure l'habitude de soumettre au contrôle de la raison les hommes, les évènements et les choses.

L'activité de l'âme, dont la forme supérieure est la *volonté*, se manifeste par des pensées, par des sentiments, mais ce sont là des actes qui ne tombent pas sous les sens et qu'on ne peut apprécier autrement que par la conscience.

Conscience. — *La conscience*, ou le *sens intime*, est la faculté par laquelle l'homme discerne le bien du mal, et qui lui révèle ses devoirs ; c'est une lumière intérieure qui l'éclaire sur la moralité, sur la valeur de ses actions. C'est une voix sans mots, écho de la voix de Dieu dans notre âme, qui converse avec nous comme un ami au coin du foyer, qui nous console dans les jours d'épreuve, et qui nous avertit par ses murmures, quand nous nous écartons du droit chemin.

La conscience s'appelle encore le *sens moral* et constitue une règle indispensable pour inspirer, corriger et juger nos actes.

Sentiments. — Les sentiments occupent une large place dans la vie humaine, mais qu'est-ce qu'un *sentiment ?* Ce mot désigne particulièrement les impressions ou émotions de l'âme, le degré de peine ou de plaisir qu'elle éprouve à l'occasion de tout ce qui affecte sa sensibilité ainsi que les mouvements subits et irréfléchis par lesquels elle recherche ce qui lui plaît et repousse ce qui lui déplaît.

On donne le nom de *sens moral* à cette notion primitive, spontanée, empreinte dans l'âme de tous les hommes, et qui leur fait discerner, sans examen, ce qui est bien ou mal dans leurs actions comme dans celles de leurs semblables.

Raison. — La *raison* est la faculté vraiment supérieure qui distingue l'homme de toutes les créatures et par laquelle il s'élève jusqu'à la connaissance de Dieu, de lui-même et du monde moral ; elle intervient dans toutes les opérations de l'esprit, et redresse nos sens lorsqu'ils nous font voir dans les objets une forme ou des propriétés qui ne sont pas véritables.

Cette faculté nous fait concevoir les idées et les vérités nécessaires, discerne le vrai du faux, le juste de l'injuste. C'est elle qui nous permet de remonter des effets aux causes et de rattacher celles-ci à une première cause, à un premier être qui n'a ni commencement ni fin, être éternel, absolu principe de toute existence, de toute vérité, à Dieu.

C'est parce que l'homme est doué de raison qu'il est capable de s'élever à l'idée du bien moral, à l'idée du devoir ; qu'il a la notion claire de la responsabilité de ses actes, qu'il s'impose des lois par lesquelles il combat le plus souvent les penchants de sa nature sensible, qu'il a la force de maîtriser ses passions.

Jugement. — La raison dont fait partie le *jugement*, gouverne et dirige toutes nos autres facultés. Le rôle du jugement consiste à comparer, à décider en bien ou en mal de la valeur de nos propres idées et de nos actions, comme du mérite des pensées et des actes d'autrui.

Je vous ferai remarquer ici qu'il ne faut pas confondre la raison avec le *raisonnement* : celui-ci est une opération de l'esprit qui consiste à comparer plusieurs idées pour trouver leurs rapports, qui déduit les conséquences d'un principe reconnu, qui des connaissances déjà amassées et ordonnées tire de nouvelles lumières, de nouvelles idées.

Parole. — Dieu donne à toute âme le besoin de communiquer, de s'écouler et de répondre ; l'instrument de cette communication est la *parole*, un des attributs les plus essentiels de l'homme.

C'est elle qui complète et qui exprime la pensée ; L'art d'écrire est devenu l'instrument nécessaire et facile de tous les progrès, et on a pu dire que l'écriture était la visibilité et la perpétuité de la parole, l'immortalité terrestre de l'esprit.

Libre arbitre. — Ce n'était pas assez que l'homme eût le don de discerner le bien du mal, il fallait encore qu'il fût capable de choisir entre l'un et l'autre ; cette faculté par laquelle il se possède et se détermine, ce pouvoir de choisir, c'est la *liberté morale*, c'est le *libre-arbitre*. En vertu de ce précieux attribut qui caractérise l'être humain, chacun de nous dispose en maître de son corps, règne sur ses penchants, qu'il dirige, excite ou réprime à son gré, gouverne ses idées et commande à sa volonté elle-même.

Le libre arbitre est le principe de toutes les actions morales, la source de l'héroïsme et du sacrifice : « Frappez, tuez, s'écrient toutes les victimes des grandes causes, je vous livre mon enveloppe mortelle, mais mon âme, mon esprit sont à moi, je vous défends d'y porter la main, vous n'avez d'action que sur mon corps, votre puissance ne s'étend pas plus loin. » N'est-ce pas au milieu des plus affreuses tortures, que les martyrs proclamaient les vérités du christianisme et qu'ils assuraient, par le sacrifice de leur vie, le triomphe de la foi évangélique ?

Perfectibilité. — L'homme a reçu de Dieu le don et le pouvoir de la *perfectibilité* ; cette faculté n'est pas autre chose que la capacité dont jouit l'intelligence humaine de se développer graduellement, d'ajouter progressivement aux connaissances déjà acquises : c'est là ce qui constitue le *progrès*.

L'être humain s'instruit sans cesse, car il tire avantage, non-seulement de sa propre expérience, mais de celle de ses prédécesseurs. De là vient que les individus et les peuples s'avancent de jour en jour et de génération en génération dans les arts et les sciences, par un continuel progrès.

L'esprit du progrès est naturel à l'homme ; c'est le Créateur qui l'a mis dans notre âme, c'est lui qui nous porte à vouloir que le jour de demain soit meilleur que celui d'hier, même que celui d'aujourd'hui. Cette recherche du meilleur est double. L'homme veut toujours améliorer son sort et s'améliorer lui-même. Il aspire sans cesse à valoir mieux et à jouir plus. Il peut y avoir quelquefois fausse direction, ambition, ou folie dans ses efforts vers le mieux ; mais l'homme ne perd jamais complètement ces deux tendances qui l'excitent ; il se dégoûte spontanément de son passé, et toujours il se meut, toujours il se met en route vers quelque chose de meilleur, il ne marche qu'en montant ou en s'imaginant qu'il monte.

Il était nécessaire de vous faire connaître ce qui constitue le caractère distinctif de l'humanité, afin de vous inspirer le respect de la dignité humaine en vos personnes.

L'homme n'a d'égal et de semblable que lui-même. — L'homme est la plus noble des créatures sorties de la main de Dieu, car il n'a d'égal et de semblable que lui-même dans la série des êtres vivants ; tout démontre l'excellence de sa nature et la distance immense qui existe entre lui et la bête. Cependant les naturalistes, préoccupés avant tout de ses caractères physiques et de son organisme, n'ont vu dans l'homme qu'un singe perfectionné et ont cru lui faire beaucoup d'honneur en lui accordant le premier rang parmi les mammifères. Sans doute, à ne considérer que le corps, l'homme n'est qu'un animal, mais n'est-il que cela ? Certes on ne saurait le prétendre, car il jouit d'un attribut qui n'appartient qu'à l'espèce humaine, qui l'élève bien haut par-dessus ses prétendus parents ; cet attribut, c'est la raison et la parole. Voilà, en effet, les traits distinctifs de la nature humaine ; c'est par là que l'homme s'élève véritablement au-dessus de l'animalité, qu'il diffère essentiellement du singe, et qu'il forme un être à part auquel Dieu a marqué une place éminente entre toutes dans la création. Du reste, les ressemblances organiques entre l'homme et le singe ne sont pas aussi parfaites qu'on s'est plu à l'écrire. L'être humain se distingue de ses voisins les plus proches dans la série animale d'une manière absolue, par l'étendue du cerveau et sa hauteur, d'où résulte cette courbe imposante de la région frontale, l'un des traits les plus frappants de la beauté de l'homme.

Lui seul, dans la nature, a la marche debout, le visage élevé, le regard tourné vers le ciel où son âme franchissant l'espace immense, va chercher par delà tous les mondes, non-seulement visibles et invisibles, mais imaginables, un infini qui le satisfasse. Le singe, ne prend l'attitude relevée qu'un instant ou lorsqu'il y est forcé par son maître ; mais jamais comme une station qui lui soit naturelle.

Le Créateur a donné à tous les êtres qu'il a formés la faculté de vivre, c'est pourquoi il a départi aux animaux une certaine somme d'intelligence, indispensable pour assurer leur conservation au milieu des périls qui les menacent sans cesse. Mais quelle que soit la large part que l'on fasse au raisonnement chez la brute, elle ne saurait atteindre en rien la suprématie de l'espèce humaine, car les singes les plus lestes et les plus intelligents, se trouvent encore placés bien loin des Hottentots, des Béris, des sauvages de la presqu'île de Péru, qui occupent le dernier degré de l'échelle sociale. En effet, le nègre le plus stupide suffit pour conduire le plus rusé de tous ces animaux, le commande, le fait servir à ses besoins et celui-ci lui obéit. L'homme seul a la faculté d'exprimer ses pensées par la parole ; l'oiseau imite la voix humaine, mais ne parle point, les mots qu'il prononce n'ont aucune signification pour lui. L'éducation des animaux n'agit que sur eux ; ils ne transmettent pas à leur descendance ce qu'ils ont appris. Le singe dont les tours d'adresse nous amusent n'en ajoute pas un seul à ceux auxquels son maître l'a dressé et ne pourrait les enseigner à ses petits.

L'intelligence de l'animal, c'est de percevoir les sensations, de s'en souvenir, de les comparer. On n'agit sur lui que par des caresses, par des coups, par des friandises ; il n'entend que le son de nos paroles, il associe à ce son le souvenir des caresses ou des coups, ou des friandises ; il n'a que des sensations, pour lui, il n'y a rien au delà. Il ne peut jamais s'élever au-delà du monde physique, au-dessus de la portée de ses sens. Ainsi l'idée de l'infini est la limite éternelle que Dieu a placé entre l'homme et la brute.

En regard de l'intelligence si bornée des animaux à quelle hauteur incommensurable ne s'élèvent pas les facultés propres à l'homme.

Puissance des facultés humaines. — Un animal, si intelligent qu'on le suppose, pourrait-il concevoir l'imposant et admirable spectacle auquel nous assistons aujourd'hui. Les plus surprenantes découvertes transforment le monde sous nos yeux, et tandis que les frontières des peuples s'abaissent chaque jour sous de nouvelles voies de communication, le génie humain, après avoir dérobé à la foudre le secret de son existence, a trouvé un messager digne de sa pensée dans le sublime instrument du télégraphe électrique.

Cette pensée se transmet d'une extrémité de la terre à l'autre avec la rapidité de l'éclair ; les flots mêmes ne peuvent l'arrêter et l'Océan étonné lui livre passage à travers ses plus mystérieux abîmes.

N'est-ce pas au milieu de la tempête et des ouragans que se montre la puissance de l'homme ? Dans cette crise ardente de la nature où le vent porte la mer écumeuse au sein des nues, où la foudre se joue en zigzags éblouissants autour des mâts brisés et des voiles en lambeaux, où le navire gémit et se déchire, où la vague moutonneuse s'entr'ouvre pour l'engloutir, où la nature entière semble retomber dans le chaos, il est là debout étudiant le flot, qui le couvre incessamment, évitant la roche qui va le broyer et guidant jusqu'au port à travers les récifs, sa coquille de noix vagabonde.

L'homme seul étudie les merveilles du monde et comprend la grandeur et la majesté de Dieu : lui seul contemple et conçoit l'ordre éternel de l'univers, pèse les mondes dans ses mains, les suit de l'œil dans les profondeurs de l'immensité, en calcule la marche avec une prodigieuse justesse, et peut prédire qu'à tel jour, qu'en telle année, l'astre, la comète que nous avons vue briller un instant et disparaître, viendra de nouveau reprendre sa place au firmament.

Lui seul reconnaît un dessein dans la marche de l'univers, dans la reproduction de ses phénomènes, dans l'analogie qu'ils ont avec ses besoins et ses facultés pour s'élever de notion en notion jusqu'au principe ordonnateur des choses, jusqu'à Dieu.

CHAPITRE III.

EXISTENCE ET GRANDEUR DE DIEU.

Existence de Dieu. — Dieu existe, tout dans l'univers proclame sa grandeur, sa justice et sa bonté. Alors même que, par impossible, vous n'auriez jamais entendu parler de Dieu, son nom n'a pas besoin des lettres de l'alphabet pour être lu, il est écrit dans tout ce qui nous entoure en caractères qui le révèlent aux sens et à l'âme des plus ignorants.

Lorsque la nature étale toute sa pompe à vos yeux par l'aspect d'un charmant paysage, d'une prairie émaillée de fleurs, d'un jour clair et serein, ou d'une nuit tranquille et splendidement étoilée, un tel spectacle ne vous rappelle-t-il pas l'idée de celui qui a tiré du néant toutes ces beautés? La moindre machine prouve un artisan et l'univers démontre un Dieu. Rien ne se fait de soi-même, autrement il faudrait dire que toutes les choses qui remplissent ce monde sont sorties d'elles-mêmes, du néant, du hasard.

Aucun de vous n'est assez dépourvu d'intelligence pour croire un instant que l'univers puisse être l'œuvre du hasard. Car le hasard n'est rien, ce n'est qu'un de ces mots creux qu'on emploie pour exprimer ce qu'on ne comprend pas. Demandez à l'horloger s'il pense que c'est le hasard qui ajuste les engrenages si délicats des montres. Demandez aux mécaniciens des chemins de fer ce qui arriverait s'ils laissaient au hasard la direction de leurs locomotives. Demandez au pêcheur rentré au port avec sa barque, au marin revenu des îles lointaines, si c'est le hasard qui leur a servi de pilote et tenu le gouvernail. Eh bien! si pour construire la plus simple machine, si pour diriger sur l'eau une frêle nacelle, il faut la pensée de l'homme, peut-on admettre que pour créer le monde et régler le cours des astres une intelligence divine soit moins nécessaire?

Grandeur de Dieu. — Dieu se révèle à nous avec tant d'évidence qu'il serait superflu d'insister davantage sur les preuves de son existence; essayons plutôt de nous faire une idée de sa grandeur et de sa puissance? Il suffit pour cela de considérer ses œuvres dont la moindre nous paraîtrait une merveille si nous voulions l'étudier.

Examinez le corps de l'homme, ses formes si nobles, vous découvrirez le sceau que l'ouvrier a empreint sur son ouvrage et la main divine qui semble avoir pris plaisir à faire un chef-d'œuvre d'une vile matière.

Considérez cet assemblage étonnant de parties si diverses concourant dans une harmonie parfaite à composer un tout si bien approprié à sa destination.

Remarquez l'ingénieuse structure des organes des sens, c'est surtout en observant celle de l'œil que votre admiration n'aura plus de bornes : de chaque objet que fixe le regard s'échappent des milliers de rayons lumineux ; l'œil les reçoit au moyen d'un appareil d'optique qui surpasse en précision tous ceux créés par le génie de l'homme. Ils arrivent, se concentrent au fond de l'œil, se reproduisent sur une surface nerveuse, la rétine, de trois à quatre millimètres de grandeur. C'est dans un aussi petit espace que le monde entier vient se reproduire et se traduire tour à tour sans confusion, avec une exactitude dont la photographie peut seule nous donner une idée. Ainsi l'antique basilique de Notre-Dame de Paris, et les tours qui dominent cet immense édifice, viennent se peindre dans ce petit miroir, et quoique leurs dimensions gigantesques soient réduites à la valeur d'une tête d'épingle, elles n'en apparaissent pas moins à notre intelligence avec leurs véritables proportions, rien ne nous échappe, ni les statues, ni les mille détails de sa majestueuse façade, ni les découpures de ses galeries qui l'ornent si gracieusement, ni sa sombre et vénérable teinte grise, ni ses vitraux qui étalent leurs riches et splendides couleurs. N'est-ce pas aussi dans les yeux, dans ces miroirs où brille une flamme céleste, que viennent s'exprimer les sentiments de l'âme, se refléter les pensées du cœur humain ?

Si du corps de l'homme, vous passez à l'examen d'un de ces milliers d'insectes qui, par leur petitesse, échappent presque à nos regards, vous serez surpris de tout ce qu'il y a de merveilleux dans leur organisation. Dans le corps de ces êtres si délicats, il y a un tronc, une tête et des membres ; dans cette tête, il y a des yeux, dans ces yeux, des membranes, une rétine, des humeurs, des nerfs, et des muscles. Dans le tronc, tous les organes essentiels à la vie, avec leur complication de canaux qui se ramifient dans tous les sens ; dans chaque membre, il y a des jointures pour permettre à ces parties de se plier, avec des muscles pour les mouvoir, puis en dedans des vaisseaux qui renferment un fluide nourricier qui y circule.

Tout dans la nature démontre la puissance de la pensée créatrice ; depuis les hautes régions de l'air où les vents dispersent les germes des plantes jusque dans les noires profondeurs de l'Océan ; depuis les climats brûlants de la zône équatoriale jusqu'aux mers de glace du cercle polaire, la vie se répand en tous lieux, enveloppant comme d'un réseau immense notre planète tout entière.

L'infini est peuplé et l'on peut dire que le plus petit espace de matière réunissant les conditions suffisantes ne reste pas sans servir de demeure à des êtres vivants. Le microscope nous en fournit une démonstration palpable, il ouvre au-dessous du monde visible le champ de la création invisible. Les feuilles des plantes sont les prairies de troupeaux microscopiques, dont certaines espèces quoique invisibles à l'œil sont de véritables éléphants, à côté d'autres êtres qui malgré leur petitesse extrême possèdent un système admirable d'organisation pour l'entretien de leur vie éphémère ; les animaux eux-mêmes servent de séjour à des races de parasites, qui à leur tour sont elles-mêmes la demeure de parasites plus petits encore. Placez une goutte d'eau sous les verres du microscope solaire, vous y verrez s'agiter des milliers d'êtres vivants qu'on appelle des animalcules ; et si vous parveniez encore à décomposer chacun de ces êtres, des milliers d'autres vous apparaîtraient encore.

L'empire de Dieu est donc sans limites, et maintenant, du monde des infiniment petits élevez-vous par la pensée vers ces grands globes innombrables, semés dans l'insondable immensité des cieux comme les grains de sable sur les rivages de la mer, suivez dans leur cours ces astres qui reviennent chaque année, chaque jour à la place que Dieu leur a marquée, après avoir parcouru dans l'intervalle des cercles de plusieurs centaines de millions de lieues, et votre imagination restera comme confondue à l'idée de la main divine qui a lancé dans l'espace ces sphères incommensurables qui vont, reviennent, descondent sans effort pendant des temps sans fin, qui gravitent l'une vers l'autre dans leur orbites sans qu' jamais elles puissent se heurter. Ces étoiles qui, la nuit, brillent au firmament sont les centres de mondes inconnus, ayant comme nous leur lune, leur soleil et voyant comme nous des cieux sans limites.

Qu'est-ce donc que la terre dans cet abîme sans fond des étoiles? Isolée, elle peut nous paraître trop vaste pour notre petitesse, elle ne nous a pas même laissé découvrir toute sa surface. Mais relativement aux globes célestes, elle est moins grande que le grain de sable comparé à l'amas des montagnes; simple satellite du soleil dont le volume est quatorze cent cinquante-cinq fois plus considérable que le sien, elle n'est qu'un point à peine perceptible dans l'espace. Le soleil, lui-même, n'est qu'une étincelle perdue au milieu de ces dix-huit millions d'étoiles que la lunette de Herschell découvrait dans la voie lactée, cette immense agglomération de soleils et de planètes qui nous semble former une écharpe de lumière autour de l'univers entier. Certes ce n'est pas par ses sens que l'homme connaît ces choses, mais c'est par son intelligence supérieure. L'esprit, il est vrai, reste écrasé sous le poids des calculs; mais l'âme les supporte et remercie Dieu d'avoir sa place dans cette œuvre, d'avoir la force de la comprendre, d'avoir un sentiment pour en bénir, pour en adorer l'auteur.

Attributs de Dieu. — Dieu est souverainement juste et bon, puisqu'il a mis en nous, qui ne sommes que ses lointaines et obscures images, la justice et la bonté, comme des choses que nous aimons malgré nous, c'est une preuve qu'il les possède lui-même sans mesure, car il est immense en tout. Nous sentons Dieu trop près de nous pour lui faire l'outrage et l'ingratitude de le croire injuste et méchant. D'ailleurs que serait un monde où la créature aimerait le juste et le bon par nature, tandis que le Créateur qui l'aurait faite ainsi voudrait le mal.

Ces attributs du Tout-Puissant ont été admirablement

résumés dans les vers où Esther dit à Assuérus quel est le Dieu qu'elle adore :

> L'Eternel est son nom, le monde est son ouvrage.
> Il entend les soupirs de l'humble qu'on outrage ;
> Juge tous les mortels avec d'égales lois
> Et du haut de son trône, interroge les rois.

« Ce qui fait l'incomparable beauté de ces vers, c'est que Racine y met l'idée de Dieu, telle que nous l'avons tous, petits et grands, ignorants et savants, l'idée du Dieu puissant qui réside par delà tous les cieux, et du Dieu miséricordieux qui écoute la prière du plus pauvre d'entre nous, et surtout celle-là. Y a-t-il quelque part, dans quelque misérable réduit, un malheureux opprimé qui n'a plus que des soupirs, que personne n'entend sur la terre, c'est vers cet outrage d'ici-bas que Dieu tourne son œil et son oreille, c'est lui qu'il voit du même regard qu'il suit les astres, c'est lui qu'il entend de la même oreille qu'il entend l'harmonie des mondes, car il est la bonté par essence, car il est la sagesse, la justice et la vérité dans leur source, leur origine et leurs principes. »

Providence. — Dieu se révèle à nous non-seulement comme Créateur mais aussi comme Providence. On appelle ainsi cette volonté attentive, cette suprême sagesse de l'Eternel qui conduit tout, qui conserve l'ordre physique et moral établi dans le monde dès le premier instant de la création.

« Apprends, dit Socrate à l'un de ses disciples, que ton âme, enfermée dans ton corps, le gouverne comme il lui plaît. Il faut donc croire aussi que l'intelligence qui réside dans l'univers dispose tout à son gré. Quoi ! ta vue peut s'étendre à plusieurs stades, et l'œil de la Divinité ne pourrait tout embrasser à la fois ! Ton âme peut en même temps s'occuper de tout ce qui se passe ici, et en Egypte et en Sicile, et l'intelligence de Dieu ne serait pas capable de penser à tout dans un seul instant ! »

Reconnais donc quelle est la nature et la grandeur de cette divinité qui peut à la fois tout voir, tout entendre, être présente partout et prendre soin de tout ce qui existe. »

L'idée de Dieu est le soleil moral de l'âme, c'est elle qui l'échauffe et l'éclaire, elle est la source de toutes les vertus. Sans Dieu on ne comprend pas bien le devoir : « Il n'y a pas d'homme, dit J. Simon, il n'y a pas de pays, quand il n'y a pas de croyance. Je vous parle de sacrifice, de sacrifice à la patrie. C'est bien. Mais le sacrifice est plus commode, si l'on peut ainsi dire, et en même temps il est plus sûr, il est plus noble et plus poëtique quand il se fait à des idées qui ne périssent pas avec la victime, et quand, en aimant son pays, on associe à l'amour du pays la pensée de Celui de qui vient la vérité et en même temps de qui émane la vertu. Nos pères, dont nous parlons quelquefois, ces paysans qui sont sortis à moitié nus de leurs chaumières, et qui d'abord ont défendu leur patrie et ensuite — mais je ne les en loue pas — conquis le monde, ces paysans-là avaient une croyance : ils croyaient à la liberté, ils croyaient à la République, et aussi ils croyaient à Dieu ; sachez-le donc, on n'est véritablement homme que quand on est prêt à se dévouer pour les grandes vérités qui dominent l'humanité et qui gouvernent le temps par leur éternité et leur immuabilité. »

CHAPITRE IV.

TROIS NOTIONS FONDAMENTALES.

I. Voyons à présent quels sont les éléments constitutifs de la morale, c'est-à-dire les notions qui en sont les bases. Comme il importe à la conduite humaine que ces notions restent toujours claires, intelligibles pour tous les esprits, j'essaierai de vous expliquer chacune d'elles de façon à ce que vous ne les laissiez jamais s'altérer dans vos âmes.

Ces notions fondamentales sont : 1° la distinction du

bien et du mal, 2° l'idée du devoir, 3° la notion du mérite et du démérite.

Précisons d'abord le sens qu'il faut attacher aux termes *bien* et *mal*.

Le Bien, le Mal. — On entend par *bien*, ce qui est conforme à la volonté de Dieu, ce qui est juste, honnête, ce qui est utile ou agréable, tout ce qui tend à conserver et à perfectionner l'homme.

On désigne par le mot *mal*, tout ce qui est contraire au bien, tout ce qui tend à détruire ou à dépraver l'être humain : ce qui est bien nous réjouit et nous exalte, ce qui est mal nous blesse et nous attriste.

Une action est dite *bonne* quand elle se trouve en conformité avec la notion du bien, *mauvaise* lorsqu'elle est contraire à cette idée : Secourir les pauvres, mettre sa bourse et son crédit au service d'un ami dans la gêne, c'est faire le bien ; manquer à sa parole, garder un objet qui ne vous appartient pas, c'est faire le mal.

L'idée du bien est une de ces vérités primitives, essentielles, que Dieu a déposées en germe dans notre cœur en le créant et que nous révèlent les premières lueurs de la raison. Mais l'ignorance, l'intérêt, la passion, les préjugés, obscurcissent trop souvent en nous les notions les plus simples et les plus claires du bien et du mal.

La notion du bien est une de ces idées que l'on appelle *innées*, non que nous la possédions toute faite et précise dès la naissance, mais parce qu'elle forme l'essence même et le fond de notre raison ; on peut la concevoir d'une manière plus ou moins nette, mais en soi, la notion première du bien est la même dans la conscience de l'ignorant que dans celle du savant.

Devoir. — *Le Devoir* est l'obligation de conformer nos actes aux prescriptions de la conscience ; son idée naît et se développe dans notre âme comme conséquence de la distinction du bien et du mal. En effet, dès que l'homme a conçu le bien et qu'il se sent libre de le réaliser, c'est-à-dire capable de conformer sa volonté et sa conduite à cette idée, il y a, pour lui, obligation de s'abstenir des mauvaises actions et de rechercher les bonnes.

La notion du devoir se présente aux regards de la réflexion lorsque l'on interroge la conscience : témoins d'une action accomplie par un de nos semblables une voix intérieure s'élève en même temps qui approuve ou blâme cette action ; cette voix s'exprime au-dedans de nous-mêmes par la satisfaction ou le remords et si nous la consultons au moment d'agir elle en réfère toujours à une règle existante et supérieure : le *devoir,* qu'on appelle aussi la *loi morale.*

Mais qui donc a mis en nous ce sentiment qui nous inspire et nous conseille l'accomplissement de nos devoirs, qui donc a donné une voix à cette conscience, si ce n'est l'Etre Infini, créateur et conservateur du monde ? D'où lui vient sa puissance, si ce n'est de la persuasion où elle est, qu'elle nous parle au nom d'un législateur Tout-Puissant qui a révélé ses volontés et qui dit à chacun avec l'autorité d'un maître éternel : « En tout temps, en tout lieu tu feras le bien et tu éviteras le mal. » Ainsi la grande pensée du devoir se présente à notre esprit comme un rapport entre le Créateur et la créature. La loi morale trace la règle des actions qui ont pour principe le libre exercice de notre intelligence et de notre volonté, elle commande à l'homme et veut être obéie, mais elle laisse entière notre liberté pour la suivre ou pour l'enfreindre. Ce qui établit une différence entre elle et les lois instituées par les sociétés humaines. Le devoir est une nécessité qui s'impose à la raison sans violenter la volonté : le bien accompli par force perd son caractère moral ; ce n'est plus le bien.

En ce monde, nous trouvons le devoir sous toutes ses formes, et si vulgaire qu'il semble parfois, il n'est jamais absolument dépourvu de charmes ni de poésie pour les cœurs élevés. Qu'y a-t-il, en effet, de plus grand que la lutte, la souffrance et l'intime et fortifiante jouissance du triomphe que l'on remporte sur soi-même ? C'est parce qu'il est austère et difficile que le devoir est l'idéal des âmes nobles ; la vie est une bataille, voilà la vérité qu'il ne faut point perdre de vue, et s'il y a un bonheur possible sur cette terre, il est pour les vaillants.

La loi morale ne souffre pas d'indécision ; dans toutes les questions de la vie, il n'y a qu'un parti à prendre, le devoir. Quelquefois la Providence permet qu'il soit facile, le plus souvent elle nous oblige à aller vers lui à travers les périls et la souffrance, d'oublier nos goûts et nos intérêts, nos amitiés, nos colères, nos espoirs et de donner pour lui jusqu'à notre vie.

Caractères de la loi morale. — La loi du devoir, la loi morale, réunit des conditions qu'on demanderait vainement à tout autre principe :

1° Elle est *universelle* et *invariable* parce que la notion du bien et du devoir étant la même chez tous les hommes, cette loi s'applique à tous de la même manière et dans les mêmes circonstances, car elle est indépendante des temps et des lieux.

2° Elle est *absolue*, c'est-à-dire qu'elle nous commande sans condition, sans tenir compte de nos penchants ou de nos intérêts.

3° Elle est *impérative*, c'est-à-dire revêtue d'autorité parce qu'elle nous vient de Dieu ; c'est donc à Dieu même que nous obéissons en obéissant à la loi du devoir, puisque c'est lui qui l'a gravée dans nos cœurs. Dieu nous a donné cette loi pour nous guider et pour nous instruire, c'est à nous de la mettre en pratique selon nos lumières et en suivant les inspirations de notre conscience.

La loi du devoir est à elle-même son but, elle doit être obéie pour elle-même et non pour aucune autre raison. — Vivre pour Dieu et pour le prochain, et non pour soi, voilà le devoir ; quant aux conséquences tôt ou tard le bien engendre le bien. Un proverbe dit : « *Fais ce que dois, advienne que pourra.* » Ainsi formulée cette maxime n'est en quelque sorte qu'une invocation au hasard, peu digne d'un chrétien. *Fais ce que dois, le bien adviendra;* voilà son vrai sens. Jamais en effet une bonne et loyale action n'a été funeste à son auteur. Le bien se fait pour le bien, c'est-à-dire sans arrière-pensée d'un avantage personnel qui pourrait en résulter pour soi-même. Les sots et les méchants, pour excuser à leurs propres yeux leur avarice, leur égoïsme, prétendent que souvent on est dupe de son bon cœur. N'en croyez rien et d'ailleurs qu'importe l'ingratitude à celui qui accomplit son devoir ! Le pauvre à qui vous donnez votre manteau en aura-t-il moins chaud, parce qu'il manquera de reconnaissance ? Non, le bien est fait et porte ses fruits ; si l'on ne baise pas la main qui donne, jamais du moins on ne la déchire, sinon les fous et les enragés ; et ce n'est pas par ces malheureux qu'il faut juger l'humanité.

Un Martyr du Devoir. — Aucun sage ne se fit une plus haute idée du devoir et ne l'exprima mieux que le président Bonjean qui périt dans les dernières convulsions de la Commune de Paris en 1871. Il s'était mis en route pour aller retrouver sa femme et ses enfants qu'il n'avait point vus depuis l'investissement de la capitale, lorsque, arrivé à Mantes, il apprend la révolution du 18 mars. Convaincu qu'il est du devoir de tout fonctionnaire de ne point quitter son poste au moment du danger, il monte dans le premier train se dirigeant vers Paris et rentre chez lui. Le 21, à peine revenu de l'audience de la cour de cassation, on vient l'arrêter à son domicile et on l'incarcère à la conciergerie. A la fin d'avril il écrivait à un ami.

« Ce que j'ai fait, je le ferais encore, quelque douloureuses que puissent en être les conséquences pour ma famille bien aimée. C'est que, voyez-vous, à faire son devoir, il y a une satisfaction intérieure qui permet de supporter avec patience et même avec une certaine suavité, les plus amères douleurs. C'est le mot du sermon sur la montagne, dont je n'avais jamais si bien compris la sublime philosophie : « Heureux ceux qui souffrent pour la justice !.... » C'est la même pensée exprimée par Sydney sous une autre forme, quand, s'étant mis à rire, en descendant l'escalier de la tour de

Londres, pour porter sa tête à l'échafaud, il répondit à ses amis étonnés de cet accès de gaîté dans un pareil moment : « Mes amis, il faut faire son devoir et rester gai jusqu'à l'échafaud inclusivement. »

« Que loin de vous décourager, mon exemple vous soit au contraire un nouvel encouragement à faire votre devoir, quoi qu'il en puisse advenir ; car je puis vous affirmer sur l'honneur que sauf la poignante inquiétude que j'éprouve pour ma noble et sainte compagne, jamais mon âme ne fut plus sereine et plus calme, que depuis que j'ai perdu jusqu'à mon nom pour ne plus être que le numéro 14 de la 6ᵉ division. »

Le 20 mai il adressait ces lignes à ses fils : « Que la persécution que je souffre et la mort sanglante qui d'un moment à l'autre peut terminer ma laborieuse vie ne soient pas pour vous une cause de découragement....... En ce moment solennel, je vous affirme que, si misérable que puisse être la fin qui paraît m'être destinée, je ne voudrais à aucun prix avoir agi autrement que je ne l'ai fait. C'est que le premier bien, mes chers enfants, c'est la paix de la conscience, et que ce bien inestimable ne peut exister que pour celui qui peut se dire :

« *J'ai fait mon devoir.* »

Vertu, Vice. — Aux notions du bien et du devoir sont attachées d'autres idées : telles sont celles de la *vertu* et du *vice*, du mérite et du démérite.

On nomme *vertu* la ferme disposition de l'âme à faire le bien et à éviter le mal, la pratique constante des actions bonnes, utiles à l'individu et à la société ; c'est la sagesse qui en vue d'un bonheur durable résiste à l'entraînement des passions. — La tendance habituelle à faire le mal s'appelle *vice* ; c'est l'égarement qui sacrifie le vrai bonheur à des plaisirs dangereux, passagers. Retenez bien ceci, il n'y a point de vertu sans une volonté libre ; celui qui fait le bien sans le savoir n'est point vertueux. Le soleil qui est le plus grand dispensateur visible des biens de ce monde n'a point de vertu parce qu'il n'a point de libre arbitre. La liberté est donc la première condition de la vertu ; le désintéressement en est la seconde, car la volonté qui accomplit le bien ne doit pas être déterminée par l'appât d'un intérêt ou d'un plaisir. Ainsi donc, l'on n'est vertueux que du moment où l'on a la force de faire le bien pour le bonheur de le faire, et non dans l'espoir d'une récompense ou dans la crainte d'une punition.

Bonheur. — Je viens de parler de bonheur, mais que faut-il entendre par ce terme ? Les définitions de ce mot ont presque autant varié que les imaginations et les individus, cependant au point de vue moral on peut dire que le caractère essentiel du bonheur c'est la paix de l'âme. Mais, dit M. P.-Janet, il y a deux sortes de paix, l'une immobile et obscure n'est que l'impuissance de vivre et de sentir : c'est la paix de la pierre et du cadavre ; l'autre est un épanouissement harmonieux de toutes les puissances d'un être sensible et raisonnable, je ne parle pas de cet ébranlement passager et troublé que l'on appelle *plaisir* et que peut éprouver même une créature malheureuse, mais de cette joie intime et profonde que procure à l'âme l'épanouissement régulier et harmonique de toutes nos facultés et le sentiment du devoir accompli. Le bonheur est l'objet constant des désirs chez tous les hommes, mais n'oublions jamais qu'il n'y a point de route plus sûre pour arriver à sa possession que celle de la vertu.

Mérite et Démérite. — L'idée du *mérite* et du *démérite* surgit en nous comme conséquence nécessaire de l'accomplissement ou de la violation de la loi morale. Dieu étant souverainement juste et bon doit récompenser ou punir chacun selon qu'il a bien ou mal agi. Avons-nous résisté à une tentation, à la séduction de nos penchants, les avons-nous combattus et surmontés, nous n'avons pu le faire sans efforts. Nous croyons avoir droit à une récompense, à une part de bonheur proportionnée au sacrifice que nous nous sommes imposé. Avons-nous au contraire abdiqué notre nature raisonnable, cédé à une molle et honteuse sensualité, à un mouvement de colère, à la fougue de nos passions, nous croyons que nous devons expier cette violation volontaire du devoir par un châtiment, par une portion de malheur, en rapport avec la gravité de la faute.

Ce qui constitue le mérite ou le démérite de nos actions, c'est que nous les accomplissons librement, sciemment, c'est-à-dire dans la pleine possession de nous-même et en parfaite connaissance de cause. Je sais bien ce que je fais. Je me sens maître de choisir entre toutes mes actions, les unes me paraissent bonnes, il en est d'autres que je juge mauvaises. Je vois clairement l'antagonisme du bien et du mal, et c'est de ma volonté, de moi seulement, qu'il dépend que je fasse l'un ou l'autre. Voilà pourquoi l'homme est dit *responsable* de ses actions, elles lui sont *imputables*, c'est-à-dire qu'il peut être appelé à en rendre compte, à en subir les conséquences, puisqu'il en est la véritable cause.

Responsabilité morale. — Les conditions essentielles de la responsabilité morale sont le discernement et la liberté d'action. Ainsi le forfait le plus horrible perd son caractère si celui qui l'a commis ne jouissait pas de toutes ses facultés. Le fou qui, dans un accès de frénésie, tue son père n'est pas responsable, au point de vue légal, parce que pour qu'il y ait criminalité il faut qu'il y ait liberté d'esprit, sang-froid : or la folie est un état dans lequel l'homme a perdu son libre-arbitre et le sentiment de la moralité de ses actions.

L'ivresse, que trop souvent on invoque pour innocenter des actes coupables, est une mauvaise excuse ; d'abord parce que nul ne peut être forcé de boire sans soif, ensuite parce qu'en cherchant volontairement l'oubli de sa raison au fond d'un verre on n'ignore point qu'on s'expose sans motif à toutes les actions honteuses, aux accidents qui sont presque toujours la suite de l'abus des boissons.

Quant à celui qui s'enivre dans l'intention expresse de se donner le courage nécessaire pour consommer un crime qu'il médite, il est évident qu'il ne fait qu'augmenter sa culpabilité.

Nul ne peut être responsable des actes qu'il a été dans l'impuissance absolue d'accomplir. Il ne viendra jamais à l'idée de personne de faire un crime à un enfant ou à un aveugle de ne point prendre les armes pour la défense de la patrie. Mais celui qui se met volontairement dans l'impossibilité d'agir est coupable. La loi punit justement le conscrit qui se mutile, qui se coupe un doigt, par exemple, dans l'espoir de se faire réformer. Quoique, en principe, on ne puisse être responsable que de ses propres actions, il arrive cependant que dans certains cas on devient responsable de la conduite des autres : ainsi le père peut être appelé à répondre de ses enfants, le maître de ses serviteurs, le patron de ses ouvriers.

On est également responsable, dans une certaine mesure, des actions qu'on aurait pu empêcher et que par indifférence ou par lâcheté on a laissé commettre : Celui qui voit une personne chercher à se suicider et qui ne tente aucun effort pour s'y opposer, n'est point absolument innocent de ce suicide. — On est aussi responsable des actes d'autrui lorsqu'on y a coopéré par des excitations, ou même par une simple approbation : on dit alors qu'il y a complicité.

Caractères des actions humaines. — Il y a des degrés dans la vertu comme dans le vice, et les actions humaines reçoivent des dénominations qui en précisent les divers caractères : ainsi les actions conformes à l'idée du devoir, selon leur importance et les difficultés qu'elles ont présentées, sont dites *bonnes, belles, admirables, sublimes, héroïques, etc.*

L'action mauvaise est tantôt une simple *faute*, tantôt un *crime* ; elle est *blâmable, honteuse, basse, vile, odieuse, exécrable, etc.*, selon le degré de perversité qu'elle décèle.

Enfin il y a des actions qui ne sont ni bonnes ni mauvaises par elles-mêmes et que, pour cette raison, on appelle *indifférentes*.

Il suffit qu'elles ne soient pas contraires au bien, pour qu'on ne puisse pas dire qu'elles sont mauvaises, mais il ne s'ensuit pas qu'elles soient bonnes ; ce sont les circonstances qui peuvent leur donner l'un ou l'autre de ces caractères : tirer à l'arc est un jeu innocent en lui-même, mais s'il a lieu sur une place publique, malgré la défense de l'autorité, c'est une mauvaise action d'abord parce qu'on désobéit à la loi, et ensuite parce que, tout en s'amusant, on s'expose à blesser les passants.

Au point de vue de la morale, il n'y a point d'actions absolument indifférentes, car toutes à un degré quelconque sont bonnes ou mauvaises selon la pensée, l'intention dans laquelle on les accomplit. Assez souvent on estime un homme parce qu'il ne fait pas de mal, cependant il n'est pas estimable parce qu'il ne fait pas le bien : il lui est aussi impérieusement commmandé de rechercher les bonnes actions que de s'abstenir des mauvaises. On ne fait donc que la moitié de son devoir, en ne faisant pas le mal : c'est ce que l'Evangile nous enseigne par ces deux préceptes : « *Ne fais pas à autrui ce que tu ne voudrais pas qu'il te fît à toi-même, et fais à autrui ce que tu voudrais qu'il te fît.* »

Une action est d'autant plus méritoire qu'elle exige de nous un effort plus grand sur les penchants, les désirs, les passions qui nous sollicitent. Ainsi l'homme s'aime et s'aime beaucoup et il tient à la vie par-dessus toutes choses :

> Qu'on me rende impotent,
> Cul de jatte, goutteux, manchot, pourvu qu'en somme
> Je vive c'est assez, je suis plus que content !

Les vers de la Fontaine peignent bien la puissance de l'attache qui nous retient à la vie et montrent qu'il y a un très-grand mérite à sacrifier son existence, par une pure vue du devoir, au salut et au bonheur des autres.

S'oublier généreusement, se dévouer pour ses semblables, pour servir la science, la patrie et l'humanité ; exposer sa vie pour sauver ses frères dans les accidents de l'atelier ou de la rue, l'incendie, l'inondation, l'éboulement ; passer ses jours dans la misère, l'exil, la persécution pour répandre la vérité, pour rester fidèle à sa foi, à ses convictions ; attendre de pied ferme la mort à son poste pour obéir à sa consigne, c'est de l'*héroïsme*.

Desgenettes à Jaffa, s'inoculant la peste devant l'armée d'Egypte pour la rassurer est un héros. — Les sœurs de charité qui, sur les champs de bataille et dans les hôpitaux, soulagent et consolent sont des *héroïnes*.

En mai 1877, la frégate à vapeur la *Revanche* quittait la rade de Villefranche, lorsqu'une des six chaudières de son appareil moteur vint à éclater. Au moment de l'explosion de la chaudière il y avait à craindre d'autres explosions qui eussent laissé peu de vivants sur le navire. Une seule circonstance pouvait empêcher cet horrible désastre : fermer les soupapes d'arrêt. Ces soupapes fermées les autres chaudières ne pouvaient plus se vider et éclater à leur tour. Mais pour y arriver il fallait plonger dans la vapeur brûlante qui venait de tuer une vingtaine d'hommes : c'était une mort et une mort terrible, affreuse. Un héros — un vrai héros — *Guaix*, second chef mécanicien, se dévoua, se jeta dans la vapeur, arriva aux soupapes, les ferma et mourut littéralement bouilli. Après cet admirable trait d'héroïsme un trait de courage des autres marins : la mer était forte ; la *Provente* qui remorquait la Revanche, rompit ses amarres et fut obligée de l'abandonner. Sans hésiter au commandement des officiers, les marins de la *Revanche* rallumèrent leurs feux et se mirent à marcher à la vapeur avec ces machines dont la solidité était plus que douteuse et qui pouvaient à chaque instant les tuer tous.

Mais ils purent gagner Toulon et porter à l'hôpital les blessés et les morts.

CHAPITRE V.

L'INTÉRÊT ET LE DEVOIR.

Mobiles et motifs. — Il y a en nous divers principes d'action qu'on nomme mobiles et motifs : les premiers tiennent à la fois de l'instinct et du sentiment, ce sont des besoins, des inclinations, des penchants de notre nature qui nous poussent à agir ; — les seconds procèdent de la raison et de la volonté, ce sont des conceptions de l'esprit capables de nous déterminer à prendre tel parti plutôt que tel autre.

Les mobiles ordinaires des actions humaines sont des penchants naturels dont les uns, qui constituent l'instinct de conservation, renferment l'amour de la vie, le désir du bien-être, l'amour de la propriété ; les autres qu'on appelle les inclinations de l'amour-propre, sont l'émulation, le désir de l'estime ou de l'honneur, le besoin de la liberté et l'amour du pouvoir. — D'autres enfin, meilleurs que les premiers, nous entraînent vers nos semblables ou nous font aimer le beau sensible qui se manifeste dans les œuvres de la nature et de l'art, le beau intelligible, qui apparaît dans les sciences, et le beau moral, qui brille dans la vertu. Mais chacun de ces penchants voulant être entièrement satisfait, ils ne s'imposeraient pas de limites, et se changeraient promptement en passions et en vices s'ils ne trouvaient leur règle dans la conscience.

Les penchants naturels tant qu'ils sont contenus dans de justes bornes sont innocents, et il est permis de chercher à les satisfaire, car ils ont pour but de nous porter vers tout ce qui peut contribuer à rendre notre existence aussi heureuse que possible ; mais développés à l'excès ils deviennent coupables et sont alors ce qu'on nomme *passions*, c'est-à-dire des affections déréglées, des désirs violents ; quand ces désirs sont dominants et fixes ils tournent en habitudes et se changent en *vices*. Ainsi, par exemple, l'amour exagéré de la vie dégénère *en peur*, ou arrive chez certains individus à l'état de vice et s'appelle alors *lâcheté*. — L'amour de soi-même quand il est exclusif devient un vice que l'on flétrit sous le nom d'*égoïsme*. — L'amour de la propriété, quand il est immodéré se transforme en *avidité*, en *cupidité*. — L'amour excessif de l'argent devient l'*avarice*, la passion des richesses. — L'amour de la liberté quand il est déréglé se change en licence, en *esprit de révolte* ; — L'amour excessif du pouvoir n'est plus que de l'*ambition*. — Les motifs de nos actions peuvent se ramener à deux : l'amour de soi, qui prend les formes du plaisir ou de l'intérêt, et le devoir ou obligation morale.

Intérêt personnel. — Tous les hommes sont à la recherche du bonheur. Nous pouvons, il est vrai, le concevoir de mille manières ; chacun s'en forge un idéal à sa guise, mais nous éprouvons tous le même besoin de nous rapprocher de cet idéal le plus possible, et ce besoin est le ressort visible ou secret de toutes les actions humaines. Un premier but que l'intelligence montre au libre arbitre, et par conséquent un premier motif, c'est la recherche de tout ce qui peut contribuer à nous rendre heureux, c'est-à-dire à rendre la plus grande possible la somme de nos jouissances ; en d'autres termes, c'est un avantage ou un plaisir à obtenir, une souffrance à éviter. En agissant ainsi nous ne pensons qu'à nous, c'est notre *intérêt* notre *bonheur personnel* qui nous frappent et rien autre chose. L'intérêt se mêle à tous les actes de la vie, à toutes les actions humaines, il joue son rôle dans nos amitiés comme dans notre haine, souvent à notre insu.

Il faut bien le dire, l'intérêt personnel est de nos jours le seul motif d'action que conçoivent un trop grand nombre d'hommes ; pour ceux qui ne considèrent que la terre, il n'y a qu'une science qui serve, c'est la science de la richesse. L'homme moral, intellectuel, religieux n'existe pas pour eux ; que leur importe l'esprit, l'âme, la vertu, les sentiments, les espérances divines, les destinées immortelles de l'homme ! Tout cela ne se vend ni ne s'achète, tout cela n'a ni prix de revient ni de revenu net, ni de cote à la bourse, donc ce n'est rien.

C'est aux personnes qui ne conçoivent dans l'humanité que la matière et tout ce qui ressort de la matière, qu'on donne le nom de *matérialistes* ; ce sont des gens à courte vue qui n'admettent comme bien suprême que la possession des choses matérielles : comme l'or pour l'avare, la bonne chère pour le gastronome, etc. Le matérialisme dégrade l'homme en tarissant la source des plus nobles sentiments et en le rendant l'esclave de ses besoins et de son bien-être ; en niant l'âme et Dieu, ce système conduit les sociétés à leur ruine.

Le principe du devoir est supérieur à celui de l'intérêt. — En effet la conscience oppose souvent aux motifs tirés de l'amour de soi un motif essentiellement différent, celui de l'honnête et du juste que tout le monde sent et conçoit et qui produit à chaque instant des perplexités dans notre manière d'agir.

L'intérêt et le devoir, tantôt conformes, tantôt séparés et opposés l'un à l'autre sont en dernière analyse les deux principes qui gouvernent le monde ; mais l'intérêt personnel ne peut servir de règle unique à la conduite humaine car on ne saurait l'ériger en précepte, en loi. En effet l'intérêt varie comme les situations, les caractères, l'intelligence, les passions des individus

L'homme est souvent très mal habile à discerner ce qui lui est véritablement utile : on peut à force de prudence et de combinaisons accroître ses chances de succès, quoi qu'on fasse il restera toujours des chances contraires, parce qu'il est absolument impossible de calculer, de prévoir toutes les conséquences de nos actions.

Celui qui fait le bien uniquement par intérêt, cesse de le faire dès qu'il y voit un intérêt contraire ; si on pratique le bien seulement en vue de l'estime publique, on s'en abstiendra lorsque nul ne pourra le savoir. Dès lors on se permet tout quand on peut le faire impunément, on est méchant, fripon, libertin, quand on croit ne point compromettre sa réputation.

On le voit les motifs exclusivement tirés de l'intérêt personnel sont impuissants à nous rendre heureux. La doctrine de l'égoïsme ou de l'intérêt ne saurait être combattue par une meilleure raison que cette incapacité où nous sommes de connaître avec certitude ce qui nous est le plus utile, ce qui est le plus avantageux à notre nature à la fois physique et morale, que cette impuissance même dans laquelle nous nous trouvons d'arriver au bonheur en cherchant directement le plaisir. En obéissant à leurs inclinations, à leurs passions, les hommes vont d'un mouvement naturel à ces plaisirs qui paraissent être d'abord la condition du bonheur ; mais l'expérience de tous les jours démontre que des déceptions sans nombre les attendent. On a justement comparé le bonheur à une ombre insaisissable : il se dérobe au moment même où l'on se croyait le plus sûr de le posséder.

Si, au point de vue de la morale, le bien et le mal sont généralement faciles à discerner sans équivoque, il n'en est pas de même du bien et du mal physique. Un plaisir n'est pas toujours un bien, une douleur n'est pas toujours un mal ; en d'autres termes, tous les plaisirs ne servent pas également au bonheur et toutes les douleurs ne sont pas des causes de malheur. Par exemple les plaisirs de la table quand on en abuse deviennent presque toujours la source de cruelles maladies ; — l'amputation d'un membre gangrené occasionne une indicible souffrance mais sauve la vie du patient qui la subit. Mais si c'est une tâche stérile de poursuivre le bonheur pour luimême, soyez persuadés que c'est un sûr moyen d'y atteindre dès cette vie, dans la mesure du moins où nous pouvons y prétendre, que de faire le bien. La loi morale a souvent ses sanctions dans la vie présente ; l'observation de cette loi ne suffit pas toujours à la vérité pour nous assurer un bonheur immédiat, puisque ce bonheur dépend de conditions dont nous ne sommes pas toujours les maîtres ; mais elle nous assure du moins le bon témoignage de notre conscience et nous donne cette satisfaction intime, sans laquelle tous les biens perdent leur valeur, par laquelle tous les maux de la vie s'adoucissent.

Vous avez compris, je l'espère, que le bien est quelque chose de plus que l'utile, que si l'on ne peut être tenu d'être habile on est toujours tenu d'être honnête et qu'en conséquence nous ne devons point borner notre destinée à la recherche de l'agréable et de l'utile, à la satisfaction de nos intérêts. Je ne saurais trop insister sur ce point, c'est qu'au-dessus de l'utilité, il y a un autre but, un but supérieur qui est le véritable objet que doit se proposer la vie humaine. Ce but supérieur est ce qu'on appelle le *bien moral, l'honnête, le juste* selon les circonstances ; et ce sont là les principes qui doivent constamment nous guider dans le choix des motifs de nos actions.

La conscience est un guide fidèle. — L'homme porte en lui-même le flambeau qui doit le guider dans l'accomplissement de sa destinée, c'est la conscience qui, comme un phare tutélaire, illumine subitement le chemin qu'il doit suivre et toujours lui montre à temps les écueils ; c'est elle, en effet, qui nous avertit quand nos actions sont conformes ou contraires à la loi du devoir ; d'un côté elle dicte ce qu'il faut faire ou éviter, de l'autre elle apprécie ce qui a été fait. Vous ne vous tromperez donc pas dans le choix des motifs de vos actions si franchement, sans arrière-pensée, vous prêtez une oreille attentive à cette voix intérieure. Si vous écoutez le cri de la conscience qui perce les bruits du monde et le bourdonnement des passions, si rien ne vous distrait de ce qu'il révèle, oh ! alors vous êtes dans la voie du bien.

Sachez-le, la conscience ne répond qu'à celui qui l'interroge, et le sentiment du devoir s'affaiblit, s'éteint même, dans une vie trop agitée, sous l'empire du vice ou des penchants égoïstes. A votre âge on ne rentre guère dans son for intérieur pour se rendre compte de ses sentiments, de ses impressions.

Néanmoins lorsque vous avez travaillé avec quelque succès, ou fait au moins vos efforts pour satisfaire vos parents, vos maîtres, vous éprouvez un sentiment de satisfaction qui ne vous échappe certainement pas. Quelle joie, quelle gaité et quel entrain ce jour là dans vos jeux de la récréation.

Mais si dans un instant de paresse, à l'heure de vous rendre à la classe, vous voyez soudain surgir dans votre esprit, la tentation de faire l'école buissonnière, vous hésitez entre le devoir et le plaisir ; vous luttez. Votre raison juge l'acte vers lequel vous vous sentez entraîné, elle vous indique que vous allez faire mal, enfreindre les ordres reçus. Vous avez la liberté d'aller au jeu ou au travail. Et si votre volonté a choisi la mauvaise voie, vous sentez que vous êtes coupable, vous voudriez pouvoir cacher la faute commise dont vous rougissez déjà.

Et puis, avouez-le, vous êtes tout étonnés de ne pas vous être amusé autant que vous l'espériez et vous appréciez la distance qui sépare le congé usurpé du congé donné, le plaisir permis du plaisir défendu.

Dans la vie, nous avons à soutenir cette lutte entre les inductions intimes de notre conscience et les inspirations de nos intérêts et de nos passions, non pas seulement en de grandes circonstances, dans ce qu'on appelle des évènements, mais chaque jour, à toute heure, nous sommes appelés à remporter mille petits triomphes sur nous-mêmes à propos de ces riens utiles qui composent la besogne quotidienne et dont la conscience et Dieu sont les seuls témoins. Là, se trouve une source de grandes joies, soyez-en sûrs, et des meilleures, parce qu'elles sont de celles que chacun peut se donner à soi-même, sans concours extérieur et qui par conséquent ne peuvent lui être enlevées. Ce choix volontaire, toujours fait du bon côté, vous assure une satisfaction de vous-même, un contentement qui à tous les âges est un élément de bonheur.

Mais il faut bien prendre garde de ne point chercher à obscurcir les décisions nettes et distinctes de la conscience. Celui qui accomplit religieusement tout ce qu'elle lui inspire, qui évite scrupuleusement tout ce dont elle le détourne est un *homme de bien* ; celui qui ruse avec elle, ne fut-ce qu'une fois, est un *malhonnête homme*.

États divers de la conscience. — La conscience, cette règle immédiate de nos actions, ce for intérieur qui nous juge, a ses diverses modifications, suivant les différents états de l'âme : elle peut être *ignorante*, c'est-à-dire faire le mal parce qu'elle n'est pas encore apte à démêler le bon du mauvais, par exemple l'enfant qui tourmente les animaux ne se rend pas compte qu'il les fait souffrir. On nomme *vraie* la conscience qui juge conformément à la loi du devoir ; — *fausse* ou *erronnée* celle qui prend le mal pour le bien ; — *certaine*, celle qui décide sans craindre de se tromper ; — *probable*, celle qui juge sur de simples vraisemblances ; — *douteuse*, celle qui est combattue par des raisons d'égale force ; — *timorée*, celle qui a des scrupules quelquefois à propos de minuties, celle qui se crée des motifs futiles de crainte et n'ose décider ; — *large* ou *commode* celle qui n'a ni scrupules ni hésitations, et juge sur de légers motifs favorables à nos intérêts, à nos passions.

Chacune de ces dispositions a des règles qui lui sont propres : ainsi il faut éclairer la conscience ignorante. Il est évident qu'il faut toujours obéir à la conscience vraie ou certaine ; il l'est également que la conscience scrupuleuse et la conscience commode doivent être répudiées, particulièrement celle-ci comme transigeant avec les passions ou avec les vices. L'homme à conscience large devient aisément un homme sans conscience. Dans la conscience douteuse et perplexe, l'on se trouve placé entre deux ou plusieurs devoirs ; il faut suivre quand cela est praticable, la maxime populaire : *Dans le doute abstiens-toi*. Dans le cas où l'on est contraint non-seulement d'agir, mais de choisir, la règle sera alors de toujours préférer le parti qui est le moins conforme à notre intérêt, car nous pouvons toujours supposer que ce qui rend notre conscience douteuse, c'est un motif intéressé, inaperçu. S'il n'y a d'intérêt ni d'un côté, ni de l'autre, il ne reste plus alors qu'à décider selon les circonstances. Mais il est bien rare que la conscience se trouve dans cet état de doute absolu et presque toujours il y a plus de raisons d'un côté que de l'autre. La règle la plus simple alors et la plus générale est de choisir toujours le parti le plus probable.

La conscience probable puise ses arguments en elle-même, dans le jugement de la raison ou dans les conseils de personnes âgées dont la longue expérience des hommes et des choses peut servir de guide à nos actions.

La première règle pratique de la conscience est de l'épurer de tout préjugé, de toute affection personnelle, de tout intérêt particulier, de toute préoccupation de système ou d'imagination, de l'éclairer, par la réflexion, par l'instruction, par la connaissance des travaux des esprits droits et judicieux, de l'écouter avec simplicité et d'en recueillir avec sincérité les suggestions.

Règle d'action.— Dans toutes les circonstances de la vie, au moment d'agir, il vous faut d'abord réfléchir et vous demander quelles seront les conséquences de votre action, s'il serait bien ou mal de l'accomplir. Examinez si l'action que vous projetez pourrait être imposée à tous, si elle pourrait être écrite dans les codes et devenir une maxime générale pour tous les hommes. En d'autres termes, pour juger impartialement et sûrement votre conduite, il faut changer, en pensée, de rôle avec autrui, le supposer à votre place et vous à la sienne et vous dégager ainsi fictivement de tous les liens de l'intérêt, c'est certainement la meilleure règle d'action que l'on puisse vous donner.

Adam et Ève. — « Lorsque nos premiers parents furent chassés de l'Eden, ils pleurèrent longtemps et se dirent entr'eux : « Comment accomplirons-nous maintenant notre destinée sur la terre? Qui nous guidera ? Alors ils s'avancèrent vers le chérubin qui gardait l'entrée du Paradis. Eve s'appuya sur Adam et elle se cacha derrière son épaule ; lorsqu'ils parurent devant le gardien céleste, Adam dit au Chérubin d'un ton de prière: « Maintenant les messagers de Dieu ne marcheront plus devant nous, puisque nous sommes devenus impuissants; prie donc le Créateur du monde qu'il nous envoie un de ses anges ou seulement une étoile qui puisse nous conduire.

Le Chérubin répondit :

L'homme a son étoile en lui-même, et malgré le péché cette étoile brillera toujours plus grande et plus pure que celles qui errent dans les cieux. C'est donc à toi de la suivre. »

« Mais Adam l'implora et lui dit : Oh ! serviteur de Jéhovah, donne-nous une image apparente que nous puissions regarder, car celui qui s'est une fois écarté du droit chemin, trouve son cœur obscur et muet, la voix du dedans ne se fait plus entendre.

Alors l'ange pensif dit à Adam : « Lorsque l'Eternel te forma de la poussière de la terre et souffla en toi l'haleine de vie, tu levas la tête vers le Ciel, et ton premier regard se dirigea vers le soleil ; que le soleil soit donc ton modèle. Il commence sa tâche avec une face radieuse, il ne s'incline ni à droite ni à gauche ; il apporte la bénédiction partout où il passe ; il se rit de l'orage qui éclate à ses pieds et après la lutte, il se montre plus beau et dispense plus de biens.

Homme que ce soit l'image de ton voyage sur la terre. Alors la gracieuse mère des humains s'approche tremblante du messager céleste :

Donne-moi aussi, dit-elle, une parole d'enseignement et de consolation. Comment la faible femme pourra-t-elle élever son regard jusqu'au soleil et en suivre le cours. Ainsi parla Eve et le Chérubin eut pitié de la femme ; il tourna vers elle un visage souriant et lui dit : « Lorsque l'Eternel te forma aux rayons du soleil couchant, tes yeux ne s'élevèrent pas jusqu'au ciel ; mais ils s'abaissèrent sur les fleurs de l'Eden, et le premier son que ton oreille entendit fut le murmure de la source. Que ton œuvre soit semblable à l'œuvre de la nature, silencieusement elle produit tout ce qui est grand et beau, tout germe dans son sein : elle fait naître la fleur et le fruit, elle se pare de ce qu'elle a mis au jour. Faible femme, voilà ton modèle ; puis l'ange ajouta en s'adressant à l'homme et à la femme : « Que votre union soit sincère et aussi complète que celle du ciel et de la terre. »

CHAPITRE VI.

LES SENTIMENTS.

Les sentiments sont des principes d'action que Dieu a mis en nous pour nous aider à accomplir les choses grandes et difficiles, mais qui ont besoin d'être dirigés par une volonté libre toujours éclairée par la raison. Il importe donc de savoir analyser et régler ces mouvements de l'âme, qui trop souvent nous égarent, qui exercent une influence si considérable sur la conduite humaine.

Amour-propre. — On appelle ainsi le sentiment que l'homme a de sa dignité, la conscience qu'il a de sa valeur, des qualités qu'il possède ou tout au moins de celles qu'il croit avoir ; né avec nous, il devient presque toujours la cause de nos actions, et il est aussi le fondement de plusieurs vertus. Ce sentiment a pour auxiliaires naturels l'idée de l'honneur et la pensée de la honte.

Honneur. — *L'honneur* est le sentiment de l'honnête, du juste et du beau moral, de ce qui convient à la dignité humaine. Il fait qu'on exécute de bonne grâce, sans répugnance, tout ce que le devoir le plus rigoureux peut exiger. C'est ce sentiment qui nous entraîne toujours vers ce qui est grand, noble et digne ; qui nous sollicite de nous abstenir, par cela seul qu'elle est injuste, d'une action, si secrète qu'elle puisse être, qui serait utile à notre seul intérêt.

L'honneur peut être comparé à une belle fleur que le moindre souffle impur ternit à l'instant même. Il exige qu'on ne fasse jamais rien de contraire aux principes éternels du bien, du juste, et du vrai : la sincérité dans les paroles, la fidélité au secret et à ses promesses, la probité, la bonne foi, l'équité dans toute sa conduite, la constance dans ses amitiés, une reconnaissance avouée pour ses bienfaiteurs, une âme au-dessus de l'intérêt sordide, un peu de vivacité sur tout ce qui peut blesser la réputation, et le courage nécessaire pour la défendre par les voies permises : telles sont les vertus que renferme l'idée d'honneur.

Cependant on peut être homme d'honneur sans être absolument homme de bien : on peut être brusque, chagrin, emporté, dur dans ses manières, âpre sur ses droits, présomptueux, fanfaron, pédant, etc., et néanmoins être homme d'honneur dans toute l'acception du mot.

Honte. — L'honneur nous porte à éviter toutes les actions qui nous abaissent non-seulement aux yeux d'autrui mais encore dans notre propre estime ; la *honte*, au contraire, est le sentiment pénible qu'excite dans l'âme tout acte qui nous avilit aux yeux de nos semblables, comme aux nôtres. Une action est d'autant plus honteuse qu'elle dénote une plus grande bassesse d'âme : ainsi, par exemple, un délateur est mille fois plus méprisable que le brutal qui donne un soufflet pour une cause futile.

La honte est quelquefois la crainte d'entendre l'expression d'un blâme mérité ou non, une fausse honte empêche trop souvent de réparer le mal causé par des propos indiscrets, une démarche imprudente, une négligence, un abus de pouvoir, etc.

Porron du Babinais. — Un homme digne de vivre dans les souvenirs de la France, Porron du Babinais, de Saint-Malo, donna en 1665 un exemple de fidélité au serment qui rappelle le célèbre Régulus de la Rome antique.

Capitaine d'un vaisseau de guerre de 36 canons, Porron du Babinais avait été pris avec son bâtiment par les Algériens. Le dey d'Alger le choisit pour aller porter à Louis XIV des propositions d'accommodement, en lui faisant jurer de revenir s'il échouait, et en l'avertissant que six cents de ses compagnons de captivité répondaient de sa parole au péril de leur tête. Les propositions ne pouvaient être admises. Porron, porteur d'un refus, et connaissant bien le sort qui l'attendait, revint cependant avec une courageuse fidélité. Le dey lui fit trancher la tête.

Le consul Régulus dont je viens de citer le nom, après avoir vaincu les Carthaginois, fut défait à son tour par eux et tomba entre leurs mains. Ils l'envoyèrent à Rome sur parole pour traiter de l'échange des prisonniers, admis devant le Sénat, il conjura celui-ci de repousser les propositions qu'il apportait et son avis fut écouté. Il resta sourd aux supplications de sa famille et de ses amis, il retourna à Carthage reprendre ses fers. Pour le punir d'avoir fait échouer la négociation, on l'enferma dans un tonneau garni intérieurement de pointes aiguës et qu'on fit rouler du haut d'une montagne.

De Beaurepaire. — Pour tout Français digne de sa patrie, l'honneur de son nom est le plus précieux de tous les biens, et la fidélité à la parole donnée est le plus sacré de tous les engagements, au besoin on lui sacrifie sa fortune, ses affections, sa vie même. C'est ce sentiment qui porta Beaurepaire à se donner la mort plutôt que de consentir à un acte qu'il considérait comme déshonorant pour lui.

C'était en 1792 ; les Prussiens secondés par les intrigues royalistes, n'étaient plus qu'à quelques lieues de la capitale.

De tous les points du territoire, les volontaires, ouvriers arrachés à l'atelier, ou paysans enlevés à leur charrue arrivaient en foule, animés de cet ardent amour de la liberté et de cette haine implacable de l'étranger qui devaient les rendre invincibles.

Les Allemands étaient venus mettre le siége devant Verdun où se trouvait le bataillon de Maine-et-Loire qui avait à sa tête le colonel de Beaurepaire. Quand l'envoyé de l'assemblée lui remit le commandement de la place, Beaurepaire répondit simplement : « Dites à ceux qui vous envoient que je serai digne de leur confiance, et que moi vivant le Prussien n'entrera pas dans Verdun. »

Après un bombardement de quinze heures les habitants affolés firent supplier le gouverneur de capituler. Beaurepaire répondit en menaçant de faire fusiller ceux qui se feraient encore les interprètes de pareilles propositions.

C'est alors que la population résolut de traiter avec l'ennemi. Quand tous les détails de la reddition de la place furent arrêtés, les membres de la municipalité se réunirent chez Beaurepaire pour le prier d'apposer sa signature sur le traité. Une scène terrible se passa ; devant le refus énergique de Beaurepaire de s'associer à ce qu'il regardait comme une trahison, ils passèrent de la prière à la menace ; rien ne put ébranler la résolution héroïque du colonel, enfin Beaurepaire placé entre son devoir de commandant militaire et de patriote, et la volonté nettement exprimée de la municipalité de Verdun se fit sauter la cervelle.

C. Fox. — L'honneur est un juge qui tient tribunal dans notre conscience et dont l'autorité commence où s'arrête celle de la loi, celle-ci permet ce qu'elle ne défend pas tandis que souvent l'honneur défend ce que la loi permet. Ainsi il veut qu'on restitue scrupuleusement le dépôt confié sans titre à notre bonne foi ; de toutes les créances, les plus sacrées pour lui sont celles que les tribunaux ne reconnaissent pas, comme les dettes de jeu, par exemple.

Charles Fox l'un des hommes d'état et des orateurs les plus célèbres de l'Angleterre aimait le jeu avec fureur. Il avait force dettes et ne payait qu'en billets ses créanciers qui le trouvaient rarement en fonds. Un jour que le sort l'avait favorisé, comme il rentrait chez lui chargé de guinées, se présente, créance en main, son tailleur à qui il devait depuis longtemps une somme considérable : « Je sais ce que vous voulez, lui dit Fox, mais je ne puis rien, absolument rien pour vous. » — « Vous avez gagné pourtant, Mylord, et gagné beaucoup, votre chapeau est plein d'or, et vous refuseriez de me payer. » — « J'ai gagné, il est vrai, répliqua Fox, mais cet argent n'est pas à moi, il est à mes créanciers. » — « Ne suis-je pas votre créancier, Mylord ? — Sans doute, mais vous ne venez qu'en seconde ligne mon ami, n'avez-vous pas un billet, un titre ? Votre affaire est sûre à vous. Ce sont ceux qui n'ont pas de titres, qui doivent être payés les premiers. « S'il en est ainsi, Mylord je suis de ceux-là, dit le tailleur en déchirant son billet. Je n'ai plus de titre, votre dette envers moi devient une dette d'honneur. » Fox en convint, en changeant de nature, la créance devint plus sacrée, le tailleur fut payé à l'instant même.

Hervé Primauguet. — Le sentiment de l'honneur a fait de tout temps la gloire de la France, il y vivra toujours malgré nos désastres, nos fautes et nos revers. C'est lui qui inspira à Primauguet son héroïque résolution :

Le 10 août 1513, l'amiral de Bretagne, Hervé Primauguet, à la tête d'une vingtaine de navires rencontra, à la hauteur de l'île d'Ouessant, toute la flotte anglaise forte de quatre-vingts voiles et ayant pour elle un vent favorable, il n'hésita pas à courir au combat. Il montait la *Cordelière*, navire surpassant les autres en grandeur, que la reine Anne avait fait construire et équiper. Se trouvant entouré par dix à douze vaisseaux anglais et voyant qu'il fallait se rendre ou mourir, Primauguet fit jeter les grappins d'abordage sur la *Régente d'Angleterre* vaisseau amiral des ennemis, mit le feu aux poudres et fit sauter ensemble la *Cordelière* et la *Régente*, la flotte anglaise épouvantée cingla immédiatement vers son île. Le reste des vaisseaux put regagner le port de Brest, grâce à l'héroïsme de Primauguet.

Le Duel. — L'estime, la considération ne s'attachent pas exclusivement à ce qui est beau, grand, juste et parfait, elles s'attachent quelquefois à des choses vaines et même criminelles ; c'est ainsi que le *point d'honneur* est parfois peu d'accord avec la vertu.

Le *point d'honneur* est le sentiment qui participe à la fois de la délicatesse et de la susceptibilité dans ce que nous regardons comme touchant à l'honneur, et qui nous porte à faire tantôt plus que le devoir n'exige et tantôt à exiger plus que la loi n'autorise. C'est ainsi qu'il est devenu l'origine du duel.

Le préjugé qui porte un homme qui a été offensé par un autre à venger son honneur par le duel est souverainement absurde, barbare, et souvent même, contraire au but qu'on se propose. En effet ce combat fratricide est un mauvais mode de vengeance ou de punition, car il soumet au même hasard la vie de l'offensé et celle de l'offenseur ; si l'offensé a tué ou grièvement blessé celui qui l'avait outragé, il a dépassé les limites de la réparation qu'il était en droit d'exiger. La mort, la perte d'un membre ou d'un organe essentiel doivent-elles être le châtiment d'un homme qui d'un coup de la main a effleuré le visage d'un adversaire, ou qui l'a excité par une expression trop vive ? Si celui qui succombe est père de famille les conséquences de sa faute retombent sur sa veuve et ses enfants orphelins, victimes innocentes d'une coutume antisociale.

Le duel n'est pas propre à établir des chances égales dans le combat, parce que l'un des deux adversaires a toujours plus d'adresse et de sang-froid dans le maniement des armes ; et si cet avantage appartient à l'offenseur la vengeance ou la punition échappe à l'offensé.

Mais, dit-on, on ne veut que donner une leçon, que faire une blessure légère : belle raison ma foi !

Dans un temps où l'on regarderait comme une férocité d'écrire parmi les châtiments, que celui qui aura blessé quelqu'un sera blessé à son tour, ou on a renoncé à la loi du talion qui demandait dent pour dent, œil pour œil, on veut punir une offense, quelquefois bien légère, par une mutilation. Est-on d'ailleurs si sûr de ses coups qu'on puisse se promettre d'avance de toucher juste l'endroit qu'on se propose d'atteindre ? N'arrive-t-il pas souvent que, malgré l'intention d'épargner l'adversaire, on lui donne la mort ?

Vous le voyez tous les motifs allégués pour justifier le duel ne soutiennent pas un examen sérieux. La manie de se battre en duel était telle qu'à diverses époques de sévères ordonnances furent rendues contre ceux qui vidaient par les armes leurs querelles particulières. La loi assimile le meurtre en duel à l'assassinat, cependant il n'y a pas d'exemples que cette loi ait été rigoureusement appliquée.

La morale comme le bon sens, réprouvent hautement le duel ; le vrai courage consiste bien plus à savoir triompher du désir de la vengeance, à s'élever par le sentiment du devoir au-dessus des railleries de quelques bravaches, qu'à obtenir par les armes une réparation même légitime et qui vous expose à tuer le soutien d'une famille, l'espoir d'un parti ou d'une nation.

Le Bien. — Les sentiments du bien, du beau, du juste et du vrai sont pour nous la source des jouissances les plus pures et les plus délicates, ce sont les tendances les plus élevées qui sollicitent l'homme à l'action.

Nous sommes tous faits pour aimer le bien, aussi toutes les fois que nous sommes témoins d'une bonne action ou que nous remarquons de la bonté dans une personne, nous sommes attendris et nous éprouvons une joie qui est sans doute, après celle de faire du bien soi-même, la plus douce que nous puissions ressentir en ce monde.

Le Beau. — Il n'est personne qui ne soit naturellement touché de l'amour du beau. La vue des belles choses nous frappe et nous plaît, nous attire par le rapport secret qui existe entre l'âme humaine et tout ce qui porte le caractère de la beauté.

Le juste, le vrai. — Nous portons en nous l'idée de la justice, et cette idée ne dérive d'aucune autre. Le sentiment du vrai est aussi une qualité commune à tous les esprits ; car notre intelligence a été formée pour être charmée par la vérité. L'homme, en effet, aime la vérité ; il la poursuit sans cesse, tantôt comme un bien dont il sent l'utilité, tantôt comme une lumière qui attire son esprit. Mais ces inclinations naturelles vers le bien, le beau, le juste et le vrai ne sont pas également puissantes chez tous les hommes.

La vue d'une belle peinture ou de tout autre bel ouvrage de l'art ne cause pas autant de plaisir à un ignorant qu'à une personne dont l'esprit est cultivé, celle-ci y découvre des traits de beauté auxquels le premier est insensible et qu'il ne soupçonne même pas, à cause de la grossièreté de son goût.

Mettez le livre le mieux pensé entre les mains d'un homme qui n'a pas exercé son intelligence, il n'y entendra qu'un petit nombre de vérités les plus communes et ne retirera que peu de fruits de sa lecture. Donnez le même livre à un homme qui a en lui, par le don de la nature et par l'effet de l'étude, les semences de toutes les vérités : il ne laisse rien échapper de tout ce que l'auteur a voulu dire, et il s'établit entre le lecteur et l'écrivain une communauté de pensées, de sentiments, d'idées qui devient la source d'un des plus vifs plaisirs de l'esprit.

Il en est ainsi d'une bonne action, tous ceux qui la voient faire ne peuvent s'empêcher d'en être touchés ; mais peu de personnes sont capables d'en apprécier toute la valeur, d'en recevoir toute la joie que cette vue doit donner ; celles-là seulement qui ont en elles-mêmes les germes de tout ce qui est bien, entrent dans les sentiments du bienfaiteur, s'unissent à lui par le cœur, et se réjouissent de sa belle action par une secrète confiance de pouvoir l'imiter.

Je parle ici d'une action qui a une certaine grandeur, en sorte qu'il n'est personne qui ne la remarque; mais il y a des traits de bonté qui consistent en une honnêteté et une politesse bienveillante, ou des attentions douces dont l'habitude fait le charme de la société humaine : ces traits de bonté qu'un mot, qu'un regard, que l'accent de la voix, l'expression du visage, qu'un serrement de main, suffisent pour faire sentir, ne touchent pas beaucoup de monde, ceux qui ont le cœur assez délicat pour s'en laisser pénétrer sont en petit nombre.

Ce sont les personnes d'un caractère doux. On n'est pas si sensible au plaisir de découvrir de la bonté en quelqu'un, on n'a pas le cœur si ouvert aux moindres impressions du bien, quand on n'est pas soi-même porté à la douceur et à la bonté. Vous comprenez donc d'après cela que l'instruction sert aussi à nous rendre bons et sensibles, et que l'étude, en exerçant notre goût, nous procure les vraies jouissances qui embellissent la vie.

Emulation. — Notre premier désir en général c'est de l'emporter sur autrui, notre première impulsion c'est de nous distinguer entre nos semblables, tel est le principe de *l'émulation*. C'est un sentiment noble qui nous excite à imiter, même à surpasser par des efforts louables et généreux ce que nous admirons dans nos semblables. Ce penchant bien compris nous porte à accomplir bien des actions méritoires et n'a rien que de légitime en soi : nous pouvons désirer égaler et surpasser les autres sans par cela même leur vouloir du mal ; nous pouvons éprouver du plaisir à les vaincre sans précisément nous réjouir de leur défaite ; nous pouvons être vaincus par eux sans pour cela leur en vouloir de leur succès. Mais l'émulation cesse d'être une vertu et se change en vice, lorsque, par exemple, nous souffrons, non pas de notre échec, mais de l'avantage de nos rivaux, ou encore lorsque nous ressentons plus de plaisir de leur défaite que de joie pour notre victoire : ce penchant ainsi perverti devient ce que l'on appelle l'envie.

Envie. — L'*envie* est une affection qui attaque le cœur de l'homme en le portant à considérer avec chagrin et avec haine les avantages dont jouit une autre personne. Ce sentiment de convoitise présente un caractère bas et repoussant qui entraine parfois à des actes criminels ; il est la marque d'un esprit égoïste, méchant et étroit.

L'envie, qu'il ne faut pas confondre avec le désir de bien faire, est toujours affligée du bonheur et du succès des autres, elle ne peut supporter l'idée du succès d'autrui, et jalouse du mérite, elle s'évertue à le rabaisser ; l'émulation est généreuse elle ne songe qu'à surmonter un rival ; l'envie ne tend qu'à ravaler un concurrent elle est le désir implicite, inavoué du malheur des autres. Ce vice imprime une mauvaise direction à nos facultés, on ne saurait donc, en faisant un retour sur soi-même, examiner avec trop de soin si l'envie tend à gagner notre cœur.

Jalousie. — La *jalousie* a beaucoup de traits communs avec l'envie, c'est le dépit qu'on ressent des avantages qu'une autre personne a sur nous, qui nous porte à nier le mérite de nos semblables, ou qui forcé de le reconnaître, leur refuse les éloges, ou leur envie les récompenses obtenues. La jalousie est une passion stérile qui remplit l'homme de lui-même, de sa réputation, qui le rend froid et sec sur les actions ou sur les œuvres d'autrui; qui fait qu'il s'étonne de voir dans le monde d'autres talents que les siens ou d'autres personnes posséder les qualités dont il se pique : vice honteux qui rentre dans la vanité et la présomption. Quand la jalousie naît à propos des affections qui nous entourent et dont nous ne pouvons souffrir le partage, elle devient souvent une passion terrible par ses conséquences.

Bienveillance. — Les relations naturelles et nécessaires des hommes entre eux donnent naissance à divers sentiments, qui, bien dirigés, font le bonheur de l'individu et de la société. Parmi ces affections de l'âme, il faut mettre en première ligne la *bienveillance*, c'est-à-dire la disposition à vouloir du bien à nos semblables, à leur être utile ou tout au moins agréable. Le sentiment contraire s'appelle *malveillance*, il est le fruit de l'envie, de la haine ou d'une indifférence blâmable.

Haine. — La malveillance qui va jusqu'à nous inspirer le dessein de nuire à autrui, devient la *haine* : ce mauvais sentiment porte le trouble dans l'âme au point de la rendre sourde à la voix de la raison. Elle en absorbe pour ainsi dire toutes les facultés au moment où elle la possède, la domine toute entière et la préoccupe exclusivement de l'objet de son aversion.

Les haines politiques et religieuses ne conseillent ni moins de folies, ni moins de crimes que les haines privées ; seulement elles ont un caractère moins bas parce qu'elles sont exemptes d'égoïsme. Il n'est permis de détester que le mal et l'erreur, quant à nos frères qui se trompent ou qui font le mal, nous devons les plaindre et leur accorder une indulgence dont nous avons si souvent besoin pour nous-même.

La haine s'appelle le *ressentiment* ou la *rancune* lorsqu'elle est le souvenir haineux du mal reçu ; elle devient enfin la passion de la vengeance, la plus criminelle de toutes, lorsqu'elle est le désir et l'espoir de rendre le mal pour le mal.

Mépris. — La haine se change en *mépris* lorsqu'il s'y ajoute l'idée de la bassesse et de l'infériorité de la personne à qui nous en voulons : Le mépris est le sentiment d'aversion, d'éloignement, que nous éprouvons pour les personnes ou les choses que nous jugeons indignes de considération, d'égards, et par lequel nous témoignons le peu de cas que nous en faisons. — Quand il s'agit d'actions condamnables, mais non odieuses, le sentiment qu'elles nous inspirent est celui du *blâme*. — Enfin, quand il s'agit d'actes criminels et révoltants, le sentiment qu'ils soulèvent est *l'horreur* et l'exécration.

Colère. — Les actes d'autrui quand ils blessent nos intérêts, nos affections, nos idées, provoquent parfois en nous un sentiment d'irritation, une émotion subite et violente qui s'appelle la *colère*. C'est une des plus funestes passions que l'homme puisse éprouver ; elle altère, elle décompose ses traits, attaque toutes ses facultés et va souvent jusqu'à compromettre son existence ; ses excès, ses emportements inopinés font d'un être doux, sociable, un insensé, un furieux, un barbare : l'esprit, la raison s'évanouissent alors et sont remplacés par un aveugle transport, l'homme ainsi dégradé n'est plus dans certains cas qu'un animal féroce.

La *fureur* est le paroxysme de la colère ; elle a souvent

déshonoré, par des actes honteux, les plus nobles caractères et changé les héros en insensés et même en bourreaux. Cette fièvre d'esprit nous fait instantanément perdre possession de nous-même ; nous devons donc apprendre à la maîtriser en appelant à notre aide toutes les forces de la raison.

Toute émotion de l'âme tendant à la colère, à la haine, à la dispute est toujours très-préjudiciable à la personne qui est ainsi agitée, quelque juste que puisse en être la cause ; parce que telle est la nature de l'homme qu'un petit mouvement déréglé auquel nous nous livrons, laisse en nous une grande disposition à nous abandonner à d'autres mouvements du même genre, plus tumultueux, plus violents.

Celui qui souffre une fois qu'il s'élève dans son âme un sentiment de colère pour un sujet légitime en soi, deviendra par là même beaucoup plus enclin à se fâcher pour des motifs peu sérieux.

Cependant, quoiqu'elle soit un emportement dont les conséquences peuvent être fatales, la colère n'est pas nécessairement une manifestation de la haine, comme on le voit par le soldat qui combattra avec fureur et qui, subitement, après la bataille ou pendant la trêve, offrira la main à son ennemi. La colère, dans ce cas, est passion naturelle qui semble avoir été mise dans les êtres animés pour leur donner de la force contre le péril ; c'est l'effort de l'âme résistant au mal qui veut l'opprimer.

Estime. — Le sentiment inspiré par les bonnes qualités morales d'autrui prend le nom d'*estime* ; c'est une sorte de bienveillance mêlée de jugement et de réflexion. S'il s'agit de vertus hautes et difficiles, l'estime devient du *respect* ; s'il s'agit d'héroïsme, le respect se change en *admiration* et en *enthousiasme :* l'admiration est une surprise pleine de respect, une approbation mêlée d'étonnement qu'excite en nous tout ce qui est nouveau et grand ; l'enthousiasme est le même sentiment seulement de plus en plus exalté, c'est un transport qui s'empare de l'âme, la maîtrise et la met hors de sa situation ordinaire.

Sympathie. — Les mouvements de l'âme sont spontanés : on éprouve, pour la physionomie ou le caractère de certaines personnes, un attrait irrésistible qu'on nomme *sympathie* ; on désigne par le mot *antipathie* une aversion irréfléchie, une répugnance naturelle et sans cause apparente que nous éprouvons pour une personne, pour un animal, pour une chose. Ce sentiment nous domine malgré nous, il reste toujours pour nous aussi inexplicable que la prédilection que nous ressentons souvent pour des individus qui ne le méritent pas. On aime ou on déteste certaines personnes sans savoir pourquoi ; la raison la réflexion, les efforts tentés pour surmonter ces sentiments n'y peuvent rien, l'âme garde toujours sa première impression.

Cependant nous ne devons jamais sympathiser avec les défauts des autres et il faut garder toute notre antipathie pour les actions basses et honteuses.

CHAPITRE VII.

SANCTION DE LA LOI MORALE.

La loi du devoir s'appuie sur toutes les grandes facultés de l'âme, et puise son autorité dans une sanction supérieure à tous les pouvoirs terrestres.

Sanction. — Voyons d'abord ce qu'on entend par le mot *sanction* et expliquons les idées qui s'y rattachent : à toute loi, sous peine de ne pas être une loi, il faut une *sanction*, c'est-à-dire un ensemble de peines et de récompenses qui assurent l'exécution de cette loi.

Peine et Récompense. — La peine et la récompense ne sont autre chose que cette portion de malheur ou de bonheur que nous méritons, selon que nous avons enfreint la loi morale ou que nous l'avons accomplie en surmontant un obstacle ou en lui sacrifiant un de nos penchants. L'essence est le fondement de la punition, c'est le démérite et l'expiation de la faute.

La récompense a pour but de nous inviter à pratiquer la loi du devoir par la considération du bonheur attaché à son observation ; de même la punition a pour effet d'effrayer le coupable.

Mais si ces deux motifs, l'espérance et la crainte, prennent la place du motif moral, c'est-à-dire du devoir d'obéir à la loi parce qu'elle est juste, parce qu'elle est conforme au bien, la conduite humaine n'a plus d'autre guide que l'intérêt personnel et nous retombons alors dans le matérialisme.

Vous concevez que la sanction d'une loi n'en constitue point le principe, elle s'y ajoute, elle lui prête main-forte, elle engage les êtres moraux à l'observer et les détourne de la transgresser.

Je vous ferai observer qu'on peut être frappé sans être puni, et que les malheurs immérités, les chagrins, les revers de fortune qui accablent quelquefois les âmes les plus droites, ne sont point des châtiments, mais des épreuves.

La loi morale a cinq espèces de sanctions : 1° la *sanction naturelle*, 2° la *sanction de l'opinion*, 3° la *sanction légale*, 4° la *sanction intérieure*, 5° la *sanction religieuse*.

Sanction naturelle. — Une première sanction se trouve dans les conséquences naturelles de nos actions et de notre conduite ; chaque vertu engendre par elle-même des avantages qui lui sont propres ; ainsi à la sobriété est attachée la conservation de la santé ; au courage, joint à la prudence, le succès dans nos entreprises ; à la probité, la confiance et le crédit, etc. De même, le vice a par lui-même des conséquences fatales : l'intempérance ruine la santé et amène la dégradation morale ; la poltronnerie double le péril ; l'hypocrisie soulève le dégoût, etc.

Opinion publique. — Une seconde sanction réside dans le jugement que nos semblables portent sur nos actes et notre caractère. Vous ne l'ignorez point, il est dans la nature des actions bonnes d'inspirer l'estime, la bienveillance, et dans celle des actions mauvaises d'exciter le blâme et le mépris : voilà pourquoi l'honnête homme jouit de la considération publique et le malhonnête homme, même celui que les lois n'atteignent pas, est frappé de discrédit, de mépris.

L'opinion publique peut donc être considérée comme une récompense des actions honnêtes et une punition de celles qui ne le sont pas. Toutefois, comme la prospérité la séduit, comme la richesse et la puissance l'éblouissent, son jugement est souvent erroné ; un exemple entre mille : — Que dans une querelle deux Ouvriers se battent à coups de couteau, celui qui blesse ou tue son adversaire n'est qu'un misérable assassin, que le bagne attend ; mais que deux Messieurs, bien mis, gantés de frais se battent, l'épée à la main, pour un motif futile ; celui dont l'épée perce la poitrine de son adversaire reste honoré de tous : ce combat n'a été qu'un duel, qu'une *affaire d'honneur*, et cependant il n'y a de différence en dernière analyse que dans la longueur du fer homicide.

Les préjugés qui font loi dans la société jettent souvent une sorte d'anarchie dans l'ordre moral et obscurcissent la notion exacte du devoir quand on les accepte aveuglement. Une action nous révolte moins parce qu'elle est mauvaise, honteuse, que parce qu'elle est malséante, parce que cela est inconvenant, parce que cela ne se fait pas. Ainsi ce n'est pas le crime que nous craignons, c'est le déshonneur et pourvu que l'opinion écarte la honte ou même y substitue la gloire, comme elle en est la maitresse, nous commettons le crime hardiment, et l'homme ainsi disposé s'appelle sans façon juste ou tout au moins honnête homme.

Ces écarts de l'opinion publique sont le résultat d'une erreur commune à beaucoup de personnes, et qui consiste à prendre la récompense pour le bien même ; et pour le mal, la punition : c'est ainsi que les hommes sont plus fiers des titres et des honneurs qu'ils ont reçus que du mérite véritable qui les leur a valus. C'est ainsi encore qu'ils redoutent la prison plus que le délit et le crime, la honte plus que le vice. Voilà pourquoi il faut une certaine force d'âme pour supporter les injustices de l'opinion ou une peine imméritée. C'est alors qu'on doit se rappeler ce vers de Thomas Corneille :

> Le crime fait la honte et non pas l'échafaud.

Sanction légale. — La sanction des lois positives est surtout pénale. Elle se compose des châtiments édictés contre ceux qui se rendent coupables des crimes ou délits prévus par nos codes : l'amende, la prison, les travaux forcés.

La sanction légale n'atteint que les actes extérieurs. Le code ne recherche pas ce qui se passe dans le cœur humain, et il ne s'occupe que de punir ce qui nuit à la société ; il a gradué ses peines bien plus sur les faits que sur l'intention ; il en résulte que les peines légales ne sont pas toujours proportionnées à la gravité de la faute commise. D'ailleurs un grand nombre de crimes restent impunis : la sanction légale est donc imparfaite. Armée contre tous les crimes publics qui offensent l'ordre social, la loi écrite est impuissante contre les crimes secrets, contre ces noires actions ou ces odieux sentiments qui décèlent souvent plus de perversité que les crimes qualifiés par le code pénal ; elle ne peut rien contre l'ingratitude, l'envie, la cupidité, la mauvaise foi, l'hypocrisie.

Vous comprenez d'après cela que les prescriptions de la loi écrite ne doivent pas être tout pour un être absolument et vraiment moral ; car on peut être honnête selon la loi et n'avoir point en soi d'honnêteté morale. Obéir à la loi, c'est respecter les droits d'autrui, de même qu'on respecte les nôtres, ce n'est pas faire le bien, ce n'est pas encore être vertueux. Ne l'oubliez donc jamais : entre ce que les lois humaines défendent et ce que la morale permet, il y a un espace immense que l'homme intègre ne franchit pas. « *Honnête homme jusqu'à la corde,* » dit-on en en parlant de ceux qui ont assez de prudence pour ne rien faire de ce qui est défendu par les lois, qui se permettent tout ce dont elles ne parlent pas. Mais vous savez aussi quel cas on en fait, quelle défiance et quel mépris ils inspirent à chacun.

Sanction intérieure. — La sanction intérieure résulte de la conscience même et du sentiment moral ; elle porte avec elle la récompense et la punition : la première réside dans la *satisfaction morale,* et la seconde consiste dans les *remords* qui s'attachent au cœur du coupable.

La sanction intérieure est plus exacte et plus certaine que la sanction légale ; car toutes les mauvaises actions, qui mériteraient d'encourir la sévérité de la justice, ne sont pas inscrites dans le code pénal, la morale élève un tribunal plus haut que celui des lois et de l'opinion. Elle veut non-seulement que nous évitions le mal, mais que nous fassions le bien ; non-seulement que nous paraissions vertueux, mais que nous le soyons. Cela ne se fonde pas sur l'estime publique qu'on peut surprendre, mais sur notre propre estime ; et comme la raison a ses perpléxités, elle en appelle à la conscience qui sert la pensée par ses inspirations soudaines.

Cependant la sanction de la conscience elle-même est incomplète et nullement proportionnée au mérite et au démérite des actions : Les plaisirs des sens, l'habitude du crime ont pour effet de nous étourdir et d'étouffer la voix du remords ; celui-ci est d'autant moins vif que la perversité est plus grande ; alors on a perdu tout sens moral, on ne rougit plus de laisser dominer en soi l'élément mauvais, celui qui ne traîne après lui que chûtes et ténèbres ; comme on le dit, on a bu sa honte, c'est-à-dire qu'on est devenu insensible à tout bon sentiment.

D'un autre côté, la vertu est simple, elle n'est jamais sûre d'elle-même, et il arrive parfois que l'acharnement du malheur émousse dans une âme honnête les jouissances calmes et douces que la pratique constante du bien procure.

Immortalité de l'âme. — Vous venez de voir que les diverses sanctions humaines, séparées ou réunies, que reçoit la loi morale, sont imparfaites ; elles en appellent donc une autre, leur complément nécessaire : c'est la *sanction religieuse* qui a pour fondement l'immortalité de l'âme et la foi en Dieu. Cette vérité se prouve : 1° par la nature de l'homme ; 2° par l'immatérialité de l'âme ; 3° par l'insatiabilité de nos désirs ; 4° par le sentiment de la justice divine ; 5° par la tradition universelle.

1° Toutes les tendances de l'âme la portent vers l'infini sous les formes du bien, du beau, du juste et du vrai. Mais l'homme est placé ici-bas dans des conditions telles qu'aucune de ses aspirations ne peut être satisfaite ; ce qu'il peut toujours c'est de vouloir le bien, de faire effort pour mettre sa conduite d'accord avec cette idée, en un mot d'accomplir la loi morale. D'où il suit que la vraie destinée de l'homme, c'est de faire le bien et de pratiquer la vertu ; mais en faisant le bien il mérite le bonheur, et se crée des droits à une félicité durable.

D'autre part, obéir à la volonté de Dieu, lui rendre hommage, l'aimer, et surtout le glorifier par ses œuvres ; voilà la fin que la religion nous assigne sur cette terre. Ainsi faire le bien, obéir à la volonté divine et par la vertu se rendre digne du bonheur éternel, telle est la vraie fin de l'homme.

Cette destinée est grande ; mais elle ne peut s'accomplir complètement en ce monde, une seule partie celle qui concerne la pratique de la vertu est possible, l'autre ne peut se réaliser que dans une autre vie ; de là la nécessité d'une destinée future, et comme conséquence forcée, comme condition essentielle, l'immortalité de l'âme.

2° Nous avons constaté à propos de la personnalité humaine que le principe spirituel est indépendant de la matière ; or, puisque l'âme est distincte du corps, il n'est point nécessaire qu'elle périsse avec lui, c'est déjà une grande présomption que l'homme ne meurt point tout entier et que l'âme est immortelle. De plus l'âme étant une, indivisible, toujours identique avec elle-même, aucune des causes qui agissent sur les corps et en altèrent la composition ne peut agir sur elle ; elle est incorruptible et indestructible. Voyez ce qui se passe autour de vous, tout change sur la terre, rien ne s'y perd car la nature est un vaste laboratoire où s'accomplissent perpétuellement d'intéressantes métamorphoses. Aucun art humain ne pourrait anéantir la plus petite particule de matière et ce qui fut sensible, raisonnable, aimant, vertueux, religieux, périrait lorsque les éléments dont il était revêtu seraient indestructibles : Oh ! non, cela est impossible. Comment supposer que l'âme, cette substance douée de facultés merveilleuses, ait moins de durée que la dernière des molécules de la matière inerte ? Il est donc évident que l'âme ne peut périr par décomposition, à la manière du corps, et que nous devons croire qu'à la mort de celui-ci elle continue à vivre.

3° L'âme humaine éprouve certains besoins qui, ne pouvant être satisfaits ici-bas, exigent une nouvelle vie dans laquelle ils trouveront leur complète satisfaction ; tels sont les besoins de pénétrer les vérités qui nous restent cachées, de se réunir à ceux que l'on a aimés, etc.

Il est dans la nature de l'homme de désirer sans cesse : dans la pauvreté il désire l'aisance, dans l'aisance il souhaite la richesse ; lorsqu'il n'a rien il veut le nécessaire, quand il l'a obtenu il demande le superflu. Les choses qu'il a le plus ardemment souhaitées, une fois qu'il les possède, lui deviennent indifférentes, il les dédaigne pour soupirer après d'autres qu'il dédaignera de même. La possession ne semble qu'irriter ses désirs, chacun sent en soi une aspiration sans bornes vers un bonheur dont il ne se rend pas compte, mais dont la plus grande félicité terrestre ne doit être qu'une faible image. Soyons donc pleins de confiance en la bonté de Dieu : en mettant en nous des désirs que le monde est impuissant à satisfaire, il n'a pu vouloir nous condamner à un tourment sans fin, celui de désirer sans jouir et d'entrevoir le bonheur, sans qu'il nous soit donné de l'atteindre.

4° S'il est un sentiment profondément gravé dans le

cœur humain, c'est celui de la justice absolue, c'est celui du droit imprescriptible que l'homme de bien acquiert au bonheur, en conformant ses actes à la loi du devoir et en se soumettant volontairement aux sacrifices qu'elle impose ; ce sentiment, en vertu du principe du mérite ou du démérite, exige que le crime soit puni, que la vertu soit récompensée : ce qui le plus souvent n'a pas lieu en ce monde où nous voyons à chaque pas des méchants jouir de tous les avantages, de tous les agréments de la vie, tandis que des hommes de bien trainent une existence misérable. Or, Dieu étant le juge suprême des actions humaines, doit récompenser et punir chacun selon ses œuvres et rétablir dans un monde à venir l'équilibre momentanément rompu dans la vie actuelle entre la vertu et le bonheur : telle est l'idée vraie que tout homme se forme de la justice divine.

Le scandale du succès d'hommes pervers a plus d'une fois porté le trouble dans l'âme du juste et a soulevé ses murmures contre la bonté divine ; mais il n'y a dans ces faits que la démonstration de la nécessité d'une vie future et de l'immortalité de l'âme. Dieu étant le principe de toute justice et de toute bonté comment serait-il possible qu'il ne se soit pas réservé de répartir dans une autre vie les biens et les maux en proportion des mérites de chacun.

5° Tous les peuples de la terre ont toujours cru qu'après cette vie, il y en avait une autre où seront récompensées les bonnes actions et punies les mauvaises. Les honneurs rendus à la dépouille des morts, les prières et cérémonies funèbres qui font partie de toute religion et de tout culte, les tombeaux et les monuments destinés à nous rappeler un monde invisible sont autant de manifestations d'une croyance universelle.

« Il y a six mille ans, a dit un philosophe de notre temps, que les hommes passent comme des ombres devant l'homme et néanmoins le genre humain défendu contre le prestige des sens, par une foi puissante et par un sentiment invincible, ne vit jamais dans la mort qu'un changement d'existence, et malgré les contradictions de quelques esprits abusés par d'effroyables désirs, il conserve toujours comme un dogme de la raison générale une haute tradition d'immortalité. » Ce sentiment universel est une confirmation éclatante des preuves précédentes, c'est un fait qui témoigne de l'identité de la conscience humaine et de l'impression que ces preuves ont toujours produite sur l'esprit des hommes, malgré la diversité des temps et des lieux. Si cette tradition générale n'exprimait point une vérité, comment les peuples d'époques si différentes, de climats si divers, d'idées et de coutumes si variées, auraient-ils pu s'accorder tous sur la même croyance et ne serait-il pas étonnant que le genre humain en masse se fût ainsi trompé ?

La Gaule représentait dans le monde ancien l'idée de l'immortalité, et les nations païennes considéraient les Gaulois comme les possesseurs des secrets de la mort. Ce peuple si célèbre par son impétueuse vaillance ne croyait pas à la mort, il affirmait la persistance de la vie au-delà du tombeau. Mourir c'était vivre sous une nouvelle forme, c'était poursuivre l'œuvre commencée, la poursuivre dans un nouveau milieu à travers des circonstances différentes ; mais la vie persistait et s'élevait progressivement suivant les efforts de chaque individu vers le bien ; là était le dogme principal, là était la foi profonde, la foi nationale. La Gaule est tout entière dans cette affirmation persistante de la vie ; la mort en tant qu'anéantissement, n'existe pas : mourir c'est revivre !

Vous comprenez quelle supériorité ce dogme devait donner sur les champs de bataille à un peuple guerrier.

Avec quelle ardeur les plus beaux, les plus jeunes s'élançaient au-devant de la mort ? Non-seulement ils ne se bardaient pas de fer pour protéger leur corps contre les armes ennemies, ils se dépouillaient au contraire de leurs vêtements et allaient au combat comme à une fête où il était saint et glorieux de mourir.

Ah! si jamais vous vengez la patrie rappelez-vous que vous êtes les fils de ces Gaulois qui donnèrent au monde les plus éblouissants exemples d'audace guerrière et d'intrépidité devant la mort, et qui puisaient leur incomparable bravoure dans le sentiment de l'immortalité.

« Si l'homme perdait cette croyance d'un avenir infini, dit Lamennais, il pourrait, oubliant sa noble origine, se regarder comme une masse organique qui reçoit l'esprit de tout ce qui l'environne et de ses besoins. Peut-être se persuaderait-il réellement être affranchi de tous devoirs envers son auteur, envers ses semblables, envers lui-même. Peut-être que ses désirs mêmes s'arrêteraient aux portes du tombeau, et que, satisfait d'une précaire supériorité sur les brutes, passant comme elles sans retour, il s'honorerait de tenir le sceptre du néant ; mais sa conscience lui apprend ce qu'il est, elle l'instruit de sa grandeur aussi bien que sa dépendance, ses titres sont écrits dans sa nature ; tous les siècles, même les plus dépravés, les y ont lus ; tous les peuples, toutes les générations, ont déposé en faveur du droit de Dieu et des immortels destins de l'homme. »

La religion rappelle au bon, comme au méchant, qu'à la vérité une partie de lui-même reprendra un jour toutes les propriétés de la matière brute, mais que l'autre partie, substance immatérielle que la dissolution ne saurait atteindre, survivra à la séparation des deux principes pour commencer une vie nouvelle, pendant laquelle chacun sera traité selon ses œuvres ; et, debout sur la tombe du pâtre comme sur celle des rois, elle proclame le règne de la justice absolue que Delille a chanté dans ses beaux vers :

> Oui, vous qui de l'Olympe usurpant le tonnerre,
> Des éternelles lois renversez les autels,
> Lâches oppresseurs de la terre,
> Tremblez vous êtes immortels.
>
> Et vous, du malheur victimes passagères
> Sur qui veillent de Dieu les regards paternels,
> Voyageurs d'un moment aux terres étrangères,
> Consolez-vous, vous êtes immortels.

CHAPITRE VIII.

DIVISION DES DEVOIRS.

Quatre sortes de Devoirs. — Avant d'entrer dans l'exposé des divers devoirs qui font l'objet de ces leçons, il faut que je vous dise comment on les a classés.

Les devoirs de l'homme sont de quatre sortes :

1° *Devoirs envers Dieu* ; 2° *devoirs envers soi-même* ; 3° *devoirs envers ses semblables* ; 4° *devoirs envers les animaux et la nature extérieure.*

Les devoirs envers Dieu constituent le *culte*, le *dogme* et la *morale religieuse.*

Les devoirs envers soi-même constituent la *morale individuelle*, et sont relatifs à l'activité, et à la conservation du corps, à la culture et au perfectionnement des facultés de l'âme.

Les devoirs envers nos semblables constituent la *morale sociale ;* ils se composent de *devoirs privés*, c'est-à-dire l'accomplissement exact de tous les sentiments formulés en lois écrites ou non écrites qui nous lient à ceux à qui nous tenons de plus près dans l'ordre de la nature : parents, amis, voisins, concitoyens, et de *devoirs collectifs ou sociaux*, c'est-à-dire dévouement jusqu'au sacrifice de nous-même et jusqu'à la mort : à la patrie, au progrès, au bien, à la conservation de la société humaine dont la famille n'est qu'une fraction.

Les devoirs envers la nature extérieure règlent notre action, relativement aux êtres animés qui nous entourent et sur lesquels nous avons pouvoir.

Division des Vertus. — Les dispositions particulières qui nous dirigent vers les différents genres de devoirs s'appellent vertus et il y a autant de vertus que de devoirs, on les divise en quatre classes.

1° *Vertus individuelles*, ou relatives à l'homme seul

c'est-à-dire considéré isolément de tout autre : la tempérance, la dignité du caractère, etc.

2° *Vertus domestiques*, ou relatives à la famille : piété filiale, amour fraternel, etc.

3° *Vertus sociales*, ou relatives à la société : justice, charité, etc.

4° *Vertus civiques*, ou relatives au citoyen, qualités qui demandent une préférence continuelle de l'intérêt public au sien propre.

Choix entre deux devoirs. — Tous les devoirs ont la même origine, tous remontent à Dieu et ont par conséquent la même autorité pour obliger tous ensemble la conscience : ils tiennent l'un à l'autre par un enchaînement qui fait leur force.

Cependant il arrive parfois que, sollicités par des affections également puissantes, nous hésitons dans le choix du devoir auquel nous devons obéir, ou de l'intérêt que nous devons sacrifier. Il faut alors que la raison vienne au secours de la conscience pour dicter notre préférence.

Le grand principe du devoir par rapport à nos semblables se compose de justice et de charité, mais dans la pratique de la vie il y a une distinction à établir entre ces deux vertus.

Dans notre conduite à l'égard d'un seul individu la règle est de préférer celui qui nous touche de plus près dans l'ordre de la nature. Cicéron disait : « Le salut de la société sera assuré si notre bienfaisance se proportionne au degré de proximité qui nous rapproche d'autrui : » et il est certain que nous sommes plus obligés envers notre concitoyen qu'envers l'étranger, plus envers notre ami qu'envers notre concitoyen, plus envers notre père et notre enfant, qu'envers notre ami ; et on n'est point coupable de manquer à un devoir pour en remplir un plus grand : servir les membres de notre famille c'est de la justice, servir un étranger c'est de la charité. Il est donc hors de doute que les devoirs de justice doivent passer avant les devoirs de charité. Ainsi il n'est permis de se livrer à des œuvres de bienfaisance envers des étrangers que lorsqu'on a accompli celles que prescrit plus étroitement la justice. Laisser languir dans la misère, un frère, un parent proche, pour prodiguer des secours de toutes sortes à des pauvres qui ne vous toucheraient que par les liens communs de l'humanité, ce serait dérober à la nature ce qui lui appartient, ce ne serait plus pratiquer la charité : ce serait offenser la justice. Si maintenant nous considérons notre action à l'égard de notre famille tout entière ou de notre patrie la règle de conduite est de préférer la seconde. « Fénelon disait : j'aime ma famille plus que moi-même, j'aime ma patrie plus que ma famille. » Il est certain que dans des circonstances données nous devons préférer les intérêts de notre patrie à ceux de notre famille.

La vie nationale serait impossible sans l'accomplissement de ce devoir, devant lequel doivent céder tous les autres.

L'intérêt de l'individu ou de la famille n'est que celui d'un seul ou de quelques-uns, tandis que celui de la patrie est celui de tous, s'il ne peut être sauvegardé qu'aux dépens des premiers la raison et la justice commandent qu'on en fasse le sacrifice. Le soldat qui est mis à un poste et qui le garde au péril de sa vie, ne se dévoue pas il ne fait que son devoir.

Bailly. — C'est ainsi que comprenait le devoir un homme qui a laissé dans l'histoire de la Révolution de 1789 le souvenir d'une haute vertu : Bailly, astronome et littérateur, qui s'était fait dans les sciences une belle réputation. Quoiqu'il fut jusqu'alors resté étranger à la politique, les électeurs de Paris l'élurent leur représentant aux États-Généraux. Bailly présidait l'assemblée quand le tiers-état se constitua et, sur la proposition de Siéyès, se déclara Assemblée Nationale. Il prêta le premier et fit prêter à ses collègues le fameux serment du Jeu de Paume, par lequel les députés jurèrent de ne point se séparer avant d'avoir donné une constitution à la France. Le lendemain de la prise de la Bastille, Bailly fut nommé par acclamation maire de Paris ; entre la famine et l'émeute il eut de pénibles devoirs à remplir, il s'en acquitta sans perdre sa popularité. Malgré tout son savoir, Bailly ne comprit pas la portée de la révolution ; il crut qu'elle était finie quand elle était à peine commencée. Aussi quand après la fuite du roi à Varennes, le peuple s'assembla au Champ de Mars pour signer des pétitions demandant la déchéance de Louis XVI, Bailly proclama la loi martiale, déploya le drapeau rouge et fit mitrailler la foule désarmée. Cet acte suscita contre lui l'animadversion populaire, et il se vit obligé de quitter l'Hôtel-de-Ville où Pétion le remplaça. Il rentra dans la vie privée mais, sous la Terreur, Bailly n'avait plus qu'à choisir entre livrer sa tête au tribunal révolutionnaire en restant en France ou la sauver en passant à l'étranger.

Le marquis de Cazau, ami de Bailly, vient l'avertir qu'il a préparé sa fuite et qu'un navire qu'il a frété pour sa propre famille l'attend pour le transporter en Angleterre. Reconnaissant d'un pareil dévouement, Bailly n'accepte point le moyen de salut qui lui est offert ; en vain sa femme éplorée et son ami le supplient de revenir sur sa résolution : « Depuis le jour, leur dit-il, où je suis devenu un personnage public, ma destinée se trouve invariablement liée à celle de la France, jamais je ne quitterai mon poste au moment du danger. En toute circonstance la patrie pourra compter sur mon dévouement quoi qu'il doive arriver, je resterai. » Il resta, en effet, mais arrêté à Melun, et transféré à Paris, il fut traduit devant le tribunal révolutionnaire le 10 novembre 1793, condamné et exécuté le lendemain au Champ-de-Mars. Il avait montré une fermeté admirable dans sa défense et arrivé au lieu du supplice comme il grelottait sous la pluie glaciale qui tombait : « Tu trembles, Bailly, lui dit un de ses bourreaux : « Oui, répartit le vieillard, c'est de froid. »

CHAPITRE IX.

DEVOIRS ENVERS DIEU.

Nos devoirs envers Dieu nous sont naturellement tracés par la considération de ses attributs : sa toute puissance, sa sagesse infinie doivent nous tenir dans un perpétuel respect ; sa bonté, ses bienfaits doivent exciter notre reconnaissance ; sa miséricorde doit affermir notre espérance ; et sa justice notre confiance ; le sentiment de la dépendance continuelle dans laquelle nous sommes et du besoin que nous avons de sa providence nous doit porter à lui adresser nos prières.

Amour de Dieu. — L'Evangile a résumé tous nos devoirs envers Dieu dans ce précepte : il faut aimer Dieu pardessus toutes choses, c'est-à-dire plus que nous même, plus que tous les objets de notre tendresse. Nous devons l'aimer ainsi parce qu'il est le père qui nous a créés, qui a réservé à chacun de nous son petit espace, son petit rôle en ce monde, et, ne l'oublions jamais, son immortalité.

Aimer Dieu, c'est obéir à sa loi, à ses commandements ; aussi la meilleure manière de le servir est-elle d'être droit, juste, bienfaisant, de rester fidèle à sa parole, de sacrifier sans hésitation, sans murmure, ses intérêts à son devoir, de ne pas dégrader en soi par des lâchetés ou des bassesses le noble caractère de l'humanité, d'éviter avec scrupule toute occasion de blesser les droits d'autrui, de chercher, au contraire, l'occasion de se sacrifier au bonheur de ses semblables, de se faire un cœur bienveillant pour toute créature de Dieu, et de laisser après soi des exemples de vertu et un souvenir sans tâche.

Culte. — Il ne suffit pas pour honorer Dieu de se montrer fidèle à sa loi, en faisant le bien, en pratiquant la vertu ; à côté de ce premier de tous les devoirs, il y en a un autre plus spécial et dont nous ne saurions nous affranchir sans manquer à une obligation formelle, c'est le *culte* ou manifestation de nos sentiments d'amour, de respect et de vénération pour l'Être suprême. Le sentiment religieux revêt trois formes : 1° Le *culte intérieur*, qui n'est autre chose que la pensée religieuse elle-même et l'hommage que l'âme rend à la divinité par toutes ses facultés, c'est l'adoration de Dieu en esprit ; — 2° Le *culte extérieur* qui consiste dans les actes, les paroles, les signes et les pratiques par lesquels se manifestent au dehors et notre amour et notre respect pour Dieu. Sa nécessité se conçoit aisément quand on réfléchit que tout sentiment qui reste enseveli dans la conscience et ne prend pas une forme sensible, s'affaiblit et s'efface. 3° Le *culte public*, qui est celui que les hommes adressent à la divinité en commun et dans les temples. Complément indispensable des deux autres, il a pour fondement ce principe : que le sentiment religieux est éminemment sociable, aspire à se communiquer ; et que d'une autre part le culte public est plus digne de la divinité suprême.

Prière. — Vous le savez la *prière* est l'acte religieux par lequel on s'adresse à Dieu soit pour lui demander les grâces dont on a besoin soit pour le remercier de celles qu'on a reçues de lui : c'est l'acte qui nous rapproche davantage de la divinité.

Depuis les temps les plus reculés, la prière a été regardée comme un moyen puissant d'élever l'âme, de l'affermir dans les bonnes résolutions, et de la consoler dans le malheur.

Mais cet acte ne doit pas être une répétition machinale de formules apprises par cœur ; non, la prière doit être un mouvement personnel, l'élévation spontanée de l'âme vers Dieu.

Ne priez donc point du bout des lèvres, mais du fond de l'âme ; rappelez-vous que Dieu nous écoute et qu'il faut que chacune de vos paroles, que chacune de vos pensées, pour qu'elle s'élève jusqu'à lui, s'imprègne de confiance et d'amour.

Piété. — L'amour de Dieu nous porte à vouloir lui plaire en remplissant avec zèle et respect nos devoirs envers lui ; c'est à ce sentiment qu'on donne le nom de *piété*. Cette vertu nous donne de nouveaux motifs d'aimer le bien et de le pratiquer, elle est elle-même un moyen de nous rendre le bien plus facile à accomplir, car tous les élans d'une âme pieuse et éclairée vers Dieu lui rappellent en même temps la nécessité d'obéir au devoir pour être agréable à l'Être suprême.

Liberté de conscience. — Vivre en s'attachant dans le secret de son cœur à des devoirs et à de bonnes œuvres afin de plaire à Dieu, c'est avoir rencontré la sûre règle du bonheur. Au point de vue de la justice absolue et du droit éternel, il est un principe qui est la racine de tous les droits, de tous les intérêts intellectuels et moraux des sociétés ; ce principe c'est celui de la *liberté de conscience*.

Nous devons respecter les croyances qui diffèrent des nôtres, ceux qui honorent la divinité autrement que nous peuvent être dans l'erreur, mais leur culte ne constitue pas un crime.

La violence fera d'un homme un hypocrite s'il est faible, un martyr s'il est courageux : faible ou courageux, il sentira l'injustice de la persécution et s'en indignera. Tout moyen qui excite la haine, le mépris et l'indignation est odieux. Il est impie de vouloir imposer des lois à la conscience, il faut l'éclairer et non la contraindre ; les hommes qui se trompent sont à plaindre et jamais à punir. En matière religieuse, le raisonnement est la seule arme légitime qu'on doive employer.

L'esprit ne peut acquiescer qu'à ce qui lui paraît vrai, le cœur ne peut aimer que ce qui lui paraît bon. En effet, la vérité ne devient vivante et forte que quand elle a gagné les cœurs par la persuasion ; si elle n'est pas acceptée par l'esprit, en vain règne-t-elle à l'extérieur, elle est morte au-dedans. C'est la liberté qui lui permet d'exercer la puissance d'action qu'elle porte en elle-même, et c'est par la liberté qu'elle devient féconde dans les âmes qui l'ont reçue. Que l'erreur ait recours à la contrainte et à la violence, ce sont des moyens bons pour le mensonge; la vérité, ne saurait avoir pour armes que la paix, la douceur, la liberté.

La ferveur religieuse produit chez les esprits étroits une exaltation qui pervertit la raison et qui les porte à des actions condamnables en vue de plaire à Dieu : c'est à cette sorte de maladie morale qu'on donne le nom de fanatisme; parmi les nombreux exemples des malheurs que peut engendrer le fanatisme je vous rappellerai les massacres de la Saint-Barthélémy, la révocation de l'édit de Nantes.

Hypocrisie. — Les sentiments de vraie piété ne sont pas aussi communs qu'on pourrait le souhaiter et les affectations de dévotion sont malheureusement trop fréquentes. Retenez bien ceci, le culte extérieur n'est qu'un mensonge criminel lorsqu'il n'est pas le signe réel de l'état de l'âme ou du cœur ; c'est au moyen de ce mensonge, peut-être le plus dangereux de tous, que tant de misérables hypocrites réussissent à tromper leurs semblables en couvrant des actes coupables du manteau de la religion. L'*hypocrisie* est avec l'égoïsme le plus méprisable de tous les vices; les autres peuvent souvent trouver leur excuse dans l'entraînement de la passion, celui-ci est plus froid et plus raisonné, c'est le mensonge continuel de l'âme.

Il ne faut point confondre l'hypocrisie avec la dissimulation; l'homme dissimulé cache sa pensée, retient son secret et obéit souvent à la prudence et à la nécessité. L'hypocrite, lui, pousse la dissimulation jusqu'à faire mentir ses impressions et à tromper par ses paroles et par ses actes jusqu'à ce qu'un succès obtenu lui permette de lever le masque.

L'hypocrisie fut en tout temps un moyen d'acquérir la fortune, les places, la considération, la faveur des puissants; de nuire aux autres en s'élevant soi-même; elle s'est malheureusement rencontrée partout. C'est contre elle que Molière, un des plus rares génies qu'ait vu naître la France, fit son *Tartuffe*, cet impérissable chef-d'œuvre que deux siècles n'ont point vieilli. Il sut rendre comique ce type repoussant du faux dévot qui ne croit à rien, qui s'arme d'une dévotion affectée pour commettre toutes sortes de scélératesses, qui communie, qui prie, qui pratique le plus ostensiblement possible, afin d'être protégé par le clergé; d'arriver aux emplois, de faire fortune, de réussir en toutes choses. Le nom de *Tartuffe* est resté synonyme d'hypocrite, et il n'y a pas que les faux dévots s'identifiant avec la religion qui ont reçu cette qualification : depuis le commencement de ce siècle, partout où s'est trouvé le pouvoir, l'influence, la richesse, on a vu constamment sur les chemins des idoles du jour une foule d'hypocrites empressés; tous les régimes politiques ont eu leurs tartuffes.

Superstition. — Chez les gens peu éclairés, la superstition prend souvent la place de la piété; on entend par *superstition* un culte religieux mal dirigé, plein de vaines terreurs, contraire à la raison et aux saines idées qu'on doit avoir de l'Être suprême. La superstition est l'effet de la crainte; elle est entretenue par l'imagination qui se frappe de spectres, de visions, et se crée de faux devoirs. Aucun sentiment n'est plus contraire à la dignité de l'homme et à la nature de Dieu; il rapetisse la Divinité en la subordonnant à la créature, l'outrage et la défigure en lui prêtant ses faiblesses et ses passions. Dès que la superstition a pénétré dans une âme, elle est capable d'y éteindre les lumières naturelles et de troubler les têtes les plus saines; c'est elle qui a forgé les idoles aux pieds desquelles il a été versé tant de sang.

Au village, on ne comprend guère de la religion que le culte extérieur, et on mesure la grandeur de Dieu à la pompe des cérémonies; le sentiment religieux du campagnard, comme toutes les choses de sa vie, se trouve presque toujours dominé par ses intérêts, et ses croyances subissent inévitablement le contre-coup de son ignorance.

Le plus souvent son culte est aveugle, ses pratiques puériles, et l'on peut affirmer que, dans nos campagnes où la Providence parle pourtant son plus touchant langage, revêt sa plus vivante splendeur, le nuage des superstitions ridicules et dangereuses vient trop souvent voiler la face de Dieu, amoindrir les hauts enseignements qui coulent à pleins bords de la source de toute morale et de toute vérité. C'est ainsi que le paysan croit encore aux sorciers, aux revenants, aux marcoux, aux descendants de Saint-Hubert, aux amulettes.

C'est ainsi qu'il a des formules, dont l'origine remonte sans doute aux druides, pour arrêter les progrès du feu, pour conjurer les maladies de l'homme ou du bétail, éloigner les sorts qu'on jette sur sa personne ou sur ses troupeaux. C'est ainsi encore qu'il croit qu'une salière renversée, que deux couteaux placés en croix, présagent un malheur; s'il entend le soir la chouette pousser un cri, un chien hurler, une poule chanter le coq, s'il voit le matin une corneille voler dans les airs, un chien noir entrer dans la maison, ce sont autant de mauvais augures; si l'Angelus sonne en même temps que son horloge, c'est une annonce de mort; etc. Ces mille superstitions qui frappent de crainte et remplissent d'angoisses les cerveaux faibles, qui rendent les habitants des campagnes si facilement dupes des charlatans de toute espèce, sont autant d'offenses à la majesté divine. Que serait en effet un Dieu qui emploierait de pareils messagers pour nous annoncer les malheurs dont il nous menace?

Croire qu'à la voix d'un prétendu sorcier, Dieu a jeté un sort sur la femme, sur les enfants, sur le bétail ou sur les récoltes de votre voisin, c'est se rendre coupable d'une grossière impiété. Car alors vous mettez Dieu à la disposition de misérables imposteurs, et en l'associant aux desseins des pervers, vous en faites un tyran non moins aveugle que cruel. Remarquez, en outre, que les gens à qui la sottise populaire attribue un pouvoir surnaturel, sont tous pauvres diables qui devraient commencer par user à leur propre avantage de la puissance qu'on leur prête si bénévolement.

Croire que le nombre treize soit fatal, qu'il est imprudent de se mettre en route le treize du mois, de prendre place à une table où l'on forme le treizième convive, de commencer une affaire le vendredi, c'est ajouter foi à des fables puériles. Le vendredi est un jour comme un autre; si la religion prescrit de sanctifier ce jour par une privation, elle n'ordonne pas de le redouter, il faudrait au moins être conséquent et s'abstenir chaque vendredi de toute action, de tout travail. J'ajouterai que le vendredi est souvent une date heureuse : Christophe-Colomb a découvert l'Amérique le vendredi 12 octobre 1492 ; Washington est né le vendredi 22 février 1732 ; c'est un vendredi que Henri VII d'Angleterre donna sa commission à Jean Cabot, qui découvrit Terre-Neuve en 1497 ; etc.

Ce n'est qu'en profitant de l'instruction qui vous est donnée que vous acquerrez ces idées exactes que le raisonnement et l'observation peuvent seuls fournir ; ce n'est qu'en redressant votre jugement et n'acceptant comme vrai que ce que la raison peut admettre, que vous vous affranchirez de tous ces préjugés, de toutes ces vaines terreurs qu'éveillent dans l'imagination la simple annonce ou l'apparition d'un météore, d'une comète par exemple. J'aime à le penser, vous serez plus sensés, votre âme sera inaccessible à cette peur continuelle de la mort qu'inspirent les moindres évènements à tant de pauvres têtes ; vous songerez que Dieu ne se plaît pas à détruire sans motif les êtres qu'il a créés, et que si nous devons toujours être prêts à paraître devant lui, il est déraisonnable de tourmenter notre existence par toutes ces terreurs folles que rien ne justifie.

Je terminerai ce sujet par une légende empruntée à un moraliste américain : « On raconte qu'une fois le rabbin Joël et ses frères, surnommés les sept colonnes de la sagesse, étaient assis dans la cour du temple discourant sur ce qui pouvait assurer le bonheur ici-bas.

Le premier des frères dit que ce qui assurait le bonheur, c'était la possession d'une fortune suffisante, acquise sans péché ; le second, que c'était une grande renommée et la louange de tous les hommes ; le troisième, que c'était le pouvoir et la sagesse nécessaire pour gouverner l'Etat ; le quatrième, faisait consister le bonheur dans un intérieur heureux ; le cinquième, dans la vieillesse d'un homme riche, puissant, célèbre, entouré de ses enfants et des enfants de ses enfants ; le sixième dit que tout cela était vain si l'on n'observait la loi de Moïse. Le rabbin Joël, qui était l'aîné et le plus vénérable prit la parole à son tour : « Vous avez tous « parlé sagement ; mais vous avez omis une chose « essentielle : pour trouver le bonheur, il faut joindre à « tous ces biens le respect de la tradition des prophètes. »

Il y avait dans la cour, parmi le peuple qui écoutait les docteurs, un bel enfant aux cheveux blonds, aux yeux brillants où se mirait le ciel ; il tenait à la main un lis blanc comme la neige. Il se leva et quoiqu'il n'eût que douze ans, tous se tournèrent vers lui attendant qu'il parlât : « Celui-là seul a le bonheur, dit-il, qui aime le « Seigneur, son Dieu, de tout son esprit, de tout son « cœur, de toute son âme, et son prochain comme lui-« même. Il est plus grand que s'il possédait la richesse, « la renommée, le pouvoir ; plus heureux que s'il vivait « dans le plus heureux intérieur ; plus digne d'honneur « que le vieillard riche et puissant. Il est lui-même la « loi et les prophètes. »

Les docteurs, tout étonnés s'entre-regardaient et se demandaient : « Quand le Messie viendra, nous dira-t-il de plus grandes choses ? » Cependant ils louaient Dieu, disant : « L'Eternel a mis sa sagesse dans la bouche des enfants. »

Parker (Magasin Pittoresque).

CHAPITRE X.

DEVOIRS DE L'HOMME ENVERS LUI-MÊME.

Nous avons un corps, nous avons une intelligence, nous avons une âme : de là trois sortes de devoirs dont les premiers sont subordonnés aux derniers, comme le corps l'est à l'âme elle-même.

Vous le savez, l'homme en réalité c'est l'âme, une âme qui habite, anime un corps ; le corps n'est que l'instrument : l'âme est la force qui s'en sert. Maintenir entre ces deux éléments le rapport et la conformité qui résultent de leur nature réciproque, tel est l'objet de nos devoirs envers nous-même.

Santé. — Conserver la vie pour réaliser en ce monde notre fin morale, tel est le premier devoir envers nous-même, le second consiste à mettre le corps dans le meilleur état possible pour accomplir cette fin. La santé du corps est non-seulement le premier des biens terrestres, mais aussi la condition ordinaire de la santé de l'âme, la concordance de ces deux sortes de santé est la condition de toute existence heureuse. Mais pour que cette harmonie entre les fonctions des organes et les facultés de l'âme puisse exister, il faut que l'élément physique et le principe moral, bien réglés chacun dans leur ordre, se soutiennent et se perfectionnent l'un par l'autre.

Le corps étant la demeure de l'âme nous devons l'orner, l'embellir et même le parer dans une mesure raisonnable : de là des soins de propreté, de décence, de parure, qui varient selon le caractère et la position sociale des personnes.

Pour combattre les infirmités inhérentes à sa nature, l'homme doit se garder de souiller son corps par aucun excès, ni son âme par aucun vice. Sachez-le, la volonté humaine peut tout pour nous faire éviter les causes diverses des maladies, pour empêcher leur plus grand développement : vouloir soigner son corps et cultiver son intelligence, c'est vouloir être heureux.

Si nous ne devons point compromettre inutilement notre santé, il ne faut point que ce soin devienne pour nous une préoccupation constante et égoïste qui serait indigne de l'homme. Si la raison veut qu'on choisisse et qu'on observe régulièrement le régime qui paraît le plus favorable à la conservation de la santé, elle condamne ces précautions trop minutieuses qui ridiculisent justement ceux qui s'y adonnent. Vous n'imiterez donc pas l'Italien Cornaro qui avait des balances à son repas pour mesurer ses aliments et ses boissons, quoique ce régime lui ait conservé la vie jusqu'à cent ans. Le principe est de ne pas trop accorder au corps : c'est le meilleur moyen de le fortifier.

Tempérance. — Celui qui veut maintenir en soi la dignité a pour devoir de ne point se laisser dominer par ses appétits corporels, et ne doit point faire le but de sa vie de ce qui ne lui a été donné par la nature que comme un moyen de conservation. De là cette vertu que l'on appelle *tempérance*, c'est-à-dire modération. Elle n'exclut pas la jouissance des plaisirs, mais la renferme dans de justes bornes. Le vice contraire se nomme *intempérance* et consiste à se rendre l'esclave des plaisirs du corps et des biens matériels.

L'abus des plaisirs du manger s'appelle *gourmandise* et l'abus des plaisirs du boire se nomme *ivrognerie*, à ces vices s'oppose la *sobriété* dont tout le monde connaît l'influence sur la santé.

L'homme sobre, toujours dispos, vaque avec intelligence à ses affaires, vieillit exempt d'infirmités et jouit avec contentement des biens que le sort et sa prudence lui ont assurés.

Le gourmand vit rarement vieux et sa vieillesse est remplie de dégoûts et d'infirmités ; comme le gros ventre fait le gros entendement, l'esprit s'émousse et la tête troublée par les fumées de la digestion, ne conçoit point d'idées nettes et claires. Une foule d'hommes, livrés à la gourmandise, ignorants, sans culture, traversent la vie comme des voyageurs ; pour eux, contre le vœu de la nature, le corps est une source de voluptés et l'âme, un fardeau ; incapables de remplir leurs devoirs sociaux, ils le sont encore moins de pratiquer les vertus civiques. Au beau temps de la République romaine les censeurs rejetaient dans la classe des contribuables et privaient de ses armes, de son cheval, le chevalier qui leur paraissait trop gras.

« C'est à la sobriété, à l'exercice régulier du corps et de l'esprit, dit le cardinal Solis, mort en 1817 à l'âge de cent dix ans, enfin au calme et à la sérénité que j'ai su entretenir dans mon âme que j'ai dû le bonheur de parvenir à l'âge d'un patriarche, jouissant d'une constitution plus robuste que ne l'est celle de la plupart des gens de quarante ans, et si j'ai jusqu'à un certain point mené la vie d'un vieillard dans la jeunesse, je suis bien dédommagé en me retrouvant encore jeune dans ma vieillesse. »

Ivrognerie. — Le vice le plus vil et le plus dangereux pour la santé et le bonheur de l'homme, c'est l'ivrognerie. L'ivrogne, privé de la raison, incapable de guider ses pas, chancelle et tombe dans la fange du ruisseau. Sa faiblesse, dans cet état, le rend le mépris et le jouet de tout ce qui l'environne. Il lui échappe des propos outrageants pour la morale publique, qui lui suscitent des ennemis et des repentirs ; il remplit sa maison de trouble et de chagrins et finit par une mort prématurée ou par une vieillesse cacochyme. Souvent encore il met lui-même un terme à son existence par le suicide.

Avec l'ivrognerie, il n'est point de talent durable : les plus belles intelligences s'éteignent dans l'hébètement, l'idiotisme et la folie.

L'ivrognerie est une plaie hideuse qui, il faut bien le dire, prend surtout ses victimes dans les classes laborieuses, les ouvriers, qui cherchant dans le vin, l'eaude-vie ou l'absinthe l'oubli de leur misère, ajoutent fatalement mille souffrances inexprimables à leur dénûment.

Ce vice brise misérablement les liens de la famille, jette la femme dans le désespoir, heureux encore quand son profond découragement ne l'entraîne pas à boire, elle aussi. Combien donc est méprisable celui qui s'adonne à la boisson : mauvais mari, mauvais père, comment ne serait-il pas aussi un mauvais citoyen ? Il ne sait même pas ce que ce titre exige de lui.

« Je voudrais, dit un de nos meilleurs publicistes L. Jourdan, je voudrais que ceux qui ont cette funeste habitude de l'ivrognerie, tous ceux qui ont une tendance à la contracter puissent m'entendre et je leur dirais :

« Dans les moments où vous êtes sain d'esprit si on vous racontait qu'il existe des contrées où subsiste encore l'esclavage ; que là des hommes sont la propriété, la chose d'autres hommes, que le maître bat l'esclave, le vend comme une tête de bétail, vous vous indigneriez, n'est-ce pas ? Vous aimez cette France qui a effacé l'esclavage de ses institutions, comme on efface une tache honteuse. Eh bien ! il est un esclave pire que celui-ci, il est un maître plus dur mille fois que celui qui bat et vend les esclaves.

Ce maître, c'est l'alcool ; cet esclave c'est l'ivrogne.

Le jour où allant au cabaret vous y laissez votre raison, vos épargnes, ce jour-là vous êtes plus esclaves que les nègres du Brésil ; ce jour-là vous descendez au-dessous de la brute, vous abdiquez toute dignité humaine, vous qui cependant pourriez porter si haut ce beau titre de citoyen français. Vous n'êtes plus citoyens, vous n'êtes plus hommes. Par l'ivrognerie, vous êtes devenus des objets de dégoût et de répulsion ; on s'éloigne de vous avec horreur et les enfants vous poursuivent de leurs railleries ; en vous vautrant ainsi dans la fange, vous souillez vos habits, mais vous souillez en même temps quelque chose qui est bien autrement précieux que vos habits, vous souillez votre âme. Vous aliénez le plus noble des priviléges, celui de la raison, vous perdez jusqu'à la liberté de vos mouvements.

Et pourquoi, grand Dieu ! pour satisfaire le plus grossier des appétits, pour vous épargner un instant de lutte, car si vous luttiez, vous triompheriez de ce penchant odieux.

Et maintenant il est d'autres considérations que je voudrais faire valoir devant vous si vous pouviez m'entendre. On ne nuit qu'à soi-même pensez-vous. — Détrompez-vous, c'est un vol que vous commettez ; oui, un vol !

Si vous êtes marié, si vous êtes père de famille, si, n'étant pas marié vous avez un père, une aïeule, une sœur, si à défaut de parents vous avez un ami frappé par la maladie ou par le chômage, persuadez-vous bien qu'en consacrant toutes vos ressources à cette funeste passion de boire, vous volez votre femme, vous volez votre ami. Et quel est celui d'entre vous qui, de sang-froid, pourrait subir une telle injure : voleur !

Eh bien ! oui, l'ivrognerie est un vol fait aux êtres qui vous entourent, un vol fait à vous-même, car avec cet argent que vous dépensez en alcool, vous pourriez acheter un livre et vous instruire ; vous pourriez, par l'épargne, vous créer un capital et préparer votre retraite pour les vieux jours. Je sais bien que l'on dit :

On a du mal, on a du chagrin, on a de la misère, on bûche pendant toute la semaine ; on arrive à la maison, les enfants crient, la femme est de mauvaise humeur et on va au cabaret, noyer dans le vin tous ses ennuis, on va oublier qu'on est homme.

Mauvaise excuse ! je ne l'admets pas. Avant tout il faut être honnête. C'est le premier devoir, et l'honnêteté consiste à tenir sa parole, à remplir ses promesses quand même. Vous avez pris une femme et vous lui avez promis votre appui ; des enfants sont nés de votre fruit et vous leur devez le nécessaire, c'est-à-dire le bon exemple, le pain, l'abri, le vêtement et l'instruction.

Dépenser en boisson un seul centime qui fait défaut à la maison, à la femme ou aux enfants, c'est voler et voler lâchement, voler sans avoir à redouter les gendarmes, voler les faibles auxquels cependant vous vous devez tout entier.

Chaque fois que je rencontre un homme pris de vin, il me fait horreur, sans doute à cause de l'état où il se trouve, mais il me fait horreur surtout parce que je sais qu'en se mettant dans cet état il a manqué à l'honnêteté, il a manqué à son devoir, à coup sûr vis-à-vis de lui-même, et probablement vis-à-vis des autres. En abdiquant sa dignité, il nous fait tort à tous, car son humiliation, sa honte, rejaillissent sur chacun de nous.

Ne sommes-nous pas solidaires les uns des autres et nous tous, nous sommes la France, c'est-à-dire la nation généreuse par excellence, et la dégradation d'un seul d'entre nous, atteint la dignité et l'honneur de tous. »

Propreté. — Parmi les devoirs principaux qui se rattachent à la loi de la conservation, comme au respect de soi-même, je vous signalerai encore la *Propreté* et la *Chasteté*.

La propreté est une des plus importantes vertus dont l'homme doive se parer, parce qu'elle influe puissamment sur la santé du corps et qu'elle entraine avec elle, dans le régime domestique, des habitudes d'ordre et d'arrangement qui sont un des premiers moyens et un des premiers éléments du bonheur. Cette vertu suppose aussi une certaine délicatesse, une certaine dignité ; elle est le premier signe de la civilisation, partout où on la rencontre elle annonce que des besoins plus élevés que ceux de l'animalité se font sentir ; là où elle manque on peut affirmer que la civilisation n'est qu'apparente et qu'elle a encore beaucoup à faire et à réparer.

La malpropreté est un vice honteux qui dérive en grande partie de la paresse ; elle est souvent la cause d'une foule de maladies graves ; elle fait naître ces insectes qui sont l'apanage de la misère et de l'avilissement ; elle favorise, si elle ne le suscite, le développement de ces épidémies qui épouvantent les populations. Je ne sais pas de condition plus défavorable à la pureté de l'âme que la saleté physique. La malpropreté, on peut l'affirmer, est le signe extérieur de la dépravation des mœurs.

Aussi les anciens législateurs avaient-ils fait de la propreté, sous le nom de *pureté*, un des dogmes essentiels de leur religion. Voilà pourquoi ils avaient institué des cérémonies d'ablutions, de bains, de purifications même par la flamme et la fumée de l'encens et de la myrrhe ; rites fondés sur l'observation que ces hommes judicieux avaient faite de l'extrême influence que la propreté du corps, des vêtements et de l'habitation a sur la santé ; et, par une conséquence immédiate, sur celle de l'esprit et des facultés morales.

Chasteté — Je viens d'indiquer l'importance de la propreté ; celle de la chasteté n'est pas moins grande ; sans cette vertu en effet, non-seulement il n'y a point de dignité et de bonheur pour l'individu, particulièrement pour la femme, mais la famille et par suite la société elle-même sont menacées. La Chasteté doit se manifester au dehors par la réserve dans le maintien, les paroles, les attitudes. C'est ce qu'on appelle la décence dont la principale partie est la pudeur ; le vice opposé à la chasteté se nomme luxure.

Suicide. — Conserver notre existence est un grand devoir, car c'est maintenir les rapports qui nous unissent au monde actuel, théâtre de notre destinée présente ; mais si un devoir supérieur exige le sacrifice de la vie, ce sacrifice, non-seulement est permis, c'est un acte d'héroïque vertu. Le désir de la conservation est en nous si puissant qu'il semble inutile de l'ériger en loi, à ce point qu'on aurait plutôt besoin d'exhorter l'homme à combattre en lui la tendance lâche qui lui fait aimer la vie, que celle qui le porterait à la mort. Cependant il arrive fréquemment que des malheureux, égarés par le désespoir, de violentes passions, un faux point d'honneur, se croient le droit de s'affranchir de la vie, c'est ce qu'on appelle le *Suicide*. Le suicide est un crime envers Dieu, envers la société et envers l'homme lui-même.

Le suicide est une lâcheté parce que la vie est un combat, que nul n'a le droit de déserter avant l'heure. Si misérable que l'on soit, on peut encore souvent être utile à autrui ; enfin, le but de la vie actuelle n'étant point le bonheur, mais la vertu, tant qu'un acte de vertu est possible, et cela l'est toujours, l'homme n'a point le droit de quitter le monde et de se délivrer lui-même du fardeau de l'existence.

C'est à tort, dit-on, que l'on appelle le suicide une lâcheté, car il faut beaucoup de courage pour s'ôter la vie. Sans doute il y a un certain courage physique à se tuer soi-même ; mais il y aurait un courage bien autrement grand, un courage moral à braver la douleur, la pauvreté, la captivité ; le suicide est donc au moins une lâcheté relative.

« Le suicide est une mort furtive et honteuse c'est
« un vol fait au genre humain. Avant de le quitter
« rends-lui ce qu'il a fait pour toi. — Mais je ne tiens
« à rien........ Je suis inutile au monde........ »

— « Philosophe d'un jour ? ignores-tu que tu ne
« saurais faire un pas sur la terre sans trouver quelque
« devoir à remplir, et que tout homme est utile à la
« société, par cela seul qu'il existe ?

« Jeune insensé ! s'il te reste au fond du cœur le
« moindre sentiment de vertu, viens que je t'apprenne
« à aimer la vie. Chaque fois que tu seras tenté d'en
« sortir dis en toi-même : « Que je fasse encore une
« bonne action avant de mourir. » Puis va chercher
« quelque indigent à secourir, quelque infortuné à con-
« soler, quelque opprimé à défendre. Si cette considé-
« ration te retient aujourd'hui, elle te retiendra demain,
« après demain, toute ta vie. »   (J.-J. R.)

On ne peut considérer comme un suicide la mort

volontaire, c'est-à-dire la mort affrontée ou recherchée pour le bien de l'humanité, de la famille, de la patrie, pour l'honneur du drapeau, pour la vérité. Par exemple les marins du Vengeur en sacrifiant leur vie, alors qu'ils pouvaient l'éviter, n'ont point accompli un suicide, mais un acte d'héroïsme qu'il n'est permis à aucun Français d'ignorer, aussi vais-je vous le raconter.

Le 1er Juin 1794, la flotte française sortie du port de Brest pour protéger l'entrée d'un convoi de grains, se trouva aux prises avec la flotte anglaise ; la valeur était égale des deux côtés, mais les ennemis avaient sur nous l'avantage du nombre et de la science nautique. L'amiral anglais, par une manœuvre habile, coupa en deux la ligne française, sépara notre gauche et la foudroya de tous ses canons. Le Vengeur, entouré par trois vaisseaux ennemis, combattait encore ; son capitaine était coupé en deux, ses officiers mutilés, ses marins décimés par la mitraille, ses mâts écroulés, ses voiles en cendres. Les vaisseaux anglais s'en écartaient comme d'un cadavre dont les dernières convulsions pouvaient être dangereuses, mais qui ne pouvait plus échapper à la mort.

L'équipage, enivré de sang et de poudre, poussa l'orgueil du pavillon jusqu'au suicide en masse. Il cloua le pavillon sur le tronçon d'un mât, refusa toute composition et attendit que la vague qui remplissait la cale de minute en minute, le fît sombrer. A mesure que le vaisseau se submerge, étage par étage, l'intrépide équipage lâche la bordée de tous les canons que la mer allait couvrir. Cette batterie éteinte, l'équipage remonte à la batterie supérieure et la décharge sur l'ennemi. Enfin quand les lames balaient déjà le pont, la dernière bordée éclate encore au niveau de la mer, et l'équipage s'enfonce avec le vaisseau aux cris de Vive la République.

Les Anglais, consternés d'admiration, couvrirent la mer de leurs embarcations et sauvèrent une grande partie de l'équipage qui comptait 356 hommes.

De tels hommes par leur fin même sont encore utiles à la patrie, car ils sont l'exemple des générations futures.

CHAPITRE XI.

LE TRAVAIL.

Nécessité du travail — Parmi les devoirs que nous impose le soin de la conservation, il en est un qui mérite tout d'abord de fixer notre attention, je veux parler du travail. L'homme a des besoins sans cesse renaissants, et la première condition de son existence est d'y pourvoir : pour se nourrir, des aliments lui sont chaque jour indispensables ; pour se défendre des intempéries, il lui faut des vêtements ; une maison pour s'abriter ; pour résister au froid il lui faut du bois et du charbon, etc. Or pour se procurer toutes ces choses, pour subvenir à tous les besoins de la vie matérielle comme aux besoins moraux qui ne sont pas moins impérieux, il est nécessaire de faire des efforts de corps et d'esprit, de prendre de la peine, de *travailler*, c'est-à-dire, d'appliquer ses facultés physiques et intellectuelles. L'obligation du travail, je le sais, ne se présente souvent à votre esprit que comme le tourment de l'enfance et le tyran de la jeunesse. Dans un tableau des sept âges de la vie humaine un peintre, qui n'avait sans doute oublié ni les premiers ennuis de l'école ni la première horreur des livres, a représenté la seconde enfance sous les traits d'un écolier en pleurs. Eh quoi ! le travail serait-il par lui-même une chose amère, une tâche pénible ? Non, quand on le comprend on s'y attache, on le recherche, on l'aime.

Le travail est la première loi de l'humanité. De quelque côté que nous portions nos regards nous apercevons des hommes qui, de la manière la plus variée, consacrent leurs moyens intellectuels et physiques à leur bien-être et à celui de leurs semblables. Les uns qui ont pu développer les facultés de leur esprit par l'étude, servent utilement la société et deviennent médecins, ecclésiastiques, ingénieurs, magistrats, instituteurs, avocats, écrivains, artistes, etc.

Les autres, et c'est le plus grand nombre, appliquent leurs forces et leurs facultés à nous procurer la nourriture, l'habitation, le vêtement, toutes les commodités, tous les agréments de la vie.

Ce sont les cultivateurs, les maçons, les architectes, les tailleurs, les manufacturiers, les commerçants, les ouvriers de tout genre. Vous le voyez le travail est donc la base sur laquelle repose la société.

Mais si la raison nous le présente comme une nécessité, la morale et la religion nous en font un devoir. « Qui travaille prie : » a dit saint Augustin : Travail de la terre pour la féconder et lui faire produire toutes les richesses qu'elle contient, afin de faire disparaître la misère, en répartissant plus justement dans l'avenir les trésors que nous pouvons tirer de son sein ; travail de l'industrie sur les produits extérieurs et intérieurs de la terre, et qui les transforme en une foule d'objets qui ne nous sont pas moins nécessaires que nos aliments ; travail du commerce qui répand et distribue toutes ces richesses sur la surface du globe pour le bien de tous ; travail sur nous-même afin de nous connaître, ce qui n'est pas l'œuvre d'un jour ; par là l'homme s'élève vers Dieu et acquiert toute sa dignité de roi de la création ; travail sur les autres, pour éclairer les faibles et les petits des lumières que nous pouvons avoir acquises, et accomplir avec eux la loi providentielle du progrès dont tous profitent.

Sans le travail rien n'est facile, avec lui tout est possible. Les facultés humaines sont comme des germes qui pour se développer et porter leurs fruits ont besoin d'être cultivés. On dit que le génie est une longue patience, cela signifie que l'homme peut développer au plus haut point ses facultés par un travail opiniâtre et sans relâche. Sans doute il faut d'abord un fonds naturellement heureux pour atteindre au génie ; mais il est incontestable qu'un travail long et acharné est absolument nécessaire pour produire, même chez l'homme le mieux doué, le développement le plus complet de ses talents. Il est également vrai que pour un grand nombre qui sont arrivés à des positions élevées le travail les a fait triompher d'une nature qui paraissait ingrate, tandis que ceux qui se sont fiés à une facilité naturelle ont complètement échoué dans ce qu'ils ont voulu entreprendre. Les hommes les plus célèbres dans les arts, dans les sciences, dans les lettres, ont à peu près toujours été les plus laborieux travailleurs, ils se sont ingéniés à trouver le moyen de lutter contre le sommeil, contre la fatigue, contre les obstacles de toutes sortes.

Dignité du travail. — Le travail est à la fois un devoir et une vertu, car il n'assure pas seulement le pain quotidien, il établit la dignité de l'homme. Tout travail exige un effort dont le moindre effet procure la source de mille avantages précieux pour celui qui s'y livre. L'individu est-il né pauvre : son travail fournit à sa subsistance, et si de plus il est sobre, prévoyant, il acquiert de l'aisance et jouit des douceurs de la vie. Le travail ajoute à la moralité, car tandis qu'on occupe son esprit et son corps, on n'est point affecté de désirs déréglés, on ne s'ennuie point, on contracte des habitudes régulières, on augmente ses forces, sa santé, et l'on parvient souvent à une vieillesse heureuse et paisible.

Toute occupation utile et productive honore celui qui s'y livre : que ce soit un travail manuel ou un travail intellectuel, ni l'un ni l'autre ne sont au-dessous de la dignité de l'homme. Mais il faut le dire il existe encore en France un préjugé qui a pour conséquence fatale l'abaissement des caractères, à savoir que tel labeur est plus honorable que tel autre et que l'homme qui travaille avec une plume dans un bureau, est bien supérieur à l'homme qui travaille avec un outil dans un atelier. Peser du sucre pour son propre compte, c'est chose peu digne, mais cacheter des lettres et enfiler des quittances pour le compte du gouvernement est noble et glorieux.

La manie de la hiérarchie est tellement implantée dans nos idées et dans nos mœurs que nous avons créé pour le travail une quantité de classifications. On peut même dire que chez nous, le travail le plus honoré, est celui qui s'éloigne le plus de la nature même du travail. Ne rien faire est l'aspiration de presque tous : Que fait cet homme ? Il ne fait rien ; Oh l'homme heureux ! Quand donc comprendrons-nous enfin que le travail, en bas comme en haut, est une chose sainte.

Si l'on trouve humiliant de manier le rabot et le marteau, cela vient de ce qu'autrefois le travail des mains, après avoir été le lot exclusif des esclaves, puis des serfs, puis des vilains, est échu finalement aux prolétaires. Voilà pourquoi tant de sots regardent l'oisiveté comme un signe honorifique, presque comme un titre de noblesse ; voilà pourquoi la société actuelle met encore l'agriculteur, l'industriel et le commerçant qui font marcher la grande machine nationale au-dessous du fonctionnaire public, dont les occupations sont souvent si légères qu'il a presque le droit de se dire rentier sur l'état. C'est ordinairement par suite d'une ridicule vanité qu'un manufacturier, qu'un négociant, enrichi par le travail le plus utile et plus réellement noble, croit s'élever d'un degré dans l'opinion publique, le jour où il se retire des affaires.

Bien que de nos jours le monde honore et favorise le travail plus qu'on ne le pense généralement, que la qualification de fainéant soit une grave injure, la réhabilitation ne sera complète que quand nous aurons tous appris à estimer vraiment le travail. Malheureusement les travailleurs eux-mêmes ont les idées les plus fausses sur leur mérite respectif. Le négociant qui n'a pas d'enseigne à sa maison se croit supérieur à ceux qui en ont une ; le marchand en gros prend le pas sur le détaillant, le détaillant sur le revendeur, celui-ci sur l'ouvrier, l'artisan des villes sur les gens de campagne.

Comprenez bien ceci, plus un travail est pénible, plus grands sont les dégoûts et les difficultés qui l'accompagnent, plus il est honorable de les vaincre. Aucun labeur n'est humiliant pour l'homme, et il n'est aucune condition de la vie, si humble qu'elle soit, où l'on ne puisse faire acte de dignité.

La dignité de l'homme est dans la manière dont il

accomplit la tâche quelle qu'elle soit qui lui est imposée, et non dans la nature de cette tâche :

> Que la fournaise flambe et que les lourds marteaux
> Nuit et jour et sans fin tourmentent les métaux
> Rien n'est harmonieux comme l'acier qui vibre,
> Et le cri de l'outil aux mains de l'homme libre,
> Au fond d'un atelier rien n'est plus noble à voir
> Qu'un front tout en sueur, un visage tout noir
> Un sein large et bronzé que la poussière souille,
> Et deux robustes bras tout recouverts de houille.
>
> (BRIZEN).

C'est au village surtout que le préjugé que nous combattons a le plus de force, là les personnes qui ne travaillent pas à la terre sont les plus respectées ; c'est d'abord le propriétaire du château, puis le curé, le notaire, le médecin. Par contre celui qui jouit de la plus faible considération : c'est l'homme qui accomplit le labeur le plus pénible, le plus long, le plus exposé aux mauvais temps, c'est le valet de charrue ; mais il y a encore des travailleurs moins estimés ; c'est d'abord le journalier ; après lui viennent les bergers, les vachers, les porchers. Cependant tout ce qui a une âme droite apprécie et honore les services que l'ouvrier rend à la société entière.

La fierté du cœur doit être l'attribut des honnêtes gens. Que les ouvriers des villes et des campagnes soient consciencieux, qu'ils ne se vautrent pas dans l'ivrognerie et la débauche, et le chiffonnier tout en remplissant sa hotte, le bouvier en nettoyant ses étables, l'emporteront sans peine en honorabilité sur certains messieurs qui s'enivrent au café, qui consument leur vie dans de continuelles orgies. Les musulmans raisonnent moins sottement que nous sur le travail, ils disent qu'un homme doit être honoré pour ses vertus, sa sagesse, quel que soit le métier qui lui donne du pain.

Le travail des mains honore l'homme, au lieu de l'abaisser, à la condition cependant qu'il ne l'absorbe pas au point de lui interdire absolument toute culture d'esprit.

Je vous ferai remarquer que s'il est injuste de considérer comme servile le travail manuel il ne le serait pas moins de ne regarder comme un travail que le travail des mains. Le travail de l'esprit, celui des savants, des magistrats, des artistes, etc. n'est pas moins utile à la société et au pays tout entier : il est donc tout aussi légitime. Croyez-vous par exemple que le savant chimiste Chaptal, qui a enrichi la France de plusieurs centaines de millions, en faisant de l'extraction du sucre de la betterave une industrie nationale, n'a point rendu à sa patrie un service aussi grand qu'aucune des professions manuelles si nécessaires à tous.

Paresse, Oisiveté. — Puisque le travail est un devoir, et qu'il ajoute encore à la vertu, il s'en suit que la *paresse et l'oisiveté* sont des vices et des plus pernicieux, car ils conduisent à tous les autres. — La *paresse* est cette lenteur, cette nonchalance, cette fainéantise blamable qui empêche de s'appliquer avec force et avec persévérance aux choses qui sont d'obligation. — L'*oisiveté* est la cessation complète de toute espèce de travail, l'inaction du corps ou de l'esprit.

Par la paresse et l'oisiveté l'homme reste ignorant et perd même les connaissances qu'il avait acquises ; dévoré d'ennuis il se livre pour les dissiper à tous les désirs de ses sens, qui prenant de jour en jour plus d'empire sur lui le rendent intempérant, lâche, énervé, luxurieux, méprisable. La paresse produit la misère, la misère tue le corps par les privations, et l'esprit par le chagrin ; la débauche et l'oisiveté sont sœurs, elles se donnent la main elles font périr plus d'individus chaque année que les plus cruelles épidémies.

Palissy. — Dieu n'a pas voulu seulement que le travail fût la loi de l'homme sur la terre, il a aussi voulu qu'il fût son plus beau titre de noblesse, l'instrument de toute fortune comme de toute grandeur. Les noms de quelques hommes de génie qui se sont illustrés par d'utiles inventions, par d'admirables découvertes sont parvenus jusque dans les plus humbles chaumières : Franklin qui imagina le paratonnerre, Parmentier l'infatigable propagateur de la pomme de terre, Jenner qui découvrit la vaccine, Bréguet l'ingénieux constructeur des montres marines, Jacquart qui par l'invention de son métier a ouvert une ère nouvelle à l'industrie de la soie, Frédéric Sauvage qui dota la marine de l'hélico navale, Daguerre à qui l'on doit la photographie, etc.

Toutes les classes de la société honorent également ces enfants du peuple, que le travail a ennoblis, et c'est parce qu'ils ont été utiles à l'humanité, qu'ils commandent à tous le respect et qu'ils ont droit à la reconnaissance publique.

Parmi les grands hommes qui se sont immortalisés par leurs talents et leur mérite personnel il en est un dont je veux vous raconter l'histoire : c'est Bernard Palissy, qui d'abord simple ouvrier est devenu, à force de travail et d'opiniâtreté, un artiste de premier ordre et un inventeur célèbre ; c'est lui qui a trouvé le secret de l'émail, que l'Italie possédait seule, et qui a modelé un si grand nombre de ces figurines qui sont autant de chefs-d'œuvre aujourd'hui sans prix.

Jusque dans la seconde moitié du XVIe siècle sous le règne de Henri II l'art de cuire la terre était à peine connu en France. Les poteries du temps, grossièrement façonnées, se décomposaient sous l'action du feu. Nécessaires aux mille besoins de la cuisine elles se fondaient peu à peu et altéraient les aliments.

Nos pères, à l'exception de quelques privilégiés de la fortune, qui se procuraient à très-haut prix des produits importés de l'étranger, en étaient réduits plus souvent qu'ils n'auraient voulu à manger à la fois les légumes préparés pour leur repas et le vase de terre employé pour la cuisson. Le mal était grave mais forcé, le remède étant inconnu. Aujourd'hui c'est à peine si nous regardons l'humble assiette dont nous nous servons ; nous la savons de valeur si faible et de confection si facile que nous ne prenons nul souci de la briser. Et cependant la création de cette assiette vulgaire fut une œuvre de génie, achetée aux prix de soins, de labeurs, d'efforts et de peines que très-peu soupçonnent ; elle a fait la gloire, la fortune de Bernard Palissy dont l'histoire est à la fois intéressante et instructive.

Bernard Palissy naquit en 1499 à la Chapelle-Biron village du diocèse d'Agen, ses parents étaient pauvres. Dès l'enfance, il révéla d'heureuses dispositions d'intelligence et de caractère. Un arpenteur remarqua qu'il avait *l'esprit merveilleusement prompt et aigu*, il le prit en apprentissage et lui donna les premières notions du dessin linéaire et de la géométrie pratique. Bernard dévorait l'enseignement ; son œil voyait tout, son esprit recueillait tout, sa main exécutait tout.

Il acquit promptement une certaine notoriété dans l'art de l'arpentage, et les tribunaux appréciant son mérite et sa loyauté ne tardèrent pas à l'appeler de préférence comme expert dans divers procès. Bernard accablé de travaux mais doué d'une activité ardente trouvait du temps pour tout, ainsi il consacrait de longues heures à l'étude du dessin, prenant pour modèles les grands maitres, ses contemporains : Albert Durer, Raphaël Léonard de Vinci. De même la chimie et les sciences naturelles attiraient son attention ; enfin, obligé au travail pour vivre, il se livrait à la portraiture et à la vitrerie, c'est-à-dire à la peinture en émaux et sur verre. A ce sujet il avait coutume de dire avec simplicité ; *L'on pensait en notre pays que je fusse plus savant en l'art de peindre que je n'étais, je peindais des images.*

Bernard laborieux et économe, réalisa quelques épargnes et entreprit alors son tour de France, non pour dissiper son argent et moins encore son temps, capital si précieux, mais pour voir, écouter et apprendre. Il parcourut tout le royaume de France, depuis les Pyrénées jusqu'à la mer de Flandre et des Pays-Bas, depuis la Bretagne jusqu'au Rhin. Lorsque son pécule devenu trop mince ne lui permettait pas de continuer sa route, il s'arrêtait dans une grande ville pour travailler. Mettant à profit ses talents, il dessinait par-ci, arpentait par-là, sans oublier la peinture sur verre où il excellait. Dès que sa bourse était plus ronde il reprenait sa route, et, chemin faisant, il ne cessait d'examiner, d'étudier toutes choses, pierres, plantes, arbres, terres, minéraux, de manière à surprendre un jour par l'étendue de ses connaissances.

La chimie à peine connue, était en ces temps-là une science fantastique, privilège de prétendus savants magiciens ou alchimistes, qui seuls avec les apothicaires, se livraient à l'analyse ou à la combinaison des corps, dans leurs laboratoires si bien appelés par un vieil auteur *antres de Vulcain*, il pénétra les impostures des ouvriers du grand œuvre et connut les inepties des alchimistes; il les interrogea tous. Les uns et les autres à travers de grandes démonstrations ne lui apprirent que fort peu de choses : c'était tout ce qu'ils savaient.

En 1539 Bernard s'arrêta à Saintes, s'y maria et chercha dans la peinture sur verre un moyen d'existence pour lui et pour sa famille. L'ouvrage était assez rare et son genre de vie fort médiocre, Bernard plein du travail de sa pensée s'en affectait peu.

La faïence n'est au fond qu'une poterie grossière que l'on parvient à faire à la fois plus élégante et moins perméable aux liquides de toute espèce qui sont d'usage dans l'économie domestique, en la revêtant d'une couche d'émail, c'est-à-dire en la recouvrant d'un enduit vitrifiable au feu, puisque c'est une condition essentielle de son utilité. Il y avait longtemps que l'on connaissait en Italie l'art d'émailler ainsi les vases de terre ; deux petites villes Faenza et Castel Dirante s'approprièrent cette branche d'industrie. Les produits de leurs manufactures, recherchés comme objets de luxe s'exportaient à grands frais dans toute l'Europe, mais ne s'imitaient nulle part.

L'art de composer et d'émailler la terre pour en faire de la faïence était donc complètement inconnu en France au temps ou vivait Bernard. Un jour une coupe de terre magnifiquement tournée et émaillée tomba sous sa main, il l'examina, l'admira et dès ce moment selon son expression *il entra en dispute avec sa propre pensée !* Il résolut de forcer la nature à lui dévoiler le secret des émaux et se mit à en rechercher l'invention *comme un homme qui tâte en ténèbres*. Il a raconté lui-même dans *le traité de la terre*, les labeurs, les angoisses, les amertumes de son entreprise.

Dès que l'idée est conçue et le projet formé, Bernard se met à l'œuvre. Il rassemble des matières de toute sorte, il détrempe, broie, mêle, pétrit, façonne, forme des compositions diverses, qu'il enduit de mille préparations inconnues.

Il construit un fourneau et fait une première cuisson, l'expérience ne réussit pas. Quelle en est la cause ? faut-il l'attribuer à la composition défectueuse des matières, ou bien à l'arrangement vicieux de ces matières dans le fourneau, ou bien encore au mode imparfait de la cuisson ? Tout cela est problème et le seul moyen de le résoudre c'est de multiplier les expériences.

Bernard recommence, essaie d'autres combinaisons, élève un nouveau fourneau, tente plusieurs cuissons et ne réussit pas.

Il a perdu beaucoup de matières, de bois, de temps et d'argent.

Mais il n'abandonne pas son entreprise, il a l'idée de mettre à l'épreuve les fourneaux des potiers voisins, il porte ses produits à une lieue et demie de sa maison et ne réussit pas. Plein de confusion et de tristesse, il a recours aux fourneaux des verriers dont la chaleur a plus d'élévation. Pendant plusieurs années, il est sans cesse sur le chemin des verriers voisins, et ses essais toujours renouvelés sont toujours infructueux. Il revient alors à sa pratique première, celle d'un fourneau construit selon sa pensée. L'établissement de ce fourneau constituait un rude travail, mais Bernard, homme de persévérance et de volonté, n'est pas arrêté un instant par la difficulté de l'exécution.

Il est seul pour aller chercher la brique, qu'il apporte sur son dos, seul pour tirer l'eau, détremper la terre et maçonner. Lorsque le fourneau est construit il est seul pour composer, chauffer et cuire, seul sous le vent qui ébranle les parois et la pluie qui effondre les toitures, obligé à des travaux de reconstruction sans fin. Le plus souvent ce n'est qu'à minuit ou au point du jour qu'il rentre à la maison, *accoutré comme un homme que l'on aurait traîné par tous les bourbiers de la ville;* rempli de grandes *tristesses*, il s'en revient coucher, *bricollant sans chandelle*, tombant de côté et d'autre comme un homme ivre.

On comprend ses défaillances, tant de délais et de peines peuvent sembler au-dessus des forces morales et physiques d'un homme.

Bernard cependant ne consent pas à se tenir pour vaincu, afin de gagner du temps et d'activer les expériences, il prend à gages un manouvrier qu'il nourrit à crédit dans une taverne. Le maître et l'ouvrier travaillèrent six mois ensemble, au bout de six mois le compagnon incrédule sur l'avenir donne congé et réclame son salaire.

Bernard qui n'a pas d'argent lui donne des habits en paiement. Du reste la désertion de son ouvrier ne l'ébranle pas. Déjà même il entrevoit une espérance de succès mieux fondée, la découverte semble certaine, le rêve va devenir une réalité. Pendant six jours il chauffe le four; mais la fournaise est trop ardente. La brique et le mortier se liquéfient et au moment où *il démaçonne son fourneau il a les doigts coupés et incisés en tant d'endroits qu'il est obligé de manger son potage avec les doigts enveloppés de drapeaux.*

Dans ce triste état qui pourrait manœuvrer un moulin à bras *auquel il faut ordinairement deux puissants hommes pour le faire virer?* Bernard le veut et il le fait. Un jour le mortier dont le four est façonné, est semé de cailloux. Ces cailloux font *pete et tonnerre* dans ledit four. Ils éclatent, sautent et déchirent l'émail. La fournée est perdue, elle valait six vingts écus. Pour avoir six vingts écus Bernard avait dû emprunter et même se faire nourrir à crédit, promettant de payer sur le produit des vases merveilleux qu'il allait exécuter. Dès le matin lorsqu'il *désenfourna* on sut sa nouvelle mésaventure:

Aussitôt tous les créanciers accoururent. Bernard qui n'avait rien à leur offrir, alla se coucher *plein de mélancolie et non sans cause.*

Il demeura quelque temps au lit mais il se dit qu'un homme tombé dans un fossé a pour devoir de se relever ; il se releva donc, travailla pour gagner de l'argent et recommença ses expériences. Que de déceptions l'attendaient encore. Hier la cendre du feu a gâté les épreuves. Aujourd'hui la cuisson est trop faible, demain elle sera trop forte. Cette fois les matières cuites par devant ne le sont pas par derrière, cette autre fois cuites par derrière, elles ne le sont pas par devant. Ou bien, il arrive encore que la cuisson réussit à droite et non pas à gauche, ou réciproquement ; tantôt aussi les émaux sont trop clairs, tantôt trop épais. Bernard *épuisé, anéanti, à bout de ressources et de forces, se croit aux portes du sépulcre. Il est si maigri en sa personne qu'il n'a plus aucune forme ni apparence de bosse aux bras et aux jambes ; ses jambes sont tout d'une venue, de telle sorte que les liens dont il attachait ses bas de chausses étaient, soudain qu'il cheminait, sur ses talons, avec le résidu de ses chausses.*

Pendant que Bernard, honni et méprisé, s'épuisait en efforts malheureux, il avait à subir des remontrances et des accusations plus cruelles que toutes les déceptions. Les meilleurs amis le taxaient de folie, les indifférents le prenaient en pitié. Les sots, chaussetiers, cordonniers, sergents ou notaires, fertiles en commentaires uniformes, lui répétaient des niaiseries à le faire sécher sur pied. Les vieilles l'accusaient de commerce avec le diable, les malveillants de fabriquer de la fausse monnaie. Ce n'est pas tout ; la gêne, la pauvreté, la misère, franchissaient le seuil de sa maison ; sa femme, d'humeur fâcheuse, se lamentait, ses enfants amaigris souffraient la faim et versaient des larmes. Au lieu de trouver dans la famille, le soutien de la consolation, Bernard n'y rencontrait que le reproche, l'amertume et la malédiction. Alors troublé, honteux, déchiré, il sortait, il allait promener ses ennuis, ses misères et ses douleurs dans la plaine de Saintes.

Sans autre consolation, sinon les chats-huants qui chantaient d'un côté et des chiens qui hurlaient de l'autre. Depuis seize ans, la lutte durait ainsi, terrible, affreuse, accablante, Bernard avait le ravage dans l'âme et cependant sourd à la tentation du découragement qui sollicitait son cœur, aux murmures du désespoir qui bruissaient à ses oreilles, aux clameurs imbéciles du vulgaire et même aux plaintes déchirantes de sa famille, si bien faites pour émouvoir son âme, qui était excellente, il luttait encore, il luttait toujours, il ne cessait de piler, mêler et chauffer ; il ne réussissait pas et recommençait.

Mais voilà qu'un drame se prépare. Le feu est allumé et Bernard va tenter un dernier effort. Cette fois s'il n'a pas le succès tout est perdu ; il faut renoncer à l'entreprise. Du reste les choses s'annoncent à merveille. Mais, ô douleur ! faute d'aliments le feu s'éteint. Pour la réussite il faut du feu, encore du feu ; et Bernard n'a plus de bois, plus un morceau, plus un brin. Le désespoir le saisit, il se déchire la figure, se tord les bras, s'arrache les cheveux. Bientôt honteux d'un instant de faiblesse il reprend courage, court à son jardin, arrache les échalas, les treilles, les vignes qui les chargent, jette tout dans le fourneau et le feu se ranime, Bernard sourit à ses rayons ardents. Hélas ! encore une fois la chaleur diminue, et les matériaux ne sont pas encore cuits ; Bernard était dans un de ces moments d'exaltation où le génie inspiré serait risible, s'il n'était magnifique ; il entre dans sa maison, prend ses meubles et les brise aux yeux de sa femme et de ses enfants stupéfaits, qui cette fois ne doutent plus de sa folie. Il porte au fourneau tous les débris, et ranime le feu. L'œil fixe, le regard plus embrasé que la fournaise, il attend le résultat dans l'anxiété. Encore une fois le feu va s'éteindre, encore une fois Bernard rentre chez lui, il casse les portes, il brise les fenêtres, enfonce le plancher et tout ce qui est bois va au brasier. Les matériaux sont-ils donc cuits enfin ? Bernard inquiet, agité, tremblant, les contemple avec angoisse. Tout-à-coup il s'élance de nouveau dans sa maison et se jette sur sa femme : c'était pour l'embrasser ; la découverte était faite. Le secret si patiemment attendu, si péniblement cherché, était acquis. Bernard savait composer et cuire l'émail.

Alors les choses changent de face : Bernard n'est plus un pauvre fou, un faux monnayeur, un vil suppôt du diable ; c'est un homme de génie, il va devenir un homme riche et puissant.

Sa gloire et sa fortune sont assurées. A la cour on parle de lui, on raconte son histoire, on vante sa découverte. Henri II, alors roi de France, lui commande des poteries pour l'ornement de ses jardins ; il l'appelle à Paris et lui donne un logement au Louvre.

Bernard, qui prend le titre modeste d'ouvrier de terre, reçoit le brevet *d'inventeur de rustiques figurines et n'est* plus connu que sous le nom de *Bernard des Tuileries*. Que l'on juge du prix attaché à ses œuvres ? Il y a quelques années à Londres, dans une vente publique, un plat sorti des mains de Bernard fut mis aux enchères et acheté 162 livres sterling, soit 4050 fr.

Bernard enrichi par les faveurs de Catherine de Médicis, du connétable de Montmorency, de tous les grands, comblé des honneurs de la population par suite du succès de son invention, estimé de tout le monde savant, pour la force et l'originalité de ses aperçus sur les deux éléments qu'il avait tant expérimentés : la terre et le feu, devenu en un mot dans sa vieillesse un des hommes illustres de son pays fut jeté à la Bastille à l'âge de plus de quatre-vingts ans à cause du protestantisme qu'il avait adopté.

Henri III qui l'aimait vint le voir dans sa prison : « Mon bon homme, lui dit-il, si vous ne vous accordez sur le fait de la religion, je suis contraint de vous laisser entre les mains de vos ennemis. » Ce mot de contraint révolta le vieillard, qui assailli durant sa longue vie par tant de nécessités avait appris à les vaincre : « Sire, répondit-il, j'étais bien tout prêt à donner ma vie pour la gloire de Dieu, si c'eût été avec quelque regret certes il serait éteint en ayant ouï prononcer à mon grand roi : Je suis contraint. C'est ce que vous, sire, et tous ceux qui vous contraignent ne pourrez jamais sur moi parce que je sais mourir. Ditibigne en rapportant cette belle réponse dit que l'on pourrait croire que Palissy avait lu ce passage de Sénèque : « Celui qui sait mourir, ne peut être contraint » mais Palissy ne savait que faire de Sénèque. Les martyres du commencement de sa vie, grâce à la vertu avec laquelle il les avait endurés, avaient élevé à jamais ce noble parvenu.

Un mot de réflexion sur cet homme extraordinaire, qui de simple potier de terre devint un des personnages principaux de son pays et de son temps. La vie de Bernard à son époque solennelle qui dura seize ans, constitue un véritable drame, un drame émouvant, où l'on voit le génie, dominé par la puissance de ses convictions, lutter contre tout et contre tous avec une force, une énergie, un héroïsme que rien ne peut ébranler, que personne ne peut abattre. Certainement dans la vie de Bernard, ce qui mérite le plus l'admiration c'est la grandeur de volonté et l'invincible persévérance dont il a fait preuve.

CHAPITRE XII.

L'INSTRUCTION.

Toutes les facultés physiques, intellectuelles et morales qui constituent la nature et la dignité humaine sont dans l'enfant comme des germes qui ont besoin d'être cultivés pour se développer et porter leurs fruits : c'est à cette culture qu'on donne le nom d'instruction.

L'instruction a donc pour objet d'exercer, d'enrichir, de fortifier les facultés de l'esprit afin de leur donner la plénitude de leur puissance et de leur action. Ce développement est l'œuvre de nos parents et de nos maîtres : il devient la nôtre quand nous répondons à leurs soins par notre travail et que nous secondons leur action par celle que nous exerçons sur nous-même, à l'aide de l'étude et de la réflexion.

On confond dans le langage habituel l'*instruction et l'éducation*; cependant ce sont deux choses distinctes, mais qui ne doivent pas être séparées : toutes deux sont nécessaires pour le complet développement de l'être humain. L'instruction n'est à vrai dire qu'une branche de l'éducation, elle donne à l'homme un certain savoir, des connaissances, quelques talents, et le rend capable de parcourir telle ou telle carrière. Mais c'est l'éducation qui fortifie les facultés par lesquelles les connaissances doivent être acquises, et les talents mis en pratique ; c'est elle qui rend apte à faire de tout ce qu'on a appris un salutaire usage, qui trace les règles applicables à toutes les circonstances et à toutes les situations ; c'est l'éducation enfin, qui en développant les facultés morales répond complètement à la haute destinée de notre nature et nous met en état de préparer l'éternelle vie en élevant la vie présente.

Nécessité de l'Instruction. — L'homme ne vaut que par sa science et par sa conscience, c'est une vérité qui devient chaque jour plus évidente. C'est l'instruction qui nous aide à agrandir notre intelligence, à tirer de notre existence un noble profit. C'est elle qui vivifie toutes nos facultés, qui nous met en communication avec les œuvres les plus admirables du génie humain, qui nous fait éprouver les plus belles jouissances dont soit capable l'esprit de l'homme. En rendant notre raison plus forte, plus pénétrante, l'instruction nous élève plus haut dans le sentiment de la grandeur de Dieu et de sa création, alors la foi dégagée de superstition est plus vraie, plus simple, plus digne de son sublime objet.

Sans vouloir énumérer ici les mille avantages que possède l'homme instruit sur l'ignorant, prenons quelques faits qui démontrent que n'être pas instruit quand d'autres à côté de vous le sont, c'est se trouver dans une situation inférieure et dépendante.

Voici, en effet, ce qui se passe dans nos villages où plus du tiers de la population est complètement illettré, ou ne sait lire et écrire que très-imparfaitement :

Une lettre arrive de France ou des pays lointains, une lettre d'intérêt, une lettre de cœur longuement attendue, ardemment désirée; eh bien ! le plus souvent on se trouve dans l'impossibilité de la lire, il faut donc recourir à un intermédiaire. S'agit-il de répondre ? même embarras, même recours; et Dieu sait le style et l'orthographe dont on use dans ces grandes circonstances. Faute de savoir lire et écrire on est donc forcé de mettre un étranger dans la confidence de ses intérêts, de ses affections; or, qu'est-ce qui empêche celui-ci de vous faire croire tout ce que bon lui semble au sujet de vos lettres? Qu'est-ce qui l'empêcherait de répondre tout-à-fait l'opposé de ce que vous voudriez dire? Sans soupçonner la discrétion ou la loyauté du voisin que vous chargez d'écrire pour vous, vous courez le risque d'être trompé à chaque instant, par exemple de donner quittance pour plus que vous ne recevez, ou de reconnaître ce que vous ne devez pas. Autre chose, n'avez-vous point eu à gémir de ne pouvoir mettre votre nom à votre contrat de mariage, signer les actes de naissance de vos enfants, faire votre bulletin de vote : Vous dépendez donc en quelque sorte du bon plaisir d'autrui, vous devez accepter aveuglément ce qu'il lui plaît de faire et de vous faire dire, qu'il fasse bien ou qu'il fasse mal. Il n'en serait pas ainsi si vous étiez allé à l'école et si mettant à profit le temps, vous aviez appris à lire et à écrire convenablement. Alors vous seriez en état de discerner ce qui convient à vos intérêts, à la prospérité de vos affaires et au bien-être de la famille, sans être forcé de recourir à l'intervention indiscrète d'un voisin, sans qu'il vous faille communiquer à d'autres ce qui ne regarde que vous seul.

J'en ai dit assez pour vous faire comprendre que l'instruction est nécessaire dans toutes les conditions de la vie; celui qui connaît les causes et les effets des choses pourvoit d'une manière plus étendue et plus certaine à ses besoins : Un cultivateur, par exemple, qui sait lire et écrire, calculer et dessiner, trace avec sa charrue un sillon plus droit, taille mieux ses arbres qui poussent davantage, sait mieux les méthodes et les soins qu'exigent les animaux, ses moissons sont plus abondantes et son bétail a plus de valeur; il bâtit ou répare sa maison avec plus de solidité et d'économie, vend, loue, achète, échange, prête et conduit ses affaires avec plus d'ordre et de profit.

Avec l'instruction et la bonne conduite on a toujours des ressources et des moyens de subsister, c'est un trésor que rien au monde ne peut nous ravir. C'est cette vérité qu'exprimait Bias, un des sept sages de la Grèce, lorsqu'après un naufrage il disait au milieu de ses compagnons qui se lamentaient sur la perte de leurs richesses : « Pour moi, je porte toute ma fortune en moi. »

« L'instruction est une dignité, a dit M. Bersot. Un homme qui a de l'instruction est plus homme que s'il n'en avait pas ; il le sent, et si ce sentiment ne détruit pas le mal en lui, il donne de la force au bien pour résister au mal. Un esprit cultivé, quelque vicieux et perverti qu'il soit, conserve des lueurs de sentiments nobles, des perceptions de beauté morale, refusées au vice brutal et ignorant et qui sont peut-être destinées à lui servir de châtiment si, comme dit un poëte : « personne n'est plus malheureux que celui qui connaît la vertu et embrasse le vice. »

L'instruction est un devoir, car si l'ignorant se fait tort à lui-même comme individu il fait tort aux autres comme membre de la société; il commet à chaque instant des erreurs préjudiciables à lui ou à ses semblables.

C'est un aveugle qui marche à tâtons et qui à chaque pas est heurté ou heurte les autres. La nature ne nous apprend pas nos devoirs sociaux, qui sont écrits dans les livres des moralistes et dans les préceptes des législateurs ; elle ne nous apprend pas davantage les moyens par lesquels un citoyen exerce ses droits.

Le pays tout entier est intéressé à l'élévation du niveau intellectuel de toutes les classes de la société, car c'est la science qui a été la mère de l'industrie et de la richesse. Voilà pourquoi la République consacre des sommes considérables à l'instruction populaire, afin d'élever de plus en plus les esprits vers la possession d'eux-mêmes, vers la science, vers la vérité, vers le travail, afin de répandre chaque jour davantage le sentiment du devoir, de développer de plus en plus la valeur des individus. Qui sait quels mérites, quels talents, quels génies inconnus l'ignorance a empêchés de se développer, que l'instruction peut mettre en lumière !

Bon sens. — Les avantages de l'instruction ne consistent pas seulement à savoir lire, écrire et calculer mais aussi à observer, à comparer ; elle donne à l'homme des lumières et de la force pour remplir ses devoirs et défendre ses droits.

Tout ce qui instruit, étend l'esprit, guérit les préjugés, fait mieux comprendre la nature des choses et développe en nous une qualité précieuse, le *bon sens*. On désigne par ce mot cette faculté qui, en toutes choses, nous fait voir sans effort l'honnête et le possible, observer les faits avec exactitude et en comprendre sur-le-champ la portée, juger selon la droite raison, conclure juste et prononcer sans hésitation. C'est une sorte de tact qui s'acquiert par l'usage réglé des facultés de l'intelligence, qui nous avertit de l'erreur aussitôt qu'elle veut pénétrer dans notre esprit et qui nous montre les choses sous leur vrai jour, telles qu'elles sont.

Dans toutes les circonstances, le *bon sens* aide l'homme à choisir son but avec résolution, à y marcher d'un pas ferme et mesuré, en le mettant en garde tout à la fois contre la lenteur qui empêche de l'atteindre et contre la précipitation qui le dépasse ou le manque; il l'habitue à ne rien livrer au hasard des évènements, au caprice ou à l'entraînement des passions, à ne se résoudre à rien dans toutes les matières qui peuvent être soumises à l'épreuve du raisonnement, sans s'être rendu compte des difficultés à vaincre, des moyens à employer et des résultats probables.

Le bon sens se forme à l'aide de l'attention et de la réflexion, c'est seulement lorsqu'on a bien vu, lorsqu'on a mûrement comparé les choses observées, qu'on peut les juger selon la droite raison. Appliquons-nous donc à nous rendre maîtres de notre attention, à la fixer sur l'objet qui doit nous occuper, à l'y ramener, si elle s'en écarte. Il ne suffit pas de voir, il faut rapprocher ce qu'on observe encore de ce qu'on connaît déjà et l'approfondir en y ajoutant par la réflexion.

Si la pensée, la méditation, nous conduisent à tout, la distraction nous en éloigne; l'esprit léger glisse sur la surface des choses, mais sans s'y arrêter, il n'en recueille que ce que le hasard lui livre, impuissant à se contenir il s'épuise dans une activité stérile et ne retient rien de ce qu'il a appris. Rendez-vous donc maître de votre esprit, afin de le préserver de la légèreté et de la distraction; habituez-le à l'ordre et à l'exactitude pour lui rendre le travail plus facile et lui en assurer tous les fruits.

Le bon sens n'est point le *sens commun*, il en diffère comme les choses les plus délicates diffèrent des plus vulgaires, comme la raison diffère de l'opinion. Le *sens commun* est en quelque sorte une instruction innée que chacun de nous possède en lui-même et que personne ne se souvient d'avoir acquise. Il se compose de l'ensemble de toutes les vérités d'une évidence indiscutable qui sont dans l'esprit de tous les hommes, et où ils puisent les motifs de leurs jugements et de leur conduite.

L'esprit humain, comme s'il avait pour l'erreur une sympathique attraction, est accessible à tous les préjugés et accueille avec la plus inconsciente docilité les opinions, les idées les plus inexactes. L'instruction rectifie le jugement et le bon sens guide les hommes, non vers ce qui flatte et trompe, mais vers ce qui avertit et éclaire.

Georges Stephenson. — Un des plus beaux et des plus encourageants exemples qu'on puisse placer sous les yeux des jeunes gens, pour leur prouver que l'instruction fait parfois éclore le génie, comme le briquet fait jaillir l'étincelle cachée dans les veines du caillou, c'est celui de Georges Stephenson. L'histoire de cet homme illustre démontre, comme l'a si bien dit M. E. Charton, que si misérable que l'on soit au commencement de la vie on peut toujours arriver à l'aisance et à la considération, avec une forte volonté, l'amour de l'instruction, une application constante au travail, et surtout avec l'honnêteté et la régularité des mœurs qui attirent la sympathie et commandent l'estime.

Georges Stephenson le plus célèbre ingénieur de l'Angleterre, celui qui le premier fit rouler une locomotive mue par la vapeur sur les chemins de fer dont il fut le créateur, avait commencé par être simple ouvrier dans une mine de charbon à Dewlay. Ce charbonnage étant épuisé, la famille de Georges émigra à Newburn où l'on venait de mettre en exploitation une autre mine de houille. Ce fut là que Georges obtint, en raison de son assiduité au travail, d'être choisi pour surveiller la pompe, poste assez important et qui exige une scrupuleuse vigilance. Son travail l'absorbait chaque jour pendant douze heures; mais sa tâche terminée il trouvait encore le temps de démonter la machine pour la nettoyer, l'examiner dans toutes ses parties et se familiariser avec les différents organes. Etudier l'appareil qui lui était confié devint son plaisir favori, et il ne se lassait jamais de le considérer d'un œil d'admiration.

Un obstacle insurmontable s'opposait néanmoins au développement de son esprit. Bien qu'il eût alors dix-sept ans, Georges ne savait pas lire. Aller à l'école était, pour les enfants pauvres de cette époque, un luxe presque inconnu. Aussi, avec quel empressement tous les ouvriers se réunissaient-ils autour de celui d'entre eux qui était assez savant pour déchiffrer un livre ou un journal !

Une circonstance vint aiguillonner son désir de s'instruire ; les appareils de Boulton et de Watt, dont tout le monde parlait excitèrent vivement sa curiosité. Il apprit que des livres avaient été faits pour en expliquer le mécanisme et l'usage. Hélas ! c'était pour lui lettre close, il ne savait pas lire.

Stephenson comprit alors que pour devenir ouvrier habile, il fallait posséder la lecture, cette clef de toute science, sa résolution fut bientôt prise ; il ne rougit pas, malgré son âge, de s'asseoir sur les bancs de l'école et de commencer à apprendre l'alphabet. Un élève si rempli de zèle devait faire de rapides progrès. A la fin de l'hiver, Georges lisait couramment, savait écrire et connaissait quelques règles de l'arithmétique. Mais aussi quelle infatigable persévérance il apportait à l'étude ! Le jour assis près de sa machine, il avait toujours à la main un livre ou une ardoise, le soir, il portait à son maître les problèmes qu'il avait résolus, et en recevait d'autres pour le lendemain

Tout le temps qu'il ne consacrait pas au travail manuel, Georges l'employait à acquérir l'instruction qui lui manquait, à se familiariser avec les difficultés de l'arithmétique, puis à étudier la mécanique, à méditer les traités scientifiques qui tombaient entre ses mains ; c'est ainsi qu'à force d'ordre, de travail et de persévérance il sortit victorieux des épreuves de tout genre qu'il eût à subir ; qu'après avoir étudié tout ce qui avait été tenté dans la construction des locomotives, il parvint à créer une machine fonctionnant parfaitement ; un brevet pris en 1816 constate les améliorations réalisées dans la construction des locomotives et la supériorité de la traction par la vapeur sur celle opérée par des chevaux.

Cependant les machines de Stephenson faisaient depuis plusieurs années un service actif dans les mines de Killingworth, mais leur réputation ne s'étendait pas au-delà du cercle éloigné où elles marchaient.

Killingworth était trop loin de Londres pour attirer l'attention des ingénieurs et des savants ; et d'ailleurs l'obscurité de Stephenson l'isolait encore plus que la distance.

D'incessantes recherches et quelques expériences sur la résistance que les voitures rencontrent en parcourant les routes, lui donnèrent la conviction que de lourdes machines, comme les locomotives, ne pourraient jamais circuler sur les grandes routes ordinaires, que pour qu'elles pussent fonctionner utilement il était indispensable de construire des voies parfaitement horizontales ; il proclama la nécessité, malgré les dépenses que ces travaux exigent, de percer par des tunnels les montagnes qu'il faudrait traverser, et d'élever au moyen de remblais les dépressions trop profondes du sol.

Sentant son impuissance à répandre les idées qui germaient dans son imagination féconde, il songea à émigrer aux Etats-Unis. Mais ce projet n'eût pas de suite, la compagnie des mines de Hetton, instruite des avantages que la houillère de Killingworth avait retirés de l'emploi des locomotives, chargea Stephenson de construire un chemin de fer d'une longueur de 12 kilomètres.

Heureux d'accomplir une œuvre si conforme à ses désirs, Georges entreprit avec ardeur une tâche que la nature du terrain rendait bien ardue, et son génie surmonta tous les obstacles. Le 18 novembre 1822, jour de l'inauguration du railway, une foule de spectateurs se pressaient le long du parcours pour voir à l'œuvre le merveilleux cheval de fer dont ils avaient entendu vanter la puissance.

Le succès répondit à l'attente ; à dater de ce jour la réputation de Stephenson sortit du cercle étroit où elle était demeurée enfermée si longtemps. Cet habile ingénieur eut sa place marquée dans toutes les grandes entreprises qui finirent par couvrir l'Angleterre d'un réseau de lignes ferrées et centuplèrent sa richesse.

De tous les côtés les conseils de Stephenson étaient réclamés et reçus avec reconnaissance ; le roi des Belges eut recours à son expérience, et le célèbre ingénieur fit deux voyages en Belgique, l'un en 1835 et l'autre en 1837, et se vit partout entouré des plus éclatants témoignages d'admiration.

Stephenson jouissait enfin de la gloire qu'il avait si dignement conquise, la reconnaissance publique environnait son nom de respect. Lorque l'âge eut diminué ses forces, il se retira des grandes entreprises, laissant à son fils le soin de continuer son œuvre.

Son repos cependant n'était point inactif, il présidait souvent à Leeds les séances de l'école mécanique ; une foule d'ouvriers se pressaient pour voir ce beau vieillard, pour entendre ses sympathiques paroles. Quand les applaudissements que sa présence excitait toujours s'étaient calmés, il s'avançait vers son auditoire et promenant autour de lui son regard bienveillant, il commençait à raconter les difficultés dont son manque d'instruction avait entouré les débuts de sa carrière. Son langage était rude, familier, mais plein d'une éloquence persuasive. Qui mieux que lui pouvait servir de guide aux travailleurs, leur enseigner la persévérance et les fortes vertus? Sa vie avait été pénible et laborieuse, pleine de luttes incessantes; son exemple donnait du poids à ses discours : tous savaient que ce qu'il conseillait il avait commencé par le faire. Georges Stephenson, né en 1781, mourut en 1848.

CHAPITRE XIII.

VERTUS INDIVIDUELLES.

Nous allons maintenant passer en revue quelques-unes des vertus qui se rapportent plus spécialement aux qualités personnelles que chacun doit s'efforcer d'acquérir.

Volonté. — On entend par *volonté* le pouvoir par lequel nous dirigeons nos facultés vers un but connu d'avance et que nous nous croyons capable d'atteindre. C'est la puissance morale qui se résout à agir sans y être contrainte par aucune force. L'usage de la volonté doit et peut nous conduire à la perfection morale; les hommes seraient capables de tout s'ils voulaient s'y appliquer, disait Franklin : qui sait en effet ce que peut produire, même chez les êtres les moins favorisés de la nature, une volonté sincère, éclairée, si elle s'exerce avec une fermeté et une persévérance infatigables? Si à chaque heure nous nous demandions avant d'agir ce qui est le meilleur, si nous nous portions à l'exécuter autant qu'il est en nous, peut-on mesurer de quoi nous deviendrions capables? Mes enfants, c'est à l'école que vous apprenez à faire le premier usage de cette force intime. Les prix que vous vous disputez chaque année, sont pour vous l'occasion de luttes et de triomphes. Mais les luttes de la vie sont bien autrement rudes et ses triomphes bien plus chèrement achetés. Exercez-la donc sans relâche et sans trêve, cette volonté qu'attendent de plus difficiles combats, de plus pénibles labeurs ; donnez-lui, dès aujourd'hui, tout le ressort dont elle aura besoin un jour. Habituez-vous à vouloir, faites de votre vie une continuelle action, apportez en toutes choses la bonne volonté : voilà le seul secret du bonheur qui soit assuré en ce monde.

La volonté, quel mot ! combien il renferme de secrets, de forces et de triomphes. Demandez à Palissy, demandez aux hommes qui se sont élevés eux-mêmes en enrichissant leur pays par leurs découvertes ; demandez-leur ce que c'est que vouloir et comment il faut vouloir, et ils vous répondront que pour parvenir, non pas un moment, une heure, un jour, mais à chaque instant, tous les jours sans trêve ni repos, dans les petites comme dans les grandes choses, il faut vouloir ; non pas dans un mois, dans une semaine, demain, mais aujourd'hui, dès maintenant, à toujours et à jamais ; il faut vouloir contre tout, à travers tout : la fatigue, l'accablement, la peine, la déception, les essais inutiles, les efforts infructueux, les assauts de la mauvaise fortune ; il faut vouloir d'une volonté qui, toujours éveillée, toujours active, ne se laisse surprendre par personne, par rien. *Vouloir c'est pouvoir, dit l'adage ;* en effet, il y a en nous des puissances inconnues qui y reposent comme par une sorte de sommeil, et qui constituent d'inépuisables ressources que nous demandons trop souvent aux autres en abdiquant notre dignité.

Courage. — La volonté qui lutte sans faiblir, soit contre les obstacles extérieurs, soit contre les passions du dedans, se manifeste par une vertu qu'on nomme *courage.*

C'est une disposition par laquelle nous nous sentons portés à entreprendre quelque chose de hardi, de grand, à supporter des revers ou des douleurs ; c'est le sentiment qui nous détermine à affronter des dangers, même la mort, pour accomplir un devoir, ou qui nous fait envisager avec sang-froid un péril que nous ne pouvons écarter.

La vue du danger paralyse les âmes faibles et les y précipite inévitablement ; tandis que celui qui a le sentiment de ses propres forces mesure le péril, le voit tel qu'il est, sans se l'exagérer comme sans se le dissimuler, et le raisonnement venant en aide à l'instinct de conservation lui suggère alors les moyens d'y échapper.

Quand la raison ne s'allie pas au courage pour le diriger vers un but utile, il devient la *témérité*. Ainsi celui qui se jette en aveugle au milieu d'un abîme où sa mort serait stérile, commet un acte de folie, tandis que la braver sur un champ de bataille où elle sera utile à la patrie, ou bien dans un sinistre où notre dévouement arrachera des victimes à une perte certaine, c'est le comble de la vertu. La faiblesse et la lâcheté de caractère sont des vices qui attaquent nos moyens d'existence, ou nous rendent méprisables à tous égards. L'homme faible ou lâche vit dans des soucis, dans des angoisses continuelles ; il mine sa santé par la crainte de dangers tout imaginaires. Ces terreurs vaines en font l'esclave ou la dupe de quiconque veut l'opprimer ou l'exploiter, elles le dégradent en le soumettant aux caprices de tous ceux dont il peut avoir quelque chose à redouter.

Habituez-vous de bonne heure à vérifier par vos sens ce dont ils peuvent vous rendre témoignage et à n'admettre des choses que l'on raconte, que ce que la raison et la vraisemblance n'auront pas rejeté ! Ainsi les poltrons qui voyagent la nuit se font un monstre terrible de chaque objet de forme indécise sur lequel s'arrêtent leurs regards ; leur imagination surprise prête d'effroyables proportions à un amas de feuilles agitées par le vent, à un animal paisible. Si ces peureux, au lieu de courir à perdre haleine, s'approchaient pour examiner ce qui cause leur épouvante, ils se rassureraient bientôt et passeraient tranquillement leur chemin ; l'habitude de ne croire possibles que les choses raisonnables et les choses démontrées, affranchirait les gens timides, irrésolus, des craintes chimériques, des préjugés et des terreurs qui les assiègent continuellement.

Les fantômes qui font le tourment de l'enfance, ces terribles revenants qui s'agitent dans l'obscurité, s'évanouiraient sous nos rires moqueurs, si nous marchions droit sur eux.

Les charlatans et les sorciers n'ont d'autre pouvoir que celui que leur accordent les imaginations crédules et timorées ; secouons notre ignorance et notre faiblesse d'esprit, et ils disparaîtront faute de dupes.

L'homme qui se respecte, ne se rend jamais coupable de ces petites lâchetés que seuls peuvent commettre les gens méprisables : lettres anonymes, inscriptions injurieuses sur les murs, injures proférées contre une personne plus faible que soi en l'absence de témoins, contre les domestiques ou tous ceux qui ne peuvent répondre sans grand préjudice pour leurs intérêts.

Prudence. — De toutes les qualités de l'âme la plus utile est la *prudence* : on désigne ainsi la vertu qui fait connaître et pratiquer ce qui convient dans la conduite de la vie ; c'est la vue anticipée, le calcul des embarras ou des périls qui peuvent surgir ou des occasions favorables qu'on peut susciter et saisir.

La prudence, avant tout, consiste à prendre de sages mesures, à proportionner les moyens au but qu'on se propose, à connaître clairement ce but qui ne doit jamais être que le bien, sous quelque forme variée qu'il se présente, à y marcher par les voies les plus sûres et en temps opportun. L'homme prudent n'est ni irrésolu, ni timide ; il sait prendre son parti, mais il le prend en connaissance de cause, avec décision et fermeté.

Patience. — Une vertu rare quoiqu'elle nous soit bien nécessaire dans le cours de la vie où tant de maux viennent nous assaillir, c'est la *patience* : ce mot désigne cette égalité d'âme avec laquelle on souffre, sans déplaisir apparent, des choses propres à causer de l'humeur, du dégoût, de l'ennui, des contrariétés, de l'importunité.

La patience est la vertu des humbles et des petits, elle est aussi celle des forts : c'est une sorte de courage qui nous fait poursuivre avec constance une œuvre, un travail, malgré la lenteur de ses progrès et les difficultés de son exécution ; avec elle on mène à bonne fin les entreprises que ferait échouer une trop grande hâte, ou un emportement déraisonnable : c'est le triomphe de la volonté.

« Patience et longueur de temps font plus que force ni que rage » a dit le bon La Fontaine.

Je n'ignore pas, mes jeunes amis, que ce mot de patience n'a pas grande signification pour vous, mais à mesure que vous avancerez en âge vous trouverez le chemin de la vie moins facile et vous aurez plus d'occasions d'exercer cette vertu salutaire. Si de bonne heure vous n'y avez pas habitué votre âme, vous y demeurerez inhabiles et le fardeau des adversités que le temps amène n'en sera que plus accablant. Cependant il faut bien se garder de prendre pour de la patience ce qui n'est que de l'indolence, de confondre avec une vertu des plus méritoires ce qui lui ressemble parfois extérieurement, mais au fond est tout le contraire, c'est-à-dire un manque d'énergie morale. Pour être patient il faut être fort, maître de soi, exercer très-attentivement et sans relâche cet empire moral, tandis que l'insensibilité, le défaut de ressort, caractérisent l'indolent. La patience qu'il vous faut acquérir ce n'est pas cette patience qui ressemble à l'inertie ou à l'oisiveté, qui engendre la désertion du devoir, mais cette patience qui calcule, qui conduit, qui réfléchit, qui agit, qui attend le moment favorable ; un proverbe qui a cours dans les tribus algériennes voisines du Sahara dit : « Si tu veux traverser le désert, fais surtout provision de patience, plus que l'eau elle est nécessaire. » Le proverbe est juste ; en effet, si l'eau s'épuise, se corrompt, s'évapore, la patience sait résister prévoir, attendre, triompher.

Persévérance. — A la patience il faut joindre une autre qualité, non moins rare et non moins difficile en pratique, la *persévérance;* on entend par là cette vertu par laquelle nous demeurons fermes, constants dans nos résolutions, dans nos sentiments. L'homme persévérant est celui que rien n'ébranle, qui ne recule devant aucun effort pour atteindre le but qu'il s'est proposé, qui croit à l'avenir, et qui, dans le présent, ne se laisse atteindre ni par les défaites qu'il essuie, ni par les difficultés qu'il entrevoit, qui, abattu par l'adversité, se relève pour lutter contre elle; c'est l'homme qui a une volonté forte pour faire le bien, qui s'inquiète peu de rester pauvre ou de devenir riche, pourvu que sa conscience soit en repos. Celui qui sait que la puissance réside dans l'âme, se jette sans hésiter à la suite de sa pensée, poursuit l'œuvre qui lui est propre; celui-là commande à son corps et à son esprit, marche droit à son but et accomplit des miracles.

Dans nos villages, on rencontre un grand nombre d'individus qui ne savent ni lire ni écrire quoique l'école leur ait été ouverte comme à tout le monde, racontez-leur l'histoire de William-Cobbett, fils d'un pauvre cultivateur, qui, par sa persévérance, parvint à s'instruire lui-même au point de devenir un publiciste de talent, puis membre de la chambre des communes d'Angleterre : « Je n'étais, dit-il, qu'un pauvre soldat et je ne gagnais que deux sous par jour, lorsque j'appris tout seul à bien parler et à bien écrire ma langue natale. On n'a besoin quand on veut apprendre, ni d'école, ni de chambre, ni de frais d'éducation. Mon lit de camp me servait de chaise; mon havre-sac de pupitre; une petite planche était ma table, je n'avais pas d'argent pour acheter de la chandelle ou de l'huile. En hiver, j'étudiais au coin de la cheminée, et la lumière du foyer me suffisait ; encore ne pouvais-je m'en approcher qu'à mon tour. Si moi, pauvre diable, sans parents, sans amis, sans fortune, sans éducation, j'ai pu dans l'intervalle d'une année et tout en faisant le métier de soldat, venir à bout d'une telle entreprise, quelle excuse aura celui qui, dans quelque circonstance qu'il se trouve, sous quelque joug qu'il courbe la tête, restera ignorant et pauvre ?

Pour acheter une plume ou une feuille de papier, j'étais obligé de me priver d'une portion de ma nourriture, tout affamé que je fusse. Je n'avais pas un moment qui fut à moi seul : il fallait lire et écrire au milieu des soldats qui riaient, sifflaient, et qui, dans leurs heures de récréation, ne sont ni décents, ni paisibles. Ne vous moquez pas du liard que je donnais pour acheter du papier, mes plumes et mon encre ; ce liard était pour moi une somme, une énorme somme. J'étais vigoureux, je prenais beaucoup d'exercice et j'étais en pleine santé. Notre cantine payée, il nous restait juste quatre sous par semaine. Je me souviens qu'un jour après avoir fait toutes les dépenses nécessaires, il me restait un sou. Le vendredi soir je le destinais à l'achat d'un hareng pour mon modeste déjeuner du lendemain. Le papier et les plumes avaient dévoré le reste. Je me déshabille : hélas ! en me mettant au lit, si affamé que j'avais besoin de tout mon courage pour imposer silence à ma faim, je découvris que j'avais perdu mon trésor ; le sou avait disparu. Je cachai ma tête sous ma misérable couverture et je pleurai comme un enfant : je le répète, si en de telles circonstances je suis venu à bout de mon entreprise, y a-t-il un jeune homme qui puisse en regarder l'accomplissement comme impossible. » Qui donc, parmi les jeunes gens qui écouteront ce récit, ne serait pas honteux de prétendre que les circonstances ont contrarié son éducation et que le temps lui a manqué pour apprendre.

Dignité du Caractère. — Un des premiers devoirs de l'homme, c'est de respecter en sa personne la dignité humaine ; celui qui se pare de cette vertu, évite soigneusement tout ce qui peut le rabaisser au niveau des autres êtres de la Création ; il a pour le mensonge et l'hypocrisie la plus extrême répugnance, et veut être vrai en toutes choses : on peut se fier à sa parole. Il ne reçoit point de bienfaits dont il puisse se passer ; il n'est ni parasite, ni mendiant et ne contracte point de dettes sans avoir la certitude de pouvoir les payer. Il ne courbe point l'échine devant le pouvoir qui distribue les places et les honneurs, et ne veut rien devoir à la faveur, mais tout à son travail et à son mérite ; et même pour obtenir ce qu'il a conscience d'avoir mérité, il ne se fait le courtisan de personne. Il ne se fait le flatteur ni des puissants du jour, ni des égarements populaires ; il ne souffre point que ses droits soient foulés aux pieds, car il sait bien que, selon la maxime d'un philosophe : « *Celui qui se fait ver, n'a pas le droit de se plaindre d'être écrasé.* »

Rejetez donc loin de vous tout ce qui dégrade la personnalité humaine, tout ce qui tue l'amour du travail, tout ce qui étouffe en vous le sentiment de la responsabilité morale et des devoirs. Par là vous apprendrez à vous aider vous-même au lieu de tout attendre des autres ; c'est ainsi qu'on acquiert l'habitude de l'effort personnel, et que se forme l'initiative privée si nécessaire dans toutes les situations de la vie. Je ne saurais trop vous le répéter : accoutumez-vous à ne compter que sur vous-même. « Il n'est meilleur parent, ni ami que soi. »

Véracité. — Une des plus importantes vertus que commande le devoir de se respecter soi-même, c'est la *véracité* et particulièrement le respect de la parole jurée ; quoique généralement regardée comme un devoir social, la véracité, c'est-à-dire l'attachement constant à la vérité, le devoir strict de n'exprimer par la parole que la vérité, ou ce que l'on croit fermement être la vérité, est aussi une vertu individuelle. Il est à peine nécessaire de vous dire que le vice qui lui est opposé est le *mensonge*.

D'abord il y a une sincérité envers soi-même qui est déjà un devoir, on cherche souvent à se tromper soi-même sur le mobile de ses actions, et une fois le principe de la véracité ébranlé, le vice de la dissimulation ne tarde pas à s'étendre jusque sur nos relations avec nos semblables. Mais même quand nous avons affaire aux autres, la sincérité est un devoir envers nous-même, en même temps qu'envers eux : « Le menteur est moins un homme véritable, que l'apparence trompeuse d'un homme. » Que dire de celui qui ne craint pas de se parjurer pour servir ses intérêts ou satisfaire son ambition, et pour qui le serment n'est qu'un marche-pied qu'il rejette sans scrupule quand il y trouve son avantage ? Il n'y a point d'expression assez forte pour le flétrir.

Celui qui se ment pour étouffer la voix de la conscience, ou lorsqu'il s'efforce de se persuader qu'il n'a d'autres motifs que le bien moral, tandis qu'il n'obéit, en réalité, qu'à un mobile plus ou moins grossier, celui-là, dis-je, commet une bassesse.

Fierté. — Le respect de soi-même engendre *la fierté*, et par ce mot, pris dans une bonne acception, il faut entendre le juste sentiment qu'a l'homme de sa dignité morale et qui lui défend d'humilier ou de laisser humilier en lui la personnalité humaine.

Orgueil. — Dans le langage ordinaire, on confond presque toujours la fierté avec un vice qui n'en est qu'une détestable exagération, avec *l'orgueil*.

L'orgueil est le sentiment exagéré que nous avons de notre valeur personnelle ; c'est une passion qui fait que de tout ce qui est au monde, on n'estime que soi, on se croit supérieur à tous ses semblables. Ce vice, quand une fois il a envahi notre cœur, nous occupe et nous remplit de nous seuls, s'il nous arrive de penser aux vertus et aux mérites qui nous manquent, c'est pour nous imaginer que nous les possédons, et nous nous parons avec complaisance de la qualité dont nous n'avons que le défaut.

La fierté mal entendue est comme le diminutif de l'orgueil. La fierté des manières, le dédain de certaines professions est l'attribut des sots ; combien n'a-t-on pas vu de gens tomber dans la gêne et de la gêne dans la bassesse, parce qu'il faut tenir son rang, faire une certaine figure dans le monde, dût-on ruiner soi et sa famille ? Combien voit-on encore de jeunes gens se jeter dans une vie oisive et stérile, dans d'odieuses dépravations, parce qu'il n'est pas convenable qu'un fils de famille ait un état, une profession ?

Ils ne comprennent pas que lorsqu'on a intelligence, force et santé, le travail noblement supporté est une vertu que tout le monde honore et qu'il n'y a d'humiliant que la fainéantise qui se pavane en habit rapé.

Vanité. — Une autre forme de l'orgueil c'est la *vanité;* on appelle ainsi un sot amour-propre qui a pour objet de petites choses qui font que nous nous prévalons d'avantages frivoles : l'orgueil est insultant, la vanité est blessante, l'un est odieux, l'autre est ridicule.

La vanité de l'homme est la source de ses plus grandes peines ; c'est elle qui rétrécit son esprit, fausse son jugement, corrompt son cœur.

Le plus bas degré de la vanité est la fatuité ou l'extrême contentement de soi, qui se révèle par la physionomie, les manières et jusque par la tournure : le fat, plein de lui-même, n'a que du dédain pour les autres, ce qui se manifeste par l'impertinence du ton et de la conduite ; c'est un défaut sans excuse qui ne nous attire que des ennemis et nous rend à charge à nos meilleurs amis.

Luxe. — Le *luxe,* c'est-à-dire la somptuosité dans les vêtements, la table, l'ameublement etc., est encore une autre forme de la vanité, un défaut des plus graves, la maladie de notre temps.

Le luxe suppose en nous le désir de surpasser nos semblables ; souvent même de les humilier par notre éclat, de les effacer, d'écraser leur amour-propre. Il est la source de l'égoïsme parce qu'étendant sans mesure ses désirs et ses besoins, l'homme s'occupe sans cesse de lui-même. Celui qui possède songe trop à ses plaisirs, à ses jouissances, pour penser aux malheurs d'autrui ; bien loin d'avoir quelque chose en réserve pour soulager l'indigent, bien loin d'être disposé pour lui à quelque sacrifice, il trouve qu'il n'a jamais trop, que dis-je jamais assez pour lui-même.

Modestie. — La vertu opposée à l'orgueil, c'est *la modestie ;* elle consiste en une douce simplicité dans le maintien, le langage, les manières, les habits. L'homme modeste ne dispute à personne les avantages de l'esprit, de la beauté, du talent, de la position ; comme il n'y a rien qui pèse plus aux autres que la supériorité, il s'efface dans la crainte de les rabaisser. Si la modestie est un ornement pour les gens qui ont un mérite connu et réel, elle est pour toutes les autres personnes une vertu indispensable sans laquelle elles ne sauraient paraître convenablement, ni éviter le ridicule.

Indulgent pour tous, l'homme modeste est sévère à lui-même ; mais il ne faut pas que la modestie, poussée à l'excès, l'empêche de sentir son mérite, car alors elle serait de la *timidité*, et en le faisant douter de lui-même, elle lui ôterait de sa force et de sa valeur. Cependant s'il est bon d'avoir le juste sentiment de ce que l'on vaut, de ce que l'on peut, il faut bien se garder de s'exagérer ses propres mérites, car on tomberait dans la *présomption*.

Il faut distinguer la modestie de la *servilité.*

La première est une vertu inséparable de la conscience de notre infirmité morale, et qui est la condition de tout progrès ultérieur : celui qui croirait avoir atteint la perfection se croirait aussi dispensé de tout nouvel effort.

La seconde est un vice qui rabaisse l'homme, en fait l'instrument d'une volonté étrangère à la sienne. La modestie naît du sentiment de sa propre faiblesse, basé sur la connaissance qu'on a de la petitesse de l'homme, et sur celle de la grandeur de Dieu, comparée à la nature des choses d'ici-bas. La servilité naît de la bassesse de l'âme qui a perdu le respect de soi-même, ou qui n'a jamais eu le juste sentiment de la grandeur humaine.

Modération. — A la modestie nous devons constamment joindre la *modération ;* on nomme ainsi la vertu qui met une sage mesure en toutes choses, qui fait que nous portons dans la prospérité comme dans la mauvaise fortune, une humeur toujours égale, un front toujours calme, un visage toujours serein. L'égalité d'âme est la marque d'un esprit qui sait toujours rester maître de soi-même ; il n'y a pas moins de faiblesse à manquer de modération, quand la fortune nous sourit, que quand l'adversité nous frappe.

Thémistocle, un des hommes les plus illustres de l'antiquité, se rendit célèbre par son esprit de modération, autant que par ses autres qualités. Xercès, roi des Perses, avait envahi la Grèce à la tête d'une nombreuse armée, les peuples de cette contrée s'étaient levés en masse pour défendre leurs foyers ; mais la division s'était mise dans la flotte des Grecs, et les alliés dans un conseil de guerre, se trouvèrent fort partagés pour déterminer l'endroit où se devait donner le combat. Les uns, et c'était le plus grand nombre, ayant pour eux Eurybiade, généralissime de la flotte, voulaient qu'on s'approchât de l'isthme de Corinthe pour être plus près de l'armée de terre qui gardait cette entrée, sous la conduite de Cléombrote frère de Léonidas, et plus à portée de défendre le Péloponèse ; d'autres, et ils avaient Thémistocle à leur tête, prétendaient que c'était trahir la patrie que d'abandonner un poste aussi avantageux que celui de Salamine ; et comme Thémistocle soutenait son opinion avec beaucoup de chaleur, Eurybiade, irrité, leva la canne sur lui. L'Athénien, sans s'émouvoir dit : « Frappe, mais écoute ! » et continuant de parler, il fit voir de quelle importance il était pour la flotte des Grecs, dont les vaisseaux étaient plus légers et beaucoup moins nombreux, de donner la bataille dans un détroit comme celui de Salamine, qui mettait l'ennemi hors d'état de faire usage d'une grande partie de ses forces. Eurybiade qui n'avait pu voir sans surprise la modération de Thémistocle se rendit à ses raisons. C'était par le même esprit de modération, vertu qui ne lui était pas naturelle, mais qu'il savait se donner pour le bien de la patrie, que Thémistocle avait cédé le commandement général à Eurybiade, Lacédémonien, quoique les Athéniens y eussent plus de droits : leurs vaisseaux étant les plus nombreux et les plus habiles. Ces deux belles actions de Thémistocle furent la cause de la victoire de Salamine, l'une des batailles les plus mémorables dont il soit parlé dans l'histoire ancienne, et qui a rendu à jamais célèbre le nom et le courage des Grecs.

Économie. — Il est deux vertus que je ne puis passer sous silence, ce sont l'*économie* et l'*ordre* qui se lient étroitement au devoir de conservation.

La science de la vie nous apprend que pour retirer du travail tout ce qu'il peut donner, il faut y ajouter une pensée de prévoyance et d'avenir; que celui qui comprend ses devoirs et ses véritables intérêts doit joindre au labeur quotidien une vertu indispensable : l'*Economie*, moyen efficace d'obtenir la part de bien-être à laquelle chacun a droit en ce monde. L'expérience nous apprend encore qu'un homme s'enrichit d'autant plus vite qu'il travaille davantage et sait mieux borner ses besoins, ce qui implique l'emploi de son activité toute entière, l'interdiction absolue de toute perte de temps comme de toute dépense inutile, si petite qu'elle soit.

La prévoyance n'est point la qualité dominante des classes laborieuses, que de gens se plaignent de leur pauvreté qui ne devraient s'en prendre qu'à eux-mêmes. Quand on a du travail et du pain on ne pense pas qu'il puisse venir un jour où l'on en manquera; quand on est en bonne santé on ne songe pas à la maladie; quand on est jeune on oublie qu'on vieillira. On vit au jour le jour dépensant tout ce que l'on gagne, et les chomages, la disette, la maladie, les infirmités, la vieillesse, fondent sur ces imprudents lorsqu'ils s'y attendent le moins. Sans doute il est bien difficile quand on gagne juste de quoi vivre de retrancher, d'épargner de mettre en réserve pour les jours mauvais. Mais quand on veut sortir de sa misère, acquérir de l'aisance, il faut commencer par prendre de la peine et savoir s'imposer de grandes privations. Tous ceux qui jouissent du bien-être ou de la fortune n'y sont point parvenus sans mal et sans efforts. Tous, eux ou leurs pères, ont rudement travaillé; se levant de bonne heure et se couchant tard, fuyant les plaisirs, le jeu, le cabaret, la pipe, renonçant à toutes ces habitudes qui font une nécessité de ce qui n'est qu'un plaisir permis, quand on sait en user modérément et surtout en famille.

La prévoyance soutient la dignité humaine en relevant l'homme à ses propres yeux, et l'épargne assure son existence comme son indépendance.

On dit avec raison que la jeunesse est le temps des semailles et du labeur tandis que la vieillesse doit être celui de la moisson et du repos ; c'est donc quand on est jeune qu'il faut penser à l'avenir, mettre soigneusement à part les premières économies qu'on a pu réaliser, afin d'arriver à se former un petit capital qui permettra un jour de prendre quelque modeste établissement et dans tous les cas de se ménager des ressources pour toutes les circonstances imprévues. Soyez-en bien persuadés ce n'est pas chose indifférente que la première épargne de l'ouvrier, surtout si cet humble pécule amassé sou à sou est dû à des efforts persévérants, à l'énergie d'une honnête volonté ! L'obole qu'on arrache au présent pour la réserver à l'avenir est le secret des plus grandes fortunes, comme le prouve la vie d'artisans illustres, enrichis par le travail et l'économie.

Avarice. — Mais si l'économie est une vertu, il ne faut pas l'exagérer au point de ne vivre que dans l'unique but d'entasser écu par écu, sans oser s'en servir pour améliorer sa condition d'existence dans une sage mesure, ce qui serait de *l'avarice*. Le prix de la fortune dépend de son bon emploi ; il ne faut donc pas aimer l'argent pour lui-même, mais l'acquérir comme un moyen d'être utile à soi-même et à son prochain.

L'âpreté au gain pour le gain lui-même, la soif insatiable, l'amour effréné des richesses, se nomme *cupidité*.

La cupidité désire tout pour elle-même, l'avarice entasse et garde pour la seule satisfaction de posséder, et aussi dure envers elle-même qu'envers les autres ne s'accorde rien de ce qu'elle leur refuse. L'Avare vit pour ses trésors, pour les accroître mais non pour s'en servir, ce n'est pas lui qui en est le possesseur, ce sont eux qui le possèdent ; incapable de faire un bien quelconque s'il doit lui coûter le moindre sacrifice, il finit par se livrer aux actions les plus coupables, si elles peuvent lui rapporter quelque chose. La cupidité et l'avarice font la moitié des voleurs ; quand la dureté s'y joint, elles peuvent faire les meurtriers et les assassins.

Vous ne confondrez donc point l'économie avec l'avarice, celle-ci endurcit le cœur, dessèche l'âme, tue les sentiments généreux que Dieu a déposés en nous, elle rend égoïste, méchant, insensible aux douces émotions, elle ôte à la vie les plus pures jouissances et nous prive du bonheur d'aimer nos semblables et de leur venir en aide.

Ordre. — L'économie n'est profitable qu'au moyen de *l'ordre*, qualité dont l'arrangement est la manifestation extérieure ; l'ordre est la disposition des choses dans les rapports exacts qu'elles ont entre elles : l'ordre tire parti de tout et ne laisse rien perdre, il n'y a pas de maison que le défaut d'ordre ne ruine ou n'appauvrisse.

L'habitude de mettre tout à sa place devient une vertu qui exerce souvent une heureuse influence sur notre bien-être ; nous ne saurions donc nous faire un présent plus utile que l'esprit d'ordre. Cela s'explique aisément quand on veut bien se rappeler que l'habitude a ceci de particulier : qu'elle nous rend non-seulement faciles mais souvent agréables bien des choses que nous avions commencées à faire à contre-cœur. On est d'abord rangé par nécessité, on l'est plus tard par goût, et ce goût chez certaines gens devient une passion.

L'esprit d'ordre a une immense influence sur le bonheur, il range la vie comme une maison bien tenue, dans laquelle le propriétaire trouve toutes ses aises ; il prévient les regrets, il assure l'avenir ; les dons naturels ou acquis font arriver au succès, mais l'esprit d'ordre seul rend le succès durable. Il entre dans tous les détails, se mêle de tout ; ménage l'argent, suppute et ne dépense rien d'inutile ; c'est ainsi qu'on acquiert un esprit de règle et d'économie qui vous préserve de cette incurie, de cette indifférence, qui conduisent à toutes sortes de sottises et souvent à la ruine. Donc que chaque chose chez vous ait sa place et que chaque occupation, chaque affaire, se fasse en son temps.

L'ordre, c'est la sauvegarde des études comme de la conduite. Quand on vit au hasard il y a mille chances pour que le cœur s'en aille sur de mauvaises pentes et l'esprit au désœuvrement. Ce n'est pas chose aisée que de nous garantir de nous-mêmes en ce genre de courage qu'il faut pour régler son temps et son travail. Je lisais hier un trait héroïque de notre illustre Buffon. Tout jeune encore il s'était dit qu'il deviendrait un jour un savant naturaliste et un grand écrivain. Il s'imposa dès lors de travailler chaque jour, sans que rien pût l'en détourner, un certain nombre d'heures, et cette règle il l'a invariablement suivie pendant cinquante ans et plus. Cependant il en avait vingt-cinq lorsqu'il commença ce genre de vie, il habitait Paris, il était riche, il était homme du monde, et tous les plaisirs venaient au devant de lui.

Il n'importe, pour maintenir sa règle il sut résister à tout. Il avait donné l'ordre à son valet de chambre de l'éveiller à cinq heures et de le tirer de son lit, s'il le fallait, bon gré mal gré, même lorsqu'il n'était rentré qu'à deux heures de quelque petit souper, et voilà comment il est devenu le grand Buffon.

CHAPITRE XIV.

AMÉLIORATION DE SOI-MÊME.

L'être humain, vous ai-je dit n'a pas été créé parfait et achevé, il n'atteint point sa fin à l'aide d'un instinct infaillible, qui ne le trompe jamais. Mais seul de tous les êtres l'homme peut perfectionner à l'infini ses facultés naturelles en les cultivant, et réaliser dans cet exercice de lui-même des progrès illimités. L'homme peut-il donc arriver à la perfection de Dieu? Non certes, mais il doit tendre de tous les efforts de sa raison et de sa volonté à s'en approcher toujours davantage, autant que le lui permet sa nature bornée. Il doit, par son propre travail et par le travail de ceux qui l'entourent, s'efforcer de parvenir à toute la perfection dont il est susceptible sur cette terre. C'est ainsi qu'il parvient à la *sagesse*, il faut entendre par ce mot, non une prudence intéressée, mais une prédominance de l'esprit sur le corps, un culte du bien, du beau, du bon, du juste et du vrai, une conduite avisée dans nos paroles et dans nos actions, toujours dirigée par l'amour du bien.

C'est par le gouvernement et l'éducation de lui-même que l'homme devient véritablement homme ; mais pour que la raison soit plus forte que nos penchants, il faut que la loi du devoir demeure inébranlable dans nos âmes, il faut travailler sans relâche à nous rendre meilleurs, et nous ne pouvons le devenir que par le constant et courageux exercice de nos facultés intellectuelles et morales.

Pour se rendre meilleurs et acquérir *les* qualités qui nous manquent il faut modifier notre caractère, renoncer aux mauvaises habitudes, corriger nos défauts, vaincre nos passions. Veillez donc sur vos pensées pour n'en nourrir que de bonnes, sur vos actions pour ne vous en permettre que d'honnêtes ; montrez-vous en toute occasion jaloux de la dignité de votre nature, si vous ne voulez pas vous exposer à devenir pour le monde un objet de mépris et à déchoir à vos propres yeux. C'est là, je le sais, une tâche ardue qui exige des efforts soutenus et une volonté énergique.

Préparez-vous par la culture de votre raison et de votre conscience à exercer sur votre esprit et sur votre cœur l'empire d'où dépend le succès de l'entreprise.

Voici les règles qu'il est indispensable de mettre en pratique quand on veut travailler à son perfectionnement moral.

1° Si l'on a un défaut, essayer de le combattre en s'imposant la qualité opposée ; par exemple, substituer la modestie à l'orgueil, le calme et la modération à l'impatience et à la colère, la défiance de soi-même à la présomption, la sobriété à l'intempérance, etc.

2° Il faut, avec mesure, procéder par degrés : par exemple, celui qui veut se corriger de sa paresse ne devra pas s'imposer tout-à-coup un travail excessif, mais travailler chaque jour un peu plus, jusqu'à ce qu'il en ait pris l'habitude. C'est à une réforme de ce genre qu'on peut appliquer la maxime : « Qui va lentement, va sûrement » à la condition qu'on ne reviendra pas en arrière.

Je vous ferai observer qu'il y a certains vices, et l'ivrognerie est de ceux-là, où l'on échoue en procédant par degrés, où l'on ne réussit qu'en coupant court d'une façon absolue.

3° Il est encore important lorsque l'on a vaincu, ou cru vaincre son naturel, de ne pas trop s'y fier, et de veiller constamment sur ses penchants. « Chassez le naturel, il revient au galop, » dit une vieille maxime. Ceci rappelle la fable d'Ésope où une chatte métamorphosée en femme, se tint convenablement à table jusqu'au moment où elle vit courir une souris sur laquelle elle se précipita en oubliant son décorum.

Méthode de Franklin. — A ces préceptes sur le perfectionnement moral, il faut ajouter la méthode imaginée par Franklin, ce sage qui s'imposa une triple tâche, qu'il sut accomplir par une incomparable puissance de volonté : s'instruire, s'améliorer soi-même, être utile aux autres. « Je désirais vivre, dit-il, sans commettre aucune faute dans aucun temps, et me corriger de toutes celles dans lesquelles un penchant naturel, l'habitude ou la société pouvaient m'entraîner. Comme je savais, ou du moins je croyais savoir, ce qui est bien ou mal, je ne voyais pas pourquoi je ne pourrais pas toujours faire l'un, éviter l'autre. Mais je trouvai bientôt cette tâche plus difficile que je ne l'avais pensé. Tandis que je donnais tous mes soins, toute mon attention à me préserver d'une faute, je tombais dans une autre. L'habitude mettait à profit la plus légère distraction, et le penchant l'emportait quelquefois sur la raison. Je conclus enfin que la conviction spéculative, qu'il est de notre intérêt d'être complètement vertueux, ne suffit pas seule pour nous préserver de toute chûte et qu'il faut rompre avec nos anciennes habitudes et en acquérir de nouvelles, avant de pouvoir nous flâtter d'une exactitude de conduite uniforme et inébranlable. Ce fut dans ce dessein que j'essayai la méthode suivante :

Je réunis sous treize noms de vertus, tout ce qui, à cette époque, me paraissait nécessaire ou désirable, et j'ajoutai à chacune un précepte conçu en peu de mots, pour exprimer l'étendue de l'idée que j'y attachais.

Voici les noms de ces vertus, et les préceptes qui y étaient joints :

1° *Tempérance.* Ne mangez pas jusqu'à vous abrutir ; ne buvez pas jusqu'à vous échauffer la tête.

2° *Silence.* Ne parlez que de ce qui peut être utile à vous ou aux autres. Evitez les conversations oiseuses.

3° *Ordre.* Que chaque chose ait sa place fixe : assignez à chacune de vos affaires une partie de votre temps.

4° *Résolution.* Formez la résolution d'exécuter ce que vous devez faire, et exécutez ce que vous aurez résolu.

5° *Frugalité.* Ne faites que des dépenses utiles pour vous ou pour les autres c'est-à-dire ne prodiguez rien.

6° *Industrie.* Ne perdez pas de temps ; occupez-vous toujours de quelque objet utile, ne faites rien qui ne soit nécessaire.

7° *Sincérité.* N'employez aucun détour, que l'innocence et la justice président à vos pensées et dictent vos discours.

8° *Justice.* Ne faites tort à personne, et rendez aux autres les services qu'ils ont droit d'attendre de vous.

9° *Modération.* Evitez les extrêmes ; n'ayez pas pour les injures le ressentiment que vous croyez qu'elles méritent.

10° *Propreté.* Ne souffrez aucune malpropreté sur vous, sur vos vêtements, ni dans votre demeure.

11° *Tranquillité.* Ne vous laissez pas émouvoir par des bagatelles, ou par des accidents ordinaires et inévitables.

12° *Chasteté.* Respectez votre corps, parce qu'il est le serviteur de votre âme. Ayez un corps chaste pour n'avoir ni la tête lourde, ni vos forces abattues; pour ne compromettre ni votre paix ni votre repos.

13° Imitez Jésus et Socrate.

Je fis un petit livre de treize pages, portant chacune en tête le nom d'une des vertus. Je réglai chaque page en encre rouge de manière à y établir sept colonnes, une pour chaque jour de la semaine, mettant au haut de chacune des colonnes la première lettre du nom d'un de ces jours. Je traçai ensuite treize lignes transversales au commencement desquelles j'écrivis les premières lettres du nom d'une des treize vertus : sur cette ligne et à la colonne du jour, je faisais une petite marque d'encre pour noter les fautes que j'avais commises contre telle ou telle vertu.

Je résolus de donner une semaine d'attention sérieuse à chacune de ces vertus successivement. Ainsi mon grand soin pendant la première semaine, fut d'éviter la plus légère faute contre la tempérance, laissant les autres vertus courir leurs chances ordinaires, mais marquant chaque soir les fautes de la journée. Si dans la première semaine je me croyais assez fortifié dans la pratique de ma première vertu et assez dégagé de l'influence du défaut opposé, j'essayais d'étendre mon attention sur la seconde et, procédant ainsi jusqu'à la dernière, je pouvais faire un cours complet en treize semaines, et le recommencer quatre fois par an. De même qu'un homme qui veut nettoyer son jardin ne cherche pas à en arracher toutes les mauvaises herbes en même temps, ce qui excéderait ses moyens et ses forces, mais commence d'abord par une des plates-bandes pour ne passer à une autre que quand il a fini le travail de la première, ainsi j'espérais goûter le plaisir encourageant de voir dans mes pages les progrès que j'aurais faits dans la vertu, par la diminution successive du nombre de marques, jusqu'à ce qu'enfin après avoir recommencé plusieurs fois, j'eusse le bonheur de trouver mon livret tout blanc, après un examen particulier pendant treize semaines. Outre ces moyens généraux, il en est encore de plus particuliers, qu'il est bon d'indiquer, par exemple : l'examen de conscience, les bonnes lectures, la méditation, les bonnes sociétés, les bons conseils, le choix de quelque grand modèle, etc., tels sont les principaux moyens dont nous devons nous servir pour nous perfectionner dans le bien. Si seulement nous extirpions et déracinions tous les ans un seul vice, nous deviendrions bientôt hommes parfaits.

Ces pages de Franklin contiennent le secret du bonheur, lisez les mémoires de ce grand homme vous y trouverez aussi le secret de la fortune ; je reviendrai plus tard sur les conseils qu'il donne à ce sujet.

Cambronne. — Quoique l'ivrognerie soit une des passions les plus difficiles à déraciner il ne faut souvent qu'un mouvement généreux, inspiré par quelque circonstance fortuite, pour en déterminer la guérison. Ce fut ainsi que le général Cambronne qui, dans sa jeunesse, se livrait à cette passion funeste parvint à la surmonter par un sentiment d'honneur et par la seule puissance de sa volonté.

Il servait en 1793 dans un régiment en garnison à Nantes, lorsqu'un jour, s'étant enivré et s'abandonnant à la violence naturelle de son caractère, il s'oublia jusqu'à frapper publiquement un de ses supérieurs, le menaçant en outre de recommencer à la première occasion. Les lois militaires sont précises en pareil cas : il fut traduit devant un conseil de guerre, et son arrêt de mort fut prononcé.

Cependant le colonel, qui dès cette époque avait deviné que sous une enveloppe un peu dure, Cambronne cachait toutes les qualités d'un bon militaire, trouva moyen de faire suspendre l'exécution du jugement, et obtint d'un représentant du peuple, en mission à Nantes, la promesse formelle de la grâce du coupable, à la condition qu'il s'engagerait à ne plus s'enivrer. L'ayant alors fait amener devant lui, il lui dit que s'il promettait d'être plus sobre à l'avenir on pourrait peut-être commuer sa peine.

« Je ne le mérite pas, mon colonel, répondit Cambronne, ce que j'ai fait est abominable; on m'a condamné à mort, il n'y a rien de plus juste et il faut que je meure.

— Je te répète que tu ne mourras pas, que tu auras ta grâce, si tu me jures de ne plus te griser.

— Comment voulez-vous que je vous jure cela, si je continue à boire du vin ? j'aime mieux me brouiller tout-à-fait avec lui........

— Te sens-tu capable d'une telle résolution ?

— Oui puisque vous êtes capable d'une si généreuse bonté. »

La chose étant ainsi convenue, Cambronne obtint sa grâce pleine et entière.

L'année suivante le digne colonel quitta le service et oublia le serment que lui avait fait Cambronne, qu'il ne revit que vingt-deux ans après, au mois d'avril 1815. A cette époque, l'intrépide général venait comme on le sait d'accompagner Napoléon depuis Cannes.

Invité à dîner par son ancien colonel qui avait appris son arrivée par les journaux, il se rend avec empressement à cette invitation. Après le potage, son hôte lui offre un verre de vin de Bordeaux qui avait vingt ans de bouteille.

« Ah ! mon commandant, s'écrie le général, qui continuait à donner ce nom par amitié à son ancien chef, ce n'est pas bien ce que vous faites-là.....

— Comment ce n'est pas bien ! si j'en avais du meilleur je vous l'offrirais.

— Du vin ! à moi ! Vous ne vous rappelez donc pas ce que je vous ai promis.

— Non en vérité. »

Cambronne rappela alors à son libérateur l'engagement qu'il avait contracté envers lui à Nantes en 1793. « Depuis ce jour, je n'ai pas bu une seule goutte de vin ; c'était bien la moindre chose que je puisse faire pour l'homme qui m'ayait sauvé la vie. Si je n'avais pas tenu mon serment, je me serais cru indigne de ce que vous avez fait pour moi. »

CHAPITRE XV.

DEVOIRS DE FAMILLE. — LES ÉPOUX.

Famille. — Ai-je besoin de vous le dire, la *famille* est une association d'êtres qui, malgré leur diversité d'âge, de sexe, de forces et de tendresses, ne sont destinés qu'à former un tout harmonieux, lié par l'indissoluble solidarité de l'existence et du bonheur. Nous y occupons des rangs divers, *époux, pères, enfants*, des devoirs particuliers nous sont imposés à raison des fonctions différentes que nous remplissons dans cette vie commune. Il importe de vous faire connaître dès à présent les obligations du chef de famille, car plus tard, quand vous serez en âge de vous établir, vous ne songerez guère à vous édifier à cet égard par la lecture de livres qui traitent des devoirs des époux et des parents, tels par exemple que La famille par P. Janet, ce manuel excellent de la vie domestique.

Mariage. — L'homme n'a pas été mis sur la terre pour qu'il y vive dans un isolement qui serait pire que la mort, et la Providence lui a donné la femme pour compagne; il se forme entre ces deux êtres une association voulue par la nature, et indispensable au bonheur de l'espèce humaine. Ce sont deux existences réunies pour ne former qu'un seul corps, pour se soutenir, s'encourager, lutter ensemble contre les orages de la vie, afin de la rendre plus douce et plus facile à porter.

Le mariage est cet état où l'homme, dans la plénitude de sa volonté, donne à une épouse de son choix son nom pour qu'elle le porte, l'honore, en soit fière et heureuse; où une jeune fille, après avoir consulté ses parents et la raison, s'est sentie capable d'aimer et d'estimer son mari, c'est-à-dire capable de cette affection sérieuse que la femme doit à celui qui l'a honorée de sa recherche et qui lui a confié son bonheur. Mais pour goûter toutes les joies que peut donner la vie de famille il ne faut prendre les grands engagements qu'elle impose qu'avec une résolution droite et réfléchie, que quand on se sent la force de faire face à ces engagements.

Tous les devoirs du mariage peuvent se résumer ainsi : Les époux se doivent mutuellement respect, amour, protection, dévouement, fidélité et déférence.

A égalité de droits, le mari et la femme diffèrent par les fonctions et les aptitudes : le premier a en partage la force, la puissance, le travail ; la seconde, douée d'une plus exquise sensibilité, apporte dans la vie commune les trésors de sa tendresse, de sa grâce et de sa douceur. L'homme étant le chef de la famille, en est le protecteur naturel ; l'autorité lui est dévolue par la loi et par l'usage. Mais cette autorité ne serait qu'un privilége intolérable, si le mari prétendait l'exercer sans rien faire, et sans rendre à la famille en sécurité et en bien-être ce qu'elle lui paye en respect et en obéissance : le travail, voilà le premier devoir du chef de famille; simple manœuvre, il doit travailler de toute la vigueur de ses bras ; homme d'intelligence, il doit travailler de toute la tension de son cerveau, afin de pouvoir dire chaque jour à ses enfants et à leur mère : j'ai travaillé et Dieu m'a donné pour vous de gagner ce pain quotidien.

Tous les caractères ne sont pas semblables : se pardonner l'un à l'autre une parole vive, un mouvement d'humeur ce doit être la sagesse des époux ; celui qui ne supporte rien n'est pas lui-même supporté : chacun a ses défauts, ses travers, et on n'a pas le droit d'exiger des autres la perfection ou la tolérance qu'on n'a pas soi-même. Une confiance absolue et réciproque doit toujours exister entre les époux : apporter un secret dans le mariage, c'est introduire un germe de discorde, c'est se créer une vie d'angoisses et de remords.

Bonheur de la vie de famille. — Il y a des joies que le plus grand nombre des travailleurs ignorent, et qui cependant sont à leur portée.

Elles seront à eux quand ils le voudront ; ils les trouveront à leur foyer domestique, quand ils auront su constituer chez eux les saintes mœurs de la famille. Oui, c'est parce que le bien moral de la famille s'est presque toujours misérablement relâché, que mille souffrances viennent s'ajouter au dénûment du pauvre.

L'indigence n'exclut pas, grâce à Dieu, tout bonheur domestique ; car elle n'exclut pas les bonnes mœurs et avec les bonnes mœurs il y a dans toutes les conditions sociales, il y a pour les pauvres, sous le chaume comme dans la mansarde, un esprit d'ordre et de paix, des vertus et des joies de famille. C'est le sentiment du devoir, c'est la piété du cœur qui là, comme sur les grands théâtres du monde, décide de la condition morale des personnes. Dans le plus pauvre des ménages, quand la mère est une digne femme, appréciant bien sa mission, écoutant tous les instincts de son cœur, quand le mari comprend ce qu'il doit d'égards à sa compagne, de sollicitude à ses enfants, ce qu'il doit aussi à sa qualité d'homme, rien ne vient troubler l'harmonie du ménage. Il arrive même qu'alors la famille de l'ouvrier, du laboureur, offre parfois, avec un charme de simplicité patriarcale, l'image d'un bonheur plus calme et plus vrai qu'on ne le trouve au sein de la richesse avec son faste et ses soucis.

Dieu a créé la femme pour être comme le bon génie du foyer domestique : aimante et dévouée, ceux qu'elle aime il faut qu'elle les attire, qu'elle les retienne près d'elle ; et pour cela, elle est ingénieuse et infatigable. Épouse de l'ouvrier, elle saura parer son indigence et lui faire trouver la vie douce et facile dans son pauvre ménage. Active, économe et propre, elle se fait une ressource de toute chose, range et nettoie sans cesse, sait pourvoir aux besoins du jour et du lendemain. Par ses soins, le logis commun est très-sain, bien aéré, d'une netteté parfaite, presque riant avec ses meubles, grossiers sans doute, mais en bon ordre et reluisants de propreté. Elle est levée avant le jour pour entretenir les vêtements de son mari et de ses enfants, pour faire qu'ils soient sûrs de trouver toujours du linge propre, des habits sans lambeaux, ni souillures. Jamais son mari, rentrant le soir après sa journée, ne cherchera d'un œil inquiet le repas qui doit réparer ses forces. Un instinct sûr et délicat lui dit aussi qu'elle doit prendre soin de sa personne, afin d'être toujours avenante aux yeux de son mari; et elle se garde, même alors qu'elle est triste, de paraître maussade et tracassière. Opposant douceur et patience aux accès de mauvaise humeur de cet homme, chez qui une nature grossière reprend parfois le dessus, elle finit par l'adoucir lui-même, par lui en imposer. Il a une haute idée de la valeur morale de cette bonne mère de famille, et il l'environne, à sa manière, d'une sorte de vénération silencieuse. Si l'ouvrier se plaît dans son intérieur et s'y délasse de ses travaux en aidant sa compagne dans quelques soins du ménage, s'il s'éloigne du cabaret, s'il n'y va pas comme tant d'autres perdre les bonnes habitudes domestiques, son argent, sa moralité, c'est grâce au zèle intelligent, au dévouement affectueux de sa femme, qui a su l'attacher doublement à ses devoirs, par les affections et le sentiment du bien-être.

Le mari est-il accablé d'ennuis, une bonne femme en prend sa grande part, afin que le fardeau ne l'écrase pas. La bonne fortune vient-elle! la joie de la femme redouble le plaisir que l'époux ressent; elle le défend même quand il est à blâmer; c'est le plus sûr ami qui fut jamais donné à l'homme, son tendre cœur souffre pour tous les malheureux et sa bonté attire sur sa famille les bénédictions du ciel.

En santé, c'est une compagne qui dans sa maison maintient la paix et la conserve; toujours soigneuse d'épargner ce que son mari gagne, cependant elle dépense gaiement et sourit aux amis qu'il reçoit.

Mme de Lavalette. — Parmi les exemples de dévouement conjugal que l'histoire a enregistrés, celui qu'a donné Mme de Lavalette mérite d'être connu de tous.

Le procès de Lavalette en 1815 est resté célèbre à cause des détails de son évasion. La cause de sa condamnation est étrange: on le condamna à mort pour avoir repris pendant les Cent-Jours la direction générale des postes, dont il avait été titulaire pendant toute la durée de l'Empire. Jamais crime ne fut plus innocent, ni plus général. La moitié au moins des fonctionnaires de l'Empire, à commencer par les ministres, pouvaient être envoyés à la mort aussi justement que lui. Il fut arrêté le 18 juillet dans sa maison au moment de se mettre à table, car l'idée de se cacher ne lui était pas même venue. La liste du 24 Juillet le comprenait parmi les officiers qui devaient être traduits devant les conseils de guerre. On hésita quelque temps. Il avait été aide de camp de Bonaparte avant l'Empire ; mais il n'était depuis onze ans que fonctionnaire civil. Enfin on le renvoya devant la cour d'assises qui n'hésita pas à le frapper. Il entendit sa condamnation avec le plus grand calme.

Sa femme, nièce de l'impératrice Joséphine, fut se jeter aux pieds de Louis XVIII, sans rien obtenir. Lavalette avait pourtant des amis à la nouvelle cour ; vainement déployèrent-ils une activité sans égale, tout échoua, on ne pensa plus qu'à une évasion. Le temps pressait. L'exécution était fixée au 21 Décembre. Le 20, à cinq heures du soir, Mme de Lavalette vint accompagnée de sa fille encore enfant dîner avec son mari. Elle lui dit : « Il paraît trop certain que nous n'avons plus rien à espérer. Il faut donc, mon ami, prendre un parti à huit heures, vous sortirez couvert de mes vêtements, vous monterez dans une chaise à porteurs qui vous conduira jusqu'à un cabriolet que M. Bourdin vous tiendra prêt. Point d'objections, je meurs si vous mourez. » Après le dîner, elle le couvrit de sa robe et de ses fourrures, rabattit un voile sur ses yeux et agita une petite sonnette pour appeler les gardiens. La cellule était divisée en deux par un paravent, derrière lequel elle passa, ayant soin de faire du bruit pendant quelque temps pour faire croire à la présence de son mari.

Lui, donnant la main à sa fille, qui changeait de côté avec intelligence pour écarter les surveillants, traversa d'étroits couloirs, passa au milieu d'un corps de garde tenant son mouchoir sur sa bouche pour étouffer ses sanglots et arriver enfin à la chaise à porteurs qui avait amené la comtesse. Les porteurs s'étaient éloignés il fallut en chercher d'autres. Ce fut un moment terrible pour le fugitif. Enfin on part. Au détour d'une rue, l'ami l'attendait avec un cabriolet où M. de Lavalette changeait de déguisement. Arrivés dans la rue du Bac, on le pousse dans une cour, tandis que son ami parlemente avec le concierge. Il monte jusqu'aux mansardes, une porte s'ouvre et se referme sur lui. Il était sauvé. L'homme généreux qui lui donnait un asile dans la maison même du duc de Richelieu, était M. Bressone, caissier du ministère. La colère du gouvernement et des royalistes fut à son comble. On se sentait joué. Toute la police fut sur pied, rien ne fut épargné pour retrouver cette proie. On eut le courage de retenir Mme de Lavalette en prison pendant six semaines. Quand sa fille rentra à sa pension, les religieuses et les pensionnaires évitèrent son contact, comme celui d'une pestiférée ; il fallut que sa mère la reprit chez elle. Au bout de quelques semaines, M. de Lavalette réussit à s'échapper avec un passe-port anglais et à gagner la Bavière.

Qu'était devenue pendant ce temps sa courageuse femme ? Maltraitée par les guichetiers, enfermée dans le cachot de Ney, menacée par le juge qui l'interrogea, elle perdit à peu près la raison pour douze années entières.

Lavalette ne rentra en France après six ans d'exil que pour déplorer la maladie de sa noble femme. Louis XVIII, assez vengé d'un homme qui ne lui avait jamais fait de mal, dit alors : « Mme de Lavalette est la seule qui ait fait son devoir. »

CHAPITRE XVI.

DEVOIRS DU PÈRE ET DE LA MÈRE.

Autorité paternelle. — Avec les enfants naissent des devoirs graves et nombreux pour le père et pour la mère ; ceux-ci, en effet, portent en leurs mains la destinée de leurs enfants, car c'est dans la famille qu'ils reçoivent leurs premières impressions et la direction la plus énergique des facultés du corps et de l'esprit. Il s'agit de faire des êtres intelligents et moraux de ces petites créatures, qui ne discernent point tout d'abord le bien du mal et qui se fourvoieraient si facilement s'ils n'avaient des guides expérimentés et indulgents. A cette fin les parents sont investis par la nature d'une autorité sacrée, fondée sur la raison et la justice, qui commande le respect, la confiance, l'amour et l'obéissance, qui puise sa force dans l'acquiescement de la conscience et dans l'affection qu'inspirent ceux qui nous ont donné le jour et qui nous fait accepter la soumission comme un devoir.

L'autorité des parents sur les enfants se nomme *puissance paternelle*, quoiqu'elle s'exerce à titre égal dans le sein de la famille par la mère comme par le père : le pouvoir paternel est donc le pouvoir commun des deux parents sur leurs enfants. Ainsi la mère a sur les enfants les mêmes droits que le père : c'est un devoir absolu des parents de faire en sorte qu'il n'y ait pas, par rapport aux enfants, deux volontés dans le ménage, deux sortes de commandements opposés l'un à l'autre ; aux yeux de l'enfant il ne doit y avoir qu'un seul et même pouvoir, indivisible dans son essence quoique manifesté par deux personnes.

L'autorité paternelle a son principe dans la faiblesse de l'enfant, dans son impuissance physique, dans son incapacité intellectuelle et morale ; elle est limitée par les intérêts et les droits de l'enfant lui-même. Pour bien élever leurs enfants, les pères et les mères doivent réunir la prévoyance à l'amour, la vigilance à la sollicitude, la fermeté à la justice et à l'impartialité.

L'enfant dans son premier âge ne peut rien par lui-même, on lui doit tout, le pain qui le nourrit, les vêtements qui le couvrent et pendant longtemps il aura besoin des soins constants, de la sollicitude vigilante de sa mère, de l'amour prévoyant du père, pour que son corps et son esprit se développent selon les lois de la nature.

L'obligation de pourvoir aux besoins des enfants, impose au chef de famille le devoir de travailler pour y satisfaire ; mais ce n'est pas seulement le présent que le père doit assurer, c'est l'avenir. Il doit d'un côté prévoir le cas où, par un malheur possible, il viendrait à leur manquer avant l'âge ; de l'autre il doit préparer le moment où ils auront à se suffire à eux-mêmes : de là la nécessité de l'économie et de l'épargne pour assurer l'existence de la famille.

Instruction et Éducation. — Ce n'est pas assez que la sollicitude des parents s'étende sur la vie matérielle de leurs enfants, car bien que les besoins du corps s'éveillent les premiers, ceux de l'esprit qui se manifestent dès la naissance, ne réclament pas moins impérieusement toute leur attention : l'enfant abandonné à lui-même, qui ne prendrait jamais d'exercice, ou qui ne se livrerait qu'à quelques mouvements insuffisants, resterait toute sa vie un être débile et chétif, à charge à lui-même et aux autres ; de même un enfant dont l'intelligence n'est pas cultivée, reste plongé dans les ténèbres de l'ignorance, accessible à tous les préjugés, à toutes les passions grossières et brutales, il ne sera jamais un homme complet, un citoyen utile, capable d'exercer ses droits, de comprendre et de remplir ses devoirs.

La famille est l'école naturelle, le berceau moral de la société ; malheureusement les principes d'après lesquels un père et une mère doivent se guider pour bien élever leurs enfants sont ou ignorés ou négligés par le plus grand nombre, et Varron, un savant Romain, avait coutume de répéter : que si la douzième partie du soin apporté chaque jour à avoir du bon pain et une bonne cuisine était mis à perfectionner sa propre famille, depuis longtemps tout le monde serait parfait.

L'art d'élever les enfants comprend à la fois l'éducation et l'instruction : la première, vous le savez, se compose de l'ensemble des moyens employés pour former un cœur et un caractère, c'est elle qui fait l'homme moral ; la seconde, ne concerne que l'esprit.

Entre l'époque où l'enfant tente le premier essai de ses membres et celle où il est assez fort pour être admis à l'école, il s'écoule un laps de temps que les parents doivent mettre à profit pour féconder le développement de ses facultés en tous genres, au moment même où elles se révèlent. La lecture, ce premier pas dans l'instruction, qui cause tant d'ennuis à l'enfant, ne serait pour lui qu'un amusement si cet enseignement était donné par le père ou par la mère. Cet enseignement ne doit pas se borner aux premières notions de l'alphabet, il faut que les parents montrent à leurs enfants, peu à peu, à mesure que le désir de savoir se manifeste, tout ce qu'ils ont appris eux-mêmes ; et non-seulement cela, mais ils doivent encourager, exciter l'enfant à s'ouvrir de nouvelles routes toutes les fois qu'ils y voient pour lui l'occasion de cultiver une faculté qui sommeillait encore. C'est par ces moyens que les parents parviendront plus tard à remettre à l'instituteur un élève dont l'intelligence sera suffisamment ouverte pour recevoir une instruction sérieuse.

Dans l'enfance, la famille et l'école sont toutes deux nécessaires : il ne faut donc pas que les parents se croient quittes de leurs devoirs parce que leurs fils et leurs filles fréquentent assidûment l'école ; point d'instruction complète, point d'éducation si les parents ne mettent la main à l'œuvre. Malheur à ceux qui là-dessus s'en rapportent aveuglement à autrui et qui s'imaginent que l'instituteur peut être substitué à tous les devoirs du père et de la mère. Ils doivent donc exercer sur leurs enfants une surveillance incessante, quand ils rentrent le soir il faut qu'ils leur demandent un compte minutieux du travail de la journée, des récompenses ou des punitions, des rapports mutuels entre eux et leur maître : si la famille ne vient incessamment prêter un concours actif à l'instituteur, on ne saurait attendre de progrès sérieux de la part de l'élève. Il faut au maître pour exercer l'autorité dont il a besoin dans toute sa plénitude, le respect et la confiance de ses élèves ; les parents doivent donc chercher à affermir cette autorité en ajoutant à la récompense ou à la punition par certaines faveurs qu'il est si facile d'accorder ou de refuser dans la famille.

Les parents doivent s'attacher surtout à l'éducation du cœur, au côté moral de l'être que Dieu a remis entre leurs mains, et, par l'attention la plus vigilante, chercher à connaître les penchants bons ou mauvais de ce cœur, afin de développer les uns et d'étouffer sans pitié les autres. Or pour parvenir à ce résultat, il faut se faire aimer et obéir de ses enfants ; pour s'en faire aimer et obéir il faut savoir mériter leur tendresse par sa bonté, leur estime par sa probité, leur respect par ses vertus. La véritable autorité est celle qui vient des sentiments qu'on inspire, et non celle qui s'impose par la contrainte et l'intimidation.

La plus grande difficulté dans l'éducation des enfants est de trouver le juste point entre la faiblesse et la sévérité. La dureté aigrit et détrempe le caractère. Trop d'indulgence énerve l'âme, ou laisse aux passions la possibilité de s'étendre au-delà de toutes les bornes et d'exercer les plus funestes ravages. Que nos constants efforts tendent donc à tenir les rênes de l'autorité paternelle d'une main bienveillante mais ferme ; soyons l'ami et non le tyran de notre famille, soyons le guide et non le complaisant de nos enfants, prouvons-leur que nous les aimons et ils nous entoureront de leur tendresse, accordons-leur notre confiance et leurs cœurs seront à nu devant nous, mais aussi qu'une fausse et aveugle tendresse ne nous fasse pas nous départir d'une sévérité nécessaire.

Fermeté. — « L'éducation est avant tout, une œuvre de respect et d'autorité ; la fermeté y est donc indispensable. La fermeté dans l'éducation, c'est la force personnelle et morale, la force d'esprit et de caractère. Ce n'est ni le ton de la voix, ni la grandeur de la taille, ni même l'âge et la science, ni surtout les punitions et les menaces qui donnent l'autorité : c'est une trempe d'âme ferme et égale qui se possède et se gouverne toujours, et par là se montre digne de gouverner et de posséder les autres. Ce qu'il y a de plus difficile pour certains parents c'est de vouloir et de faire vouloir leurs enfants. Combien de fois n'entend-on pas dire : — Mais il ne veut, il ne voudra pas. Et pourquoi donc êtes-vous sur la terre, pères et mères, sinon pour vouloir avec sagesse et pour faire vouloir avec autorité, commander le bien, défendre le mal avec douceur, gravité, persévérance. On voit les meilleurs parents fléchir sur ce point, et par là même gâter profondément leurs enfants dès le premier âge. Or, l'ennemi mortel de l'autorité et du respect, c'est l'enfant gâté. Mais les enfants sont si jeunes ! dit-on ; quel mal y a-t-il à les gâter un peu ? cela est sans conséquence, c'est l'affaire de quelques années. Non c'est pour la vie. Le jeune homme sera dans un âge plus avancé ce qu'on l'aura fait dans son enfance. Il y a bien des manières de gâter un enfant. On gâte son esprit par l'exagération immodérée des louanges, on gâte son cœur en s'occupant de lui avec excès, en l'adorant, en l'idolâtrant ; on le gâte par la mollesse et par l'orgueil, et rien ne saurait donner l'idée de ce que peuvent devenir les enfants qui sont ainsi gâtés par de fatales complaisances. Hélas, il faut bien l'avouer, c'est le plus souvent l'orgueil des parents qui excite, qui développe l'orgueil des enfants.

Ne suffit-il donc pas de voir combien sur ce point le bon sens et la droiture d'un père et d'une mère se perdent dans un aveuglement profond. Que faudrait-il faire ? Il faudrait réfléchir, prévoir, agir avec fermeté, avec suite ; c'est là ce qui coûte. On va au jour le jour, on n'a guère à souffrir des enfants de cinq à six ans : ils sont aimables, on rit de leurs défauts et de leurs gentillesses, on s'amuse de leurs gracieuses impertinences, et on ne veut pas prévoir que ces enfants de cinq à six ans en auront bientôt vingt, et qu'ils feront peut-être payer cher à leurs parents le malheur de les avoir gâtés. Courbez la tête de votre fils et le soumettez dans sa jeunesse ; châtiez-le sévèrement tandis qu'il est enfant, de peur qu'il ne s'endurcisse et ne veuille plus vous obéir, et qu'alors il ne devienne la douleur du foyer.

Justice —. Ce qui importe avant tout, c'est que les enfants soient bien convaincus que leurs parents agissent toujours avec justice ; on doit donc éviter soigneusement les réprimandes imméritées, ne fût-ce que d'une parole ou d'un regard. Dans un accident quelque désagréable ou affligeant qu'il soit il faut pardonner à l'enfant qui a péché par étourderie et non par désobéissance, car il a fait le mal contre sa volonté. Mais on doit être inflexible pour l'enfant nonchalant, il faut punir sa paresse, châtier son indocilité. Qu'il sache bien, qu'il sache surtout qu'on le punit non par caprice, non par humeur mais pour remplir un devoir pénible, nécessaire, qu'on le réprimande parce qu'on l'aime, parce qu'on veut sincèrement son bien.

Si les parents veulent être crus et obéis par leurs enfants, qu'ils ne promettent ni ne menacent jamais en vain ; ce qu'ils auront promis qu'ils l'exécutent ponctuellement, que la peine qu'ils auront prononcée soit appliquée sévèrement.

Tous les enfants ont les mêmes droits à l'amour de leurs parents et ceux-ci quand leurs enfants les ont également satisfaits, seraient coupables d'accorder la moindre préférence à l'un d'eux au préjudice des autres ; on ne doit fermer ses bras et son cœur qu'aux méchants, encore afin de faire naître promptement l'occasion de les leur rouvrir. Un favori est toujours gâté par la sotte tendresse de ses parents, l'enfant est alors l'objet des envieux ressentiments de ses frères et sœurs, il a des caprices qui le rendent insupportable à tous.

Les parents doivent offrir en leurs personnes le modèle de l'accomplissement des devoirs qu'ils recommandent à leurs enfants, ne se permettre, ni en leur présence, ni en leur absence, ce qu'on défend : la colère, le mensonge et d'autres vilains défauts ; qu'un enfant ne puisse jamais dire mon père m'a trompé ; incapables de bassesse, d'un mensonge dans leurs relations avec autrui, que les parents ne soient pas moins scrupuleux envers leurs enfants. Que jamais ils ne leur disent une chose fausse, que pour les ramener à l'obéissance ils n'épargnent pas la peur, qu'ils ne les trompent point par la menace d'êtres imaginaires, comme Croquemitaine et Loup-Garou, ou par d'autres contes non moins absurdes, car ils découvriront tôt ou tard l'imposture. En exigeant la foi en leur parole, les parents doivent agir de façon à ce que les enfants se disent : cela doit être ainsi puisque notre père l'a dit et qu'il connaît mieux que nous ce qui est vrai, ce qui est bien.

En résumé, le père de famille doit consacrer ses soins les plus attentifs à l'éducation de ses enfants, non moins qu'à leur fortune et à leur instruction : il est coupable s'il ne pourvoit à leurs besoins matériels, ou s'il amoindrit leur héritage par sa paresse ou son inconduite ; — il est coupable, si par insouciance ou négligence il laisse ses enfants croupir dans l'ignorance, surtout aujourd'hui que l'Etat ouvre l'école à tous ; il est coupable si par défaut de surveillance il les laisse dépraver : celui-là est un misérable qui offre à ses enfants un exemple de débauche et d'immoralité.

Que les pères de famille marchent droit devant eux, travaillant attentifs à diriger leurs enfants dans la voie du bien, respectueux pour leurs parents, reconnaissants envers leurs maitres, dévoués pour la patrie, toujours prêts à venir en aide au prochain et secourables aux malheureux.

Une famille modèle. — Le Conseil municipal de Paris, chargé de l'attribution du prix Reverdy, a dû examiner cette année 117 dossiers, et son choix s'est porté sur une famille qui est un exemple frappant de ce que peut la persévérance dans le bien.

Le legs Reverdy est destiné à fonder à perpétuité un prix de 3,000 fr. qui sera distribué tous les deux ans par le Conseil municipal de Paris, à la famille de la classe laborieuse qui, demeurant à Paris, aura la famille la plus nombreuse et se sera efforcée par un travail assidu, honnête et intelligent, de donner à ses enfants une éducation en rapport avec sa position sociale et les habitudes d'ordre et de piété toujours nécessaires dans les diverses conditions de la vie.

Vous le voyez les termes dans lesquels s'exprime le donateur montrent que ce n'est pas un secours qu'il a voulu donner au plus indigent, mais une récompense qu'il a instituée en faveur de la famille la plus nombreuse et en même temps la plus méritante par les soins apportés à l'éducation de ses enfants.

Le prix Reverdy a été décerné au ménage Roudenet : le mari âgé de 72 ans exerce la profession de cocher de remise ; la femme, née Marie Bouchenelle, âgée de 67 ans, infirme, amputée du bras droit à la suite d'un accident à l'âge de 10 ans. Les époux Roudenet, unis par les liens du mariage depuis 50 ans, ont eu 19 enfants. 15 seulement ont survécu, 10 enfants issus de cette union sont encore vivants : 4 garçons et 6 filles. L'aîné des enfants a 50 ans et la plus jeune 24 ans ; les garçons sont tous cochers de remise, les filles, dont 4 sont mariées, sont couturières, à l'exception de l'une d'elles qui est religieuse, sœur de la Miséricorde.

Il est à remarquer que tous ces enfants ont été élevés par leurs parents de la façon la plus convenable. Ils ont tous fréquenté d'abord l'asile, puis les écoles communales. Ils savent tous lire, écrire et sont en possession d'une profession leur permettant de vivre et d'élever à leur tour leur famille et pas un seul n'a forfait à l'honneur.

Malgré ces charges nombreuses le ménage Roudenet n'a jamais sollicité les secours de la charité publique. Le mari et la femme ont constamment travaillé et c'est avec leurs propres ressources que ces braves gens ont élevé tous leurs enfants.

Aujourd'hui encore malgré leur âge avancé ils ont recueilli et élèvent près d'eux deux petites filles de leur famille, dont l'une a cinq ans et demi et l'autre deux ans.

Ces titres étaient certainement suffisants pour obtenir les suffrages du conseil municipal de Paris, mais le fait suivant l'a profondément touché et levé toutes les hésitations que pouvait faire naître l'examen des dossiers de nombreuses familles qui se présentaient au concours du prix Réverdy : Madame veuve Adelus, ancienne directrice de la salle d'asile qu'avaient fréquentée tous les enfants de la famille Roudenet, avait été mise à la retraite au mois de mars 1877, après quarante ans de services.

Au mois de janvier 1878, sa pension n'était pas encore liquidée ; ses ressources étant épuisées, cette pauvre dame serait littéralement morte de faim sans la reconnaissance de la famille Roudenet, qui, malgré les charges dont elle était elle-même accablée, l'a accueillie et nourrie pendant trois mois, jusqu'à la liquidation de sa pension de retraite.

CHAPITRE XVII.

DEVOIRS DES ENFANTS.

Amour et respect filial. — Aimer et honorer ceux à qui nous devons la vie, écouter leurs conseils, obéir à leur volonté, assister leur vieillesse, fermer pieusement les yeux sur leurs fautes : telle est la somme des devoirs des enfants envers leurs parents.

« Honore ton père et ta mère, afin que tes jours soient longs sur la terre et par de là la terre que Jéhovah t'a donnée. » Voilà la loi que l'Eternel a gravée non seulement sur la pierre du Sinaï, mais encore dans le cœur de l'homme.

Dieu promet la vie au bon fils, il a fait un précepte de la piété filiale, il n'en fait pas un de l'amour paternel; il savait que l'enfant, en qui viennent se réunir les souvenirs et les espérances des parents, ne serait souvent que trop aimé de ces derniers ; mais à l'enfant, il commande d'aimer, car il connaissait l'inconstance et l'orgueil de de la jeunesse.

Parmi tous les respects de la terre, il n'en est point de plus sacré que celui dont nous devons entourer nos parents ; c'est un respect d'amour, c'est un respect d'honneur, c'est un respect essentiellement religieux, car un père et une mère sont les représentants de la divinité sur la terre. Platon, celui des philosophes de l'antiquité dont la morale se rapproche le plus de celle du Christianisme, disait : « Il faut honorer pendant leur vie et après leur mort, les auteurs de nos jours : c'est la première, la plus indispensable de toutes les dettes. On doit se persuader que tous les biens que l'on possède appartiennent à ceux de qui on a reçu la naissance et l'éducation, et qu'il convient de les consacrer sans réserve à leur service ; leur rendant ainsi avec usure les soins, les peines et les travaux que notre enfance leur a coûtés autrefois, et redoublant nos attentions pour eux à mesure que les infirmités de l'âge les leur rendent plus nécessaires. Il faut, de plus, que pendant toute sa vie on parle à ses parents avec un respect religieux. Ainsi il faut céder à leur colère, laisser un libre cours à leur ressentiment soit qu'ils le témoignent par des paroles ou par des actions, et les excuser, dans la pensée qu'un père qui se croit offensé par son fils a un droit légitime de se courroucer contre lui.

L'autorité des parents est si haute et si sacrée qu'on doit la vénérer jusque dans leurs derniers jours et jusque dans leurs erreurs. Y a-t-il quelque chose en ce monde qui commande plus religieusement le respect que les cheveux blancs d'un père, que la vieillesse d'une mère ? Un père et une mère peuvent tomber avec l'âge dans les faiblesses intellectuelles et morales les plus humiliantes. Eh bien ! c'est alors que les enfants leur doivent un respect plus tendre et plus profond ; c'est alors que le malheur doit les rendre plus vénérables et plus chers à la piété filiale. Car alors même que le grand âge, que les infirmités de la vieillesse paraissent avoir affaibli leur intelligence, on est toujours sûr de retrouver auprès d'eux ce qui est si doux et si rare ici-bas, une amitié fidèle, une tendresse que rien ne semble pouvoir altérer.

Mais en avançant dans la vie, nous oublions trop vite ce temps où, plus faibles que l'animal qui vient de naître, nous ne pouvions nous mouvoir sans le secours de nos parents, où nous n'aurions pas vécu deux jours s'ils ne nous avaient pas aimés.

Combien de soins et de peines, pour nous apprendre à prononcer un seul mot, à former un seul pas ? Combien de soins et de peines pour nous mettre à l'abri des accidents, des maladies, pour exercer nos forces, développer notre raison naissante, pourvoir à nos besoins divers. Cette mère, flétrie par l'âge, les fatigues, c'est pour nous qu'elle a consumé ses beaux jours, c'est pour ne pas nous perdre un instant de vue, qu'elle se refusait à tout plaisir, c'est pour veiller à notre sûreté, qu'elle interrompait son sommeil, et se privait d'un repos nécessaire. Ce père chargé d'années, qui n'offre à nos regards qu'un vieillard débile, épuisa ses forces en travaillant pour nous nourrir.

Nous voilà chargés d'une obligation infinie, oui infinie, comment nous en acquitter ? aucun salaire ne le peut ; rien n'est plus aisé pour le cœur. Nous l'acquittions déjà dans notre premier âge, cette dette immense, lorsque nous rejetant dans le sein de notre mère, nous refusions de passer en d'autres bras, elle se trouvait payée de ses veilles et de son dévouement par cette préférence.

Notre père, au retour de ses travaux, était délassé par notre sourire, par ce mouvement ingénieux avec lequel nous nous empressions vers lui, nous l'appelions à nous. Cette reconnaissance qui fut notre premier instinct, est aujourd'hui notre premier devoir. Le même Dieu, qui pour le salut de notre enfance, a mis dans le cœur de nos parents l'amour maternel, veut que la reconnaissance soit dans le nôtre pour le bonheur de leur vieillesse. Qui songera à notre père et à notre mère si nous les oublions ? Il faudra donc que la pitié des étrangers les recueille, si celle de leurs enfants les abandonne, et qu'ils deviennent les pauvres des autres, puisque nous n'avons pas voulu en faire les nôtres. Ah ! gardons-leur la place que Dieu et la nature leur avaient faite dans notre cœur, dans notre affection, dans nos soins. Il ne les a mis si près de nous que pour qu'ils aient la première part à notre tendresse.

L'ingratitude est certes le plus odieux des vices et l'ingratitude filiale est plus qu'un vice, c'est un crime.

Au village, je le dis avec regret, dans un grand nombre de familles, l'instinct de la propriété domine toutes les autres inclinations naturelles ; le besoin de posséder tourmente chaque membre, et jette entre tous des éléments de division. Les vieux parents, quand l'âge ne leur permet plus de travailler, font en général abandon de tout ce qu'ils possèdent à leurs enfants, et demeurent avec un de ceux-ci, ou alternativement chez chacun d'eux pendant un temps déterminé à l'avance. Malheureusement ce sacrifice est fréquemment payé par la plus noire ingratitude.

Les vieux parents ne reçoivent pas toujours les marques de déférence qu'ils sont en droit d'attendre de leurs enfants. Ces prévenances, ces attentions délicates qui embelliraient leurs derniers jours, leur font trop souvent défaut.

A la campagne, tout ce qu'il faut nourrir sans compensation, tout ce qui devient un embarras, une occasion de dépenses, est dans une position délicate et précaire.

Les êtres délaissés y subissent trop souvent de ces douloureux martyres où l'on appelle bien longtemps la mort, avant qu'elle daigne répondre à vos vœux.

Les demoiselles de Fernig. — Parmi les exemples les plus admirables d'amour filial, je vous citerai celui que donnèrent en 1792 Théophile et Félicité de Fernig, dont la tendresse pour leur père égalait le patriotisme.

Monsieur de Fernig, ancien officier retiré dans le village de Mortagne, sur l'extrême frontière du département du Nord, était père d'une nombreuse famille. Ses fils servaient, l'un à l'armée des Pyrénées, l'autre à l'armée du Rhin. Ses quatre filles, à qui la mort avait enlevé leur mère, vivaient auprès de lui. Deux d'entre elles étaient encore enfants, les deux aînées touchaient à peine à l'adolescence. Leur père qui commandait la garde nationale de Mortagne, avait animé de son ardeur militaire les paysans de son canton. Il avait fait un camp de tout le pays. Il aguerrissait les habitants par des escarmouches continuelles contre les hussards ennemis, qui franchissaient souvent la ligne de la frontière pour venir insulter, piller, incendier la contrée. Il se passait peu de nuits pendant lesquelles il ne dirigeât en personne ces patrouilles civiques et ces expéditions. Ses filles tremblaient pour ses jours. Deux d'entre elles, Théophile et Félicité, plus émues encore des dangers que courait leur père que des dangers de la patrie, se confièrent mutuellement leurs inquiétudes et sentirent naître à la fois dans leurs cœurs la même pensée. Elles résolurent de s'armer aussi, de se mêler à l'insu de M. de Fernig dans les rangs des cultivateurs dont il avait fait des soldats, de combattre avec eux, de veiller surtout sur leur père, et de se jeter entre la mort et lui, s'il venait à être menacé de trop près par les cavaliers ennemis.

Elles couvèrent leur résolution dans leur âme, et ne la révélèrent qu'à quelques habitants du village, dont la complicité leur était nécessaire pour les dérober aux regards de leur père. Elles revêtirent des habits d'hommes que leurs frères avaient laissés à la maison en partant pour l'armée; elles s'armèrent de leurs fusils de chasse, et suivant plusieurs nuits, la petite colonne guidée par M. de Fernig, elles firent le coup de feu avec les maraudeurs autrichiens, s'aguerrirent à la marche, au combat, à la mort, électrisant par leur exemple les braves habitants du hameau. Leur secret fut longtemps fidèlement gardé. M. de Fernig en rentrant le matin dans sa demeure, et en racontant à table les aventures, les périls et les exploits de la nuit à ses enfants, ne soupçonnait pas que ses propres filles avaient combattu au premier rang de ses tirailleurs et quelquefois préservé sa propre vie.

Cependant Beurnonville qui commandait le camp de Saint-Amand à peu de distance de l'extrême frontière, ayant entendu parler de l'héroïsme des volontaires de Mortagne, monta à cheval à la tête d'un fort détachement de cavalerie, et vint balayer le pays de ces fourrageurs de Clairfayt. En approchant de Mortagne, au point du jour, il rencontra la colonne de M. de Fernig. Cette troupe rentrait au village après une nuit de fatigue et de combat, où les coups de feu n'avaient pas cessé de retentir sur toute la ligne, et où M. de Fernig avait été délivré lui-même par ses filles des mains d'un groupe de hussards qui l'entraînait prisonnier. La colonne harassée et ramenant plusieurs de leurs blessés et cinq prisonniers, chantait la Marseillaise au son d'un seul tambour déchiré de balles. Beurnonville arrêta M. de Fernig, le remercia au nom de la France, et pour honorer le courage et le patriotisme de ses paysans, voulut les passer en revue avec tous les honneurs de la guerre. Le jour commençait à peine à poindre. Ces braves gens s'alignèrent sous les armes, fiers d'être traités en soldats par le général français. Mais descendant de cheval et passant devant le front de cette petite troupe, Beurnonville crut apercevoir que deux des plus jeunes volontaires, cachés derrière les rangs, fuyaient ses regards et passaient furtivement d'un groupe à l'autre, pour éviter d'être abordés par lui.

Ne comprenant rien à cette timidité dans des hommes qui portaient le fusil, il pria M. de Fernig de faire approcher ces braves enfants. Les rangs s'ouvrirent et laissèrent à découvert les deux jeunes filles ; mais, leurs habits d'homme, leurs visages voilés par la fumée des coups de feu tirés pendant le combat, leurs lèvres noircies par les cartouches qu'elles avaient déchirées avec les dents, les rendaient méconnaissables aux yeux même de leur propre père. M. de Fernig fut surpris de ne pas reconnaître ces deux combattants de sa petite armée. « Qui êtes-vous » leur demanda-t-il d'un ton sévère.

A ces mots un chuchotement sourd, accompagné de sourires universels, courut dans les rangs de la petite troupe. Théophile et Félicité, voyant leur secret découvert, tombèrent à genoux, rougirent, pleurèrent, sanglotèrent, se dénoncèrent et implorèrent en entourant de leurs bras les jambes de leur père, le pardon de leur pieuse supercherie. M. de Fernig embrassa ses filles en pleurant lui-même, il les présenta à Beurnonville qui décrivit cette scène dans sa dépêche à la Convention. La Convention cita les noms de ces deux jeunes filles à la France et leur envoya des chevaux et des armes d'honneur au nom de la patrie.

A Valmy et à Jemmapes, on les retrouve combattant et soignant les ennemis blessés après les avoir vaincus. Dumouriez montrait ces deux charmantes héroïnes à ses soldats comme un modèle de patriotisme et comme un augure de la victoire. Leur beauté et leur jeunesse rappelaient à l'armée ces apparitions merveilleuses des génies protecteurs des peuples à la tête des armées le jour des batailles. (A. DE LAMARTINE.)

DEVOIRS DES FRÈRES ET DES SŒURS.

Si vous avez des frères et des sœurs, mes jeunes amis, conservez toujours pour eux la plus tendre affection, car il n'est pas de lien plus étroit et plus sacré que celui qui vous unit. Un moraliste, que ses malheurs ont rendu célèbre, Silvio Pellico a tracé d'une façon charmante les devoirs fraternels :

« Pour bien pratiquer envers tous les hommes la science divine de la charité, il faut en faire l'apprentissage en famille. Quelle douceur ineffable n'y a-t-il pas dans cette pensée ! « Nous sommes les enfants d'une même mère ! » Avoir trouvé, à peine venus au monde, les mêmes objets à vénérer et à chérir entre tous, quelle douceur encore ! Cette communauté de sang et la conformité d'un grand nombre d'habitudes, entre frères et sœurs, produisent naturellement une puissante sympathie, qui ne saurait être anéantie que par un épouvantable égoïsme.

Si vous voulez être bon frère, défendez-vous de l'égoïsme, proposez-vous chaque jour d'être généreux dans vos relations fraternelles. Que chacun de vos frères, que chacune de vos sœurs, voie que ses intérêts vous sont chers autant que les vôtres. Si l'un d'eux commet une faute, soyez indulgent pour le coupable, non pas seulement comme vous le seriez avec un autre mais plus encore. Réjouissez-vous de leurs vertus, imitez-les, et à votre tour excitez-les par vos exemples, faites qu'ils aient à bénir la Providence de vous avoir pour frère.

« On ne compterait pas tous les motifs de douce reconnaissance, d'affectueux désir et de pieuse crainte qui contribuent sans cesse à nourrir l'amour fraternel. Il faut cependant y réfléchir, car ils passent souvent inaperçus.

Les sentiments les plus exquis ne s'acquièrent que par une volonté bien arrêtée. De même qu'on n'arrive pas sans étude à l'intelligence parfaite d'une science, ainsi ne comprend-on pas l'excellence de l'amour fraternel ou de toute autre affection de cet ordre, sans une volonté assidue de la comprendre.

L'intimité du foyer ne doit jamais vous faire oublier d'être poli avec vos frères. »

« Soyez encore plus délicat de manières avec vos sœurs. Leur sexe est doué d'une grâce puissante, c'est un don céleste dont elles usent habituellement pour répandre la sérénité dans toute la maison, pour en bannir la mauvaise humeur et modérer les reproches qu'elles entendent parfois sortir de la bouche d'un père ou d'une mère.

Honorez dans vos sœurs le charme suave des vertus de la femme ; réjouissez-vous de l'influence qu'elles exercent sur votre âme pour l'adoucir, et puisque la nature les a faites plus faibles et plus sensibles que vous, soyez d'autant plus attentif à les consoler dans leurs afflictions, à ne pas les affliger vous-même, à leur témoigner constamment du respect et de l'amour. Les sœurs sont pour un frère la compagnie la plus charmante et la plus utile, il prendra auprès d'elles ce je ne sais quoi qui s'appelle la grâce et la distinction.

Ceux qui contractent à l'égard de leurs frères et de leurs sœurs des habitudes de malveillance et de grossièreté, restent grossiers et malveillants avec tout le monde.

« Que ce commerce de la famille soit uniquement beau, uniquemement tendre, uniquement saint et alors quand vous passerez le seuil de votre maison, vous porterez dans vos relations avec le reste de la société ce besoin d'estime et d'affection nobles, et cette foi dans la vertu, que produit toujours l'exercice journalier des sentiments élevés. »

DEVOIRS ENVERS LES GRANDS-PARENTS.

Nous devons aimer et respecter nos grands parents à l'égal de notre père et de notre mère à qui ils ont donné la vie, car les aïeux jouissent à notre égard d'une sorte de paternité et de maternité. Quelque chose de leurs bienfaits est venu jusqu'à nous par l'intermédiaire de nos propres parents ; nous leur devons indirectement le jour, le bien-être, les leçons qu'ils ont données à leurs enfants. Nous leur avons souvent des obligations personnelles ; et quand nous sommes petits ils nous comblent de caresses, leur tendresse est sans bornes. Désabusés de toute espérance, de toute illusion, les grands-parents ont besoin de l'affection de leurs petits-enfants qui leur procure une sorte de rajeunissement, une nouvelle vie.

C'est par l'accomplissement des devoirs de famille dans la jeunesse, puis dans l'âge mûr, qu'on se prépare une vieillesse paisible, heureuse et pleine de dignité.

DEVOIRS DE PARENTÉ.

Les enfants en se séparant et en formant à leur tour des familles nouvelles, donnent lieu à de nouveaux rapports, qui pour être moins intimes que les premiers n'en ont pas moins leur intérêt et leur prix : ce sont les liens de *parenté*, qui imposent des devoirs d'autant plus précis et plus obligatoires qu'ils se rapprochent davantage des devoirs de famille proprement dits.

Un oncle, une tante, qui appellent près d'eux le neveu ou la nièce à qui ils veulent tenir lieu de père et de mère ; un neveu, une nièce, qui recueillent un oncle, une tante que l'âge, les infirmités ou la misère ont mises aux prises avec le besoin, remplissent un devoir de famille que la loi ne prescrit pas, mais que la morale commande.

Les nécessités de la vie, les événements éloignent de la souche commune, qui reste ordinairement au pays, les membres d'une même famille ; d'un autre côté chaque famille se ramifie par des alliances nouvelles, de sorte qu'il devient difficile de suivre et de retenir le fil de la parenté; c'est ainsi que les *cousins* s'ignorent souvent eux-mêmes. Mais ce n'est pas une raison pour rejeter comme un préjugé les liens du sang; l'identité du nom n'est pas une chimère et nous devons quelque chose à ceux qui portent le nôtre. Dans un grand nombre de familles, certains de leurs membres parviennent aux honneurs et à la fortune, tandis que les autres végètent dans une position infime, et l'on ne voit que trop souvent l'affection de famille, qui ne devrait jamais s'éteindre, être remplacée par le sot orgueil des parvenus. Le dédain de la parenté, l'oubli de sa condition originelle, l'indifférence pour ceux qui, moins heureux que nous, sont restés dans la pauvreté, tandis que nous nous élevions à la fortune, sont des sentiments blâmables qui décèlent un cœur sec, un esprit faux et vaniteux.

CHAPITRE XVIII.

DEVOIRS ENVERS NOS SEMBLABLES.

La Société. — Les hommes sont nés pour vivre en *société*, et de plus ils y sont obligés par le besoin qu'ils ont les uns des autres; ils sont tous à cet égard dans une dépendance mutuelle. En effet, chacun de nous doit la satisfaction de ses besoins aux efforts des autres : ainsi, le forgeron achète avec le produit de son travail tout ce qui est nécessaire à son existence, mais ce n'est pas lui qui façonne son pain, ses chaussures, ses vêtements; qui fait venir le blé, la viande, les légumes qui le nourrissent; le chanvre et le lin qui servent à fabriquer les tissus de ses habits. Si les autres ne prenaient pas la peine de faire venir ces choses, dites-moi, les trouverait-il toutes prêtes en forgeant son fer? Vous voyez par là que si c'est le forgeron qui pourvoit à ses besoins par son travail, c'est au travail des autres qu'il doit de pouvoir satisfaire les siens, et qu'en réalité l'existence de chacun de nous dépend des services que nous sommes appelés à nous rendre mutuellement. L'idée exprimée par le mot *Société* est donc celle d'un assemblage de personnes unies par des rapports naturels ou conventionnels, par une certaine communauté d'intérêts ; c'est, dans sa plus grande généralité, la société humaine qui se subdivise en différents groupes : *tribus, peuples, nations.*

Les nobles facultés de l'homme seraient restées stériles, elles auraient péri dans leur germe, si la sociabilité ne lui eut été donnée comme un supplément à sa faiblesse physique et ne fut devenue ensuite le principe de sa supériorité et de sa grandeur. En effet, c'est seulement chez l'homme civilisé, c'est-à-dire vivant dans une société régulière où le progrès est en activité, que se développent ces puissantes facultés par lesquelles son intelligence, maîtrisant tout ce qui l'entoure, ploie toutes les forces naturelles à ses besoins, dirige les fleuves, dompte les mers, vaste domaine que nos pressentiments nous font souvent considérer comme une prison trop étroite.

L'état social, la vie commune nous impose des devoirs envers nos semblables ; ils sont obligatoires pour chaque individu, pour chaque membre de la société, partout et toujours. Ces devoirs sont contenus dans deux principes très-simples que le plus pauvre d'esprit, s'il a un cœur humain, peut comprendre et pratiquer : c'est d'abord la *justice*, cette lueur de raison que la nature a imprimée dans nos cœurs, et qui fait que l'on rend à chacun ce qui lui est dû ; c'est ensuite la *charité* qui vivifie les rigides prescriptions de la justice.

Mais, dans la conduite de la vie il y a une distinction à établir entre ces deux principes. Les devoirs de charité n'ont de sanction que dans la conscience, et ne relèvent que du tribunal de Dieu ; ainsi, partager son pain avec l'indigent, recueillir les orphelins, sont des devoirs qui ne créent pas à ceux envers qui nous les remplissons le droit d'en exiger l'accomplissement : le devoir d'être charitable ne donne pas au pauvre le droit de nous forcer à lui faire l'aumône.

Il en est autrement des devoirs de justice, ceux-ci entraînent toujours au profit des personnes envers qui ils doivent être remplis, la faculté et le droit d'en exiger l'accomplissement ; ils ont leur sanction à la fois dans la conscience et dans la loi écrite : rembourser l'argent qui nous a été prêté, payer le prix de la chose achetée par nous, ne blesser personne dans son honneur ou dans ses intérêts, sont des devoirs de justice que chacun de nous peut être forcé de remplir par une contrainte corporelle, par la prison.

L'accomplissement de ces devoirs est matériellement exigible, par cela même qu'ils sont le résultat nécessaire de l'existence des hommes à l'état de société et que la vie sociale serait impossible sans l'accomplissement de ces devoirs.

Justice et Charité. — Nos devoirs envers nos semblables nous sont tracés par ces préceptes de l'Evangile : « Sois juste, ne fais pas à autrui ce que tu ne voudrais pas qu'on te fît ; » — « Sois bon, fais pour autrui ce que tu voudrais qu'on fît pour toi. » Voilà les dogmes de la justice et de la charité.

« Ne fais pas à autrui ce que tu ne voudrais pas qu'on te fît, c'est-à-dire aie le plus scrupuleux respect pour la vie, la liberté, les biens, la réputation de ton semblable. — De ce précepte de la justice sort le devoir de ne point attenter à la vie d'autrui, de ne point se porter envers personne à des actes de violence, à des coups, à des blessures ; le meurtre est le plus grand crime qu'on puisse commettre, car il est irréparable. Mais il devient excusable dans le cas de légitime défense, c'est-à-dire quand pour sauver sa vie on est forcé de donner la mort à celui qui vous attaque.

Vous le savez, nous avons besoin pour vivre d'un certain nombre d'objets matériels que l'on appelle des *biens* ; la possession de ces biens acquis par le travail ou par héritage est ce qu'on nomme la *propriété* : l'acte de prendre à autrui ce qui lui appartient constitue le *vol* que la morale défend strictement et que la loi punit. Le vol ne consiste pas seulement à mettre la main dans la poche de son voisin ; il consiste dans toutes les manières possibles de s'approprier le bien d'autrui.

Nous avons le devoir de respecter l'honneur, la réputation d'autrui, de ne jamais nous permettre envers personne des paroles grossières, des injures ; nous ne devons jamais dire du mal des autres : si le mal qu'on dit est vrai c'est de la *médisance*, si le mal que l'on dit est faux et inventé c'est de la *calomnie*. Comme la vie est double et qu'elle se compose de pensées et d'actions, les ennemis d'une personne peuvent toujours la calomnier de deux manières, dans sa conduite ou dans ses intentions. Le mensonge lorsqu'il roule sur des faits patents, aisément constatables, s'évanouit au moindre rayon de lumière. Si au contraire il s'attaque aux motifs, aux intentions qui font agir, il réussit pleinement en raison même du peu de précision qu'il apporte dans ses imputations. C'est en ce sens que Beaumarchais a pu faire dire à Basile, un des personnages de ses comédies : Calomniez, calomniez, il en reste toujours quelque chose. La calomnie flétrit la vertu comme le limaçon souille la rose. C'est donc un devoir de ne point préjuger trop légèrement le mal chez les autres. C'est également aussi un devoir de rendre justice à chacun, même à ses ennemis et d'en dire du bien quand ils le méritent, alors même qu'ils cherchent à nous dénigrer.

C'est un devoir rigoureux d'avoir des mœurs pures et c'est être grandement coupable que d'altérer la moralité des autres par de mauvais conseils ou de mauvais exemples, ce qui est la *corruption*, la *dépravation*.

Mais s'abstenir de nuire à ses semblables, respecter leurs droits n'est pas accomplir toute la loi du devoir, c'est avoir la justice sans la charité. « Fais pour autrui ce que tu voudrais qu'on fit pour toi. » C'est-à-dire qu'on ne doit point se borner à s'abstenir du mal mais qu'il faut faire le bien, même à ceux qui ne nous en ont point fait, en d'autres termes pratiquer la charité ; — qu'il faut rendre le bien pour le bien, se montrer reconnaissant ; — on doit encore rendre le bien pour le mal, ce qui implique le pardon des offenses.

C'est un devoir non-seulement de ne point attenter à la vie de notre semblable, mais de faire tous nos efforts pour sauver la sienne, fut-ce même au péril de la nôtre ; c'est un devoir de ne jamais abuser de sa force devant le faible, de sa science devant l'ignorant, il faut mettre sa force au service du faible, sa science au service de l'ignorant, secourir et instruire ses semblables dans toutes les occasions. C'est un devoir de ne jamais pousser personne au mal, de conseiller et de moraliser les créatures humaines. C'est un devoir de se montrer bienveillant pour tous, de consoler les affligés et de les guider vers le bien.

Probité. — La justice est la règle immuable, la mesure commune de tous nos devoirs envers nos semblables ; nos lois la définissent une ferme et perpétuelle volonté de rendre à chacun ce à quoi il a droit : définition qui a pour conséquences ces deux préceptes : 1° N'exiger rien de personne au-delà de ce qui est dû ; 2° Ne causer à personne aucun dommage sans le réparer. Ces principes sont clairs, cependant s'il arrive que cette idée du juste n'apparaît pas tout d'abord à notre esprit cela tient à ce qu'on n'a pas fait l'effort nécessaire pour la trouver et la connaître au fond de son âme, ou parce qu'une impression plus forte, l'égoïsme, un intérêt qui nous aveugle, la surmonte et l'obscurcit entièrement, car semblable à un axiome de géométrie, la justice est une vérité toujours évidente par elle-même.

La justice est la première des vertus sociales, parce que les autres vertus connues sous le nom de probité, de sincérité, de politesse, de reconnaissance, etc., ne sont que des formes variées du précepte : Ne fais à autrui ce que tu ne veux qu'il te fasse.

Si la justice est nécessaire à la société, la probité ne lui est pas moins indispensable pour se maintenir, aussi a-t-on toujours placé au premier rang de nos devoirs ceux qu'elle prescrit.

La *probité* c'est le respect profond de la personne, de la chose et du droit d'autrui ; sans elle, toutes les conventions humaines sont fausses et impossibles. C'est le vif sentiment du bien et du mal dans le commerce de la vie, et la répugnance la plus prononcée pour tout ce qui est injuste et déloyal. Elle est sœur rigoureuse du désintéressement et de l'honnêteté et implique, comme ces deux vertus, la disposition au sacrifice. Elle réprouve énergiquement tout calcul personnel qui pourrait porter atteinte à des droits positifs en opposition avec les nôtres. La probité n'admet point de nuances, ni de degrés : comme l'équité, elle est une et invariable, il y a en dehors des lois et dans le domaine de l'opinion des châtiments sévères pour ceux qui transigent avec l'honnêteté ; ni la fortune, ni l'éclat des grandeurs ne peuvent effacer la tâche que l'oubli de la probité dépose sur la réputation.

Le Décalogue dit : « tu ne déroberas point, » c'est-à-dire tu ne feras à ton prochain aucun tort dans ses biens, soit grand, soit petit ; le commandement interdit et les crimes contre la propriété, et les larcins, et la fraude, et les dols et jusqu'aux moindres indélicatesses.

Mais ce commandement peut-il s'appliquer à des gens élevés dans tous les scrupules de l'honneur ? Hé bien, oui ; chacun a la prétention d'observer religieusement le devoir qu'impose la probité, et il n'est personne qui ne regarde comme une injure d'être soupçonné de l'enfreindre. Avec plus de conscience, un grand nombre de personnes avoueraient que souvent ils l'ont méconnue et que c'est contre ce devoir qu'ils pèchent peut-être le plus : par irréflexion, par étourderie, par égoïsme, par cupidité, il se commet, chaque jour, beaucoup d'actes improbes, très-petits, très-légers surtout aux yeux de ceux qui se les permettent.

Le monde foisonne de gens trop bien élevés assurément pour vous voler votre mouchoir dans votre poche ou pour vous attendre le pistolet au poing sur la grande route.

Mais il est reçu chez eux, qu'ils peuvent sans manquer à la délicatesse, aux convenances par exemple, contracter de petites dettes, de petits emprunts : Vous êtes connu, vous achetez en passant un livre, une bagatelle ;

vous ne payez pas, vous négligez cette petite dette, et la mémoire complaisante aidant, (la mémoire a parfois des défaillances prodigieuses) on oublie cette obligation, on ne retourne plus chez le marchand, ou bien on profite de son absence de mémoire, et on lui fait un tort réel. Ne vous laissez donc pas aller à faire des dettes, ne vous laissez pas aller à acheter à tort et à travers, selon le caprice, alors que vous n'avez pas d'argent pour vous acquitter immédiatement. — Les petits emprunts à un ami nous exposent à un même inconvénient, nous les oublions, on n'ose pas nous les rappeler, et nous manquons ainsi à la probité.

Nous voyons tous les jours une foule de marchands qui se proclament honnêtes gens frelater sans scrupule les vins, les huiles, les farines, toutes les denrées dont ils font le commerce ; vendre pour lait pur du lait additionné d'eau, vendre pour pure laine une étoffe de laine et de coton, affirmer bon ce qui est mauvais, sain ce qui est avarié, neuf ce qui est vieux, faire danser l'anse du panier des maîtres de complicité avec les domestiques, vendre à faux poids et à fausses mesures.

Les manquements à la probité ne rencontrent pas dans le monde toute la réprobation qui devrait les frapper; des familles qu'on trouve fort honorables ne rougissent pas de frauder les douanes, l'enregistrement, les postes, la régie. — Combien revenant de Belgique ou d'Angleterre n'ont passé en fraude des paquets de cigarres, quelques mètres d'étoffes ou de dentelles ? Et cela sans le moindre scrupule, répondant bravement non, à la question de l'homme en habit vert : N'avez-vous rien qui concerne la douane ? S'exposant ainsi à être pris en flagrant délit de mensonge, si le douanier découvre la cachette ; et, volant certainement l'Etat s'il ne la découvre pas.

Ce n'est que l'Etat, dit-on. Mais l'Etat, c'est tout le monde, c'est vous, c'est moi, c'est le voisin, et il est bien évident que si la douane ne rapporte pas au Trésor les sommes sur lesquelles il comptait, de nouveaux impôts naîtront et pèseront peut-être sur les ouvriers et les pauvres. Il est vrai qu'on aura fumé du tabac étranger, que les dames porteront des dentelles qui n'auront payé aucun droit à la frontière : c'est un sujet de vive satisfaction. — L'octroi des villes n'aurait-il pas bien des choses à réclamer aux ménagères; et les voitures, les breacks qui passent fièrement devant la guérite du modeste préposé, ne cachent-ils pas plus d'un délit dans leurs flancs orgueilleux ? Pénétrez-vous donc bien de cette idée, c'est que la fraude de quelque manière et sur quelque matière qu'elle s'exerce est un vol envers l'Etat, un vol fait à chaque contribuable.

Vous le voyez, dans l'existence la plus honnête, la plus au grand jour, on peut violer sans cesse l'absolue probité. Et remarquez que je ne parle pas de ces fautes graves, mais secrètes, de ces fausses déclarations en fait de ventes, de baux, de successions, que se permettent souvent des gens qu'entoure la considération publique et qui expliquent ces faits qui se lisent de temps en temps dans les journaux : La direction de l'enregistrement a reçu 3,000 fr., 1,000 fr., en restitution de droits ; expiation née d'un remords tardif de conscience.

Les petits maraudeurs, si communs dans nos villages, commettent de véritables vols, des délits, dont les parents, dans leur grossière ignorance, n'apprécient généralement pas toute la gravité. Quand leurs enfants reviennent de la maraude, les mains égratignées mais pleines de butin, la plupart leur disent : c'est bien, mon garçon, pourvu que l'on ne te voie pas.

Il est une chose qu'on ne sait pas assez, c'est qu'un trésor, c'est qu'un objet quelconque n'appartient pas à celui qui l'a trouvé sur la voie publique ou ailleurs, quand une autre personne peut prouver qu'il est sa propriété. Le Code civil, de même que la probité, exige que tout objet trouvé soit remis immédiatement à son légitime propriétaire ou, quand on ignore le nom et l'adresse de celui-ci, que l'on fasse à la mairie de sa commune le dépôt de la trouvaille : S'approprier une chose dont on pourrait découvrir le propriétaire, est un vol.

Trochet. — Je ne puis quitter ce sujet, sans vous citer un des plus beaux traits de probité que l'on connaisse.

Après le désastre de Sedan un adjudant du 7ᵉ de chasseurs à cheval du nom de Trochet, ne voulant pas laisser prendre aux Prussiens douze mille francs en or, montant de la caisse de son régiment, enroula cette somme dans une ceinture qu'il serra dans ses vêtements. Fait prisonnier avec toute l'armée, il passa en Prusse, où manquant de tout, mal soigné, mal nourri, il endura pendant six mois des privations de toute nature, sans que jamais la pensée lui vint de toucher au précieux dépôt dont il s'était constitué volontairement le gardien. La paix signée il préféra même emprunter à des amis la somme nécessaire pour revenir en France, plutôt que de distraire un centime de ces douze mille francs. Un ordre du jour du général Du Fretay a porté ce fait glorieux à la connaissance du régiment.

Sincérité. — Un des premiers devoirs sociaux c'est la bonne foi qui consiste à être fidèle à ses engagements, vrai dans ses paroles ; elle vient en aide à la justice, en inspirant aux autres la confiance et en nous préservant nous-même des détours.

Rien au monde ne nous plait davantage et ne nous donne une meilleure idée de la valeur d'un homme que sa bonne foi et sa sincérité en toute chose.

La *sincérité* c'est la conformité du langage avec la vérité ! Dire la vérité, c'est pour l'homme exprimer ce qui est, ou tout au moins exprimer ce qu'il croit être vrai ; c'est fidèlement traduire par la parole ce qu'il a dans la conscience. Etre sincère c'est donc ne rien dire que de vrai.

La sincérité est un devoir dont rien ne nous dispense, qui nous oblige partout, dans la vie privée comme dans la vie publique, et que nous devons acquitter envers le moindre d'entre les hommes, comme envers la société. La morale de la plupart des gens en fait de sincérité est peu rigide ; on ne se fait pas scrupule de trahir la vérité par intérêt, ou pour se disculper, ou pour excuser quelqu'un.

On fait ces mensonges officieux pour obliger un ami, pour prévenir quelque accident, pour avoir la paix dans son ménage. Mauvais prétexte, car il n'est jamais permis de faire un mal pour qu'il en arrive un bien ; la bonne intention sert à justifier les actions indifférentes, mais n'autorise pas celles qui sont essentiellement mauvaises.

Les gens qui redoutent d'ouvrir leur conscience aux regards d'autrui, pour lui faire lire ce qu'elle renferme, ont émis certaines maximes que je vous exhorte à ne pas prendre à la lettre. Ainsi on répète souvent: *Toute vérité n'est pas bonne à dire, il y a des vérités qui troublent et déchirent la société.* Et cependant, voyez quels ont été les résultats de la prédication de l'Evangile : une civilisation détruite, Jupiter détrôné, les Césars méprisés et renversés.

Dans quelle effroyable barbarie ne serions-nous pas encore plongés si, par une prudence trop vantée, les disciples du Christ eussent conservé pour eux seuls les sentences du divin maitre.

Vous entendez des esprits timorés vous dire: *Il y a des vérités qui effraient ;* oui, répondrai-je comme la lumière effraie les voleurs. Il y en a qui sont odieuses à qui les entend. Oui quand ils ont un cœur d'esclave ou de valet. La crainte des supplices n'a point eu le pouvoir de fermer la bouche des premiers chrétiens et les persécutions n'ont fait que grandir les apôtres de toute vérité utile à l'humanité.

Cependant s'il faut savoir dire la vérité, il faut aussi savoir la taire, quand il n'y aucune nécessité de la produire au grand jour. Dans les relations de la vie privée, vous serez sincères, mais vous ne serez point indiscrets; vous ne vous ferez pas l'inquisiteur de toutes les consciences, ni le révélateur de tous les secrets que vous aurez surpris ou obtenus, vous ne contracterez pas l'habitude de publier tout ce que vous avez appris ; vous vous mettrez en garde contre la curiosité qui essaie de vous le dérober. Vous devez éclairer ceux qui ont besoin de lumière, mais vous devez vous refuser à fournir des aliments aux amateurs de scandale. Si vous croyez avoir à vous plaindre de quelqu'un ce n'est point aux autres que vous devez exposer vos griefs, mais c'est à la personne elle-même qu'il faut les exprimer avec une entière franchise : c'est toujours en face des gens, jamais en arrière, qu'on doit parler d'eux. Montrer de l'amitié ou du respect aux gens que l'on déteste, ou qu'on méprise, est une insigne lâcheté. Je ne ne saurais vous inspirer assez d'horreur pour cette dissimulation par laquelle tant de gens travaillent à cacher de véritables défauts et à montrer de fausses vertus.

Angrand d'Allerai. — L'ancienne magistrature française nous a fourni un touchant exemple du respect de la vérité, élevé à la hauteur de la plus héroïque vertu.

M. Angrand d'Allerai, lieutenant civil au Châtelet de Paris, est conduit en 1794 avec sa femme, au tribunal révolutionnaire ; accusés l'un et l'autre d'avoir entretenu une correspondance avec leur fils émigré, de lui avoir fait passer des secours dans l'exil. Fouquier-Tinville est attendri. Il fait un signe d'intelligence à l'accusé pour lui dicter de l'œil et du geste la réponse qui doit le sauver. « Voilà, lui dit-il à haute voix, la lettre qui t'accuse ; mais je connais ton écriture, j'ai eu souvent des pièces de ta main sous les yeux pendant que tu siégeais au parlement. Cette lettre n'est pas de toi : on a visiblement contrefait les caractères. — Fais-moi passer cette lettre, dit le vieillard. Puis après l'avoir considérée avec une scrupuleuse attention : « Tu te trompes, répond-il à l'accusateur public, cette lettre est bien de mon écriture. » Fouquier confondu de cette sincérité qui déroute son intelligence, ne se rebute pas encore, il offre un autre prétexte d'acquittement à l'accusé : « Il y a une loi, lui dit-il, qui interdit aux parents des émigrés de correspondre avec leurs proches et de leur envoyer aucun secours, sous peine de mort ; cette loi tu ne la connais pas sans doute ? — Tu te trompes encore, » répond M. d'Allerai ; « Je la connaissais cette loi. Mais, j'en connais une antérieure et supérieure gravée par la nature dans le cœur de tous les pères et de toutes les mères ; c'est celle qui leur commande de sacrifier leur vie pour secourir leurs enfants. »

L'accusateur obstiné dans son dessein, ne fut pas découragé par cette seconde réponse. Il offrit encore cinq ou six excuses du même genre à l'accusé.

M. d'Allerai les éluda toutes par son refus d'altérer ou même de détourner la vérité de son sens. A la fin s'apercevant de l'intention de Fouquier-Tinville : « Je te remercie, lui dit-il, des efforts que tu fais pour nous sauver ; mais il faudrait racheter notre vie par un mensonge. Ma femme et moi nous aimons mieux mourir. Nous avons vieilli ensemble sans avoir jamais menti, nous ne mentirons même pas pour sauver un reste de vie. Fais ton devoir, nous faisons le nôtre. Nous ne t'accuserons pas de notre mort, nous n'accuserons que la loi. » Ni son grand âge, ni des accents empreints d'une pareille vertu, ne purent faire déroger ses juges à leur impitoyable rigidité, et ils envoyèrent le noble couple à l'échafaud. « Lamartine. »

Reconnaissance. — Un devoir que l'on remplit rarement, c'est celui de la *reconnaissance* : on appelle ainsi le sentiment affectueux qui nous attache à une personne, en souvenir de ce qu'elle a bien voulu faire pour nous obliger, avec le désir de lui prouver ce sentiment par des faits, ou, du moins, par un aveu du bienfait.

La reconnaissance est une dette qui ne s'acquitte que par le cœur et il y a autant de mérite à savoir reconnaître un service qu'à le rendre; qu'une mauvaise honte, qu'une sotte et lâche vanité ne paralysent point l'élan de notre cœur.

De même que celui qui oblige ne doit pas divulguer un bienfait, de même celui qui reçoit, ne doit ni le taire, ni en rougir. Il faut mettre autant de bonne grâce et de simplicité à accepter un service, qu'on met de délicatesse, de cordialité à nous l'offrir. Surtout ne calculons pas les avantages qu'un bienfait nous rapporte pour y proportionner notre gratitude, ce serait en perdre le mérite ;

tout le prix de la reconnaissance est dans le sentiment d'amour que nous vouons au bienfaiteur et dans nos efforts pour le lui témoigner.

Hélène Vernet. — La France a contracté envers les rares amis qui lui sont restés fidèles pendant l'année 1870-1871 une dette éternelle de reconnaissance.

Si notre pays a fait un vain appel à la sympathie des gouvernements étrangers au jour de sa détresse, les particuliers se sont chargés de payer à l'humanité la dette de leur patrie. Avant tous les Suisses nous ont tendu une main fraternelle qui ne s'est jamais fermée et nous les avons trouvés partout où il y avait une souffrance à soulager, jusqu'au jour où des armées entières échappées à nos désastres, ont reçu chez eux la plus généreuse hospitalité. Mais entre tant de noms de ce pays dont nous devons garder le souvenir, il en est un que nous devons honorer entre tous, c'est celui de Mlle Hélène Vernet, une de ces héroïnes de charité qui furent les anges consolateurs des Parisiens durant le siége.

Mlle Vernet était à Genève, sa patrie, au moment où les nouvelles de nos désastres retentirent coup sur coup dans toute l'Europe. Tout l'attachait à son pays où sa famille a conquis depuis longtemps un renom spécial de distinction et de charité ; la direction des bonnes œuvres fondées par elle remplissait sa vie. L'appel des protestants de France l'avait émue jusqu'au plus profond de son cœur : elle partit pour Paris qui n'était point encore investi. Le jour même de son arrivée elle se mettait à l'œuvre, et suivie de quelques diaconesses elle s'installait dans les bâtiments inachevés du nouveau collége Chaptal, converti en ambulance.

Ce que Mlle Vernet déploya de dévouement, de volonté, d'active et d'intelligente charité plus d'un cœur reconnaissant pourrait le dire dans les chaumières de France où tant de blessés ou de malades lui ont dû de pouvoir rentrer après la guerre. Tous les malades occupent une place égale dans ses préoccupations de chaque jour ; quand elle ne défendait pas ses pauvres blessés contre la douleur, elle les défendait contre la faim et le froid. Elle était partout, aux opérations, à la pharmacie, aux magasins ; et le soir, quand elle rentrait dans sa froide cellule, elle oubliait, en songeant au travail qu'elle devait reprendre à l'aube du jour, que son feu s'était éteint et que l'heure de son frugal repas était passée. Elle administrait cette œuvre d'un moment comme si elle devait durer toujours, aussi ménagère de l'argent des malheureux que des forces de ses compagnes, aussi préoccupée des menus détails que de l'œuvre principale.

Les portes de l'ambulance Chaptal ne s'ouvrirent pour Mlle Vernet que le jour où elle eût vu sortir son dernier malade et son dernier blessé : il était temps. A peine arrivait-elle à Genève qu'une maladie déjà déclarée, mais qu'elle avait pour ainsi dire suspendue par sa volonté, la conduisit aux portes du tombeau.

Elle sembla cependant devoir s'en relever, et comme si dans un nouveau dévouement elle eut puisé de nouvelles forces, elle eut encore le temps de voir s'ouvrir l'hôpital qu'elle avait créé et spécialement destiné aux enfants du premier âge. Mais la mort avait marqué son heure, et le mal était revenu plus implacable et plus décisif ; au commencement de Novembre elle est allée rejoindre ceux que son dévouement n'avait pu arracher à la mort.

Sir Richard Wallace. — La France doit placer à côté du nom de Mlle Vernet celui d'un noble anglais, Sir Richard Wallace dont le souvenir est inséparable de celui du siége de Paris. Ce qui a surtout touché la population de la capitale, c'est moins la grandeur de ses largesses qui ont été immenses, elles se chiffrent par centaines de mille francs, que l'exquise délicatesse avec laquelle il les a faites. Un des derniers jours du bombardement, un obus prussien tomba sur les merveilleuses serres du Jardin-des-Plantes qu'il réduisit en poussière, n'épargnant que deux camélias en fleurs. C'est à Sir Richard Wallace que les administrateurs du Muséum envoyèrent ces deux pauvres fleurs échappées à la dévastation, comme un doux témoignage de la reconnaissance que les Parisiens ont vouée au généreux étranger qui voulut partager leurs dangers et a si noblement secouru leurs misères.

Ingratitude. — Le vice de celui qui reste insensible aux bienfaits, qui les oublie, qui rend quelquefois le mal pour le bien, se nomme *Ingratitude*.

Si la reconnaissance n'est que l'accomplissement d'un devoir commandé par la justice, l'ingratitude est une iniquité. Chez les uns, elle a sa source dans l'insouciance et se confond avec elle; s'ils se montrent indifférents aux bontés qu'on leur témoigne, c'est parce que les procédés délicats leur échappent, et ils oublient moins parce qu'il leur en coûterait de se souvenir, que parce que leur cœur, sous sa grossière enveloppe, n'est point touché par les bienfaits.

Chez les autres, l'ingratitude naît de l'égoïsme, l'égoïste ne connaît le prix des choses que par les profits qu'il en retire; il poursuit de ses assiduités l'homme qui sert ses intérêts, il le renie et le fuit dès qu'il n'en attend plus rien.

L'orgueil n'entre pas pour une part moindre que l'égoïsme dans l'ingratitude. Il y a dans l'obligeance dont on use envers certaines gens une supériorité qui les humilie, et dans le service rendu une sujétion qui leur pèse. Une autre espèce d'ingratitude bien commune, vient de l'opinion que les individus ont de leur mérite, ils s'imaginent qu'une grâce qu'on leur fait n'est qu'une justice qu'on leur rend.

Enfin il y a des cœurs dans lesquels les bienfaits reçus n'étouffent point le désir de nuire; le méchant en veut à l'homme qui l'aide, envie sa puissance et sa fortune : il fait plus, il se réjouit du mal qui arrive à son bienfaiteur.

Après le crime, ce que la pensée conçoit de plus odieux, ce qui révolte le plus la conscience, c'est l'ingratitude. Le Code-Pénal ne saurait l'atteindre, mais partout l'indignation des cœurs droits la flétrit autant que la lâcheté et la perfidie.

CHAPITRE XIX.

DEVOIRS DE CHARITÉ.

Charité. — Le mot charité signifie dans son essence sentiment d'amour pour le prochain.

Le christianisme a fait de la charité la base de sa morale : « Aimez-vous les uns les autres », c'est-à-dire secourez votre prochain de votre bien, de vos conseils, enfin par tous les moyens qui sont en votre pouvoir. La nature a placé dans notre cœur l'amour de nos semblables pour nous rendre ce devoir plus facile.

La charité nous commande d'abord d'aimer tous les hommes, ensuite de leur témoigner notre amour en leur faisant tout le bien possible, sans excepter de nos bienfaits même les méchants qui nous haïssent.

La charité excuse tout, croit tout, espère tout, supporte tout ; elle est patiente, pleine de bonté, elle ne connait point l'orgueil, ni l'insolence, ni l'envie ; elle ne recherche point son intérêt, elle ne soupçonne point le mal, elle ne se réjouit point de l'injustice, mais elle se réjouit de la vérité.

Si, comme vous n'en sauriez douter, il est une autre vie où la vertu reçoit sa récompense, soyez persuadés que le meilleur moyen d'acquérir cette récompense, c'est de posséder et de pratiquer la charité.

Lorsque l'hiver vous êtes assis auprès d'un bon feu, quand la saison est rude, que la gelée durcit la terre, que tous les travaux sont suspendus : pour bien des familles, c'est la misère. Songez alors qu'autour de vous, dans ces masures que couvre la neige, des enfants, des femmes, des vieillards ont froid et faim. « Donnez, donnez, vous qui êtes riches, vous qui sans être riches jouissez d'une médiocre aisance. Donnez, faites la charité et sachez bien que charité signifie amour. Si peu que ce soit, donnez-le avec amour, et Dieu vous le rendra immédiatement en joies intimes, en profondes et mystérieuses consolations.

Donnez ! c'est-à-dire aimez ! Aimez ceux qui souffrent, aimez ceux qui ont froid, ceux qui ont faim. Demain peut-être un revers de fortune nous plongera dans la misère ; ce que nous voudrions alors que l'on fit pour nous même, pour nos enfants, pour nos vieux parents, faisons-le pour les autres, faisons-le pour ces pauvres petits êtres, pour ces vieillards qui grelottent dans des galetas sans feu, pour tous les infortunés qui gémissent dans la douleur.

« Donner, ce n'est rien, bien donner c'est tout ; Si charité signifie amour, charité signifie aussi grâce ; donner avec amour et donner avec grâce c'est donner deux fois.(1)» On ne sait pas tout le bien que peut produire une bonne parole, un serrement de main, un sourire affectueux.

Il n'est point besoin d'être riche pour se montrer bienfaisant.

Que de pauvres donnent et donnent admirablement ! que de dévouements ignorés ! que de bienveillance, quelle inépuisable charité parmi ces classes laborieuses, si cruellement et si souvent frappées par le chômage ; que d'enfants recueillis, que de petits ménages secourus par des camarades d'atelier, par des voisins aussi pauvres souvent que ceux qu'ils secourent et qui cependant trouvent le moyen de donner et de bien donner. Ces bonnes gens trouvent simple qu'on se protège, qu'on se secoure, que l'on joue sa vie dans l'eau ou dans les flammes pour sauver la vie d'un frère inconnu, de partager son morceau de pain avec qui en manque, qu'on s'aime, enfin. Les auteurs de ces belles actions font le bien, comme l'oiseau fait son nid, tout naturellement, sans hésitation comme sans arrière pensée.

Eugène Lucas. — Un pauvre mécanicien, attaché depuis longues années à l'usine Violet, de Saint-Denis, est un véritable modèle de dévouement, et son nom mérite d'être connu de tous.

(1) L. Jourdan.

Eugène Lucas, né à Doullens (Somme), est un brave et digne garçon qui recueillit cinq petits orphelins, dont deux furent trouvés abandonnés dans un cimetière.

Il les éleva, les fit instruire et en fit d'excellents citoyens. L'un de ces enfants est mort à 24 ans, en 1874, premier comptable dans une grande maison de Paris. La Société des travailleurs de Saint-Denis a décerné une médaille d'or de première classe à ce digne ouvrier, et les applaudissements unanimes de tous les travailleurs qui assistaient à la séance, accueillirent la proclamation du nom de Lucas ; ils étaient heureux de donner ce témoignage d'estime à leur brave camarade.

Le Conseil municipal de Saint-Denis a aussi attribué à Lucas le prix de 500 fr. fondé par M. et Mme Fontaine, pour belles actions. Enfin la Société nationale d'encouragement au bien, a accordé à Lucas en 1875 une médaille d'honneur.

Bonheur de faire le bien. — On entend assez souvent des personnes riches tenir à peu près ce langage : « On envie beaucoup les gens riches, on a tort ; que de soucis ! que de déceptions ! que d'amertumes ! il a eu bien raison celui qui a dit que la fortune ne fait pas le bonheur. » Certes il ne viendra à l'idée de personne de s'apitoyer sur le sort des riches ; mais d'où vient que la fortune, tant enviée de ceux qui ne l'ont pas, ne fait pas le bonheur de ceux qui l'ont ? A force de réfléchir, dit M. A. Dumas, je suis arrivé à cette explication bien facile à trouver du reste : La fortune, tant enviée de ceux qui ne l'ont pas, ne fait pas le bonheur de ceux qui l'ont, parce que ceux qui l'ont ne s'en servent pas assez pour faire le bonheur de ceux qui ne l'ont pas. Je ne trouve pas d'autre raison aux désillusions, à la tristesse, à la misanthropie, si fréquentes chez les gens riches. Ils ne demandent, pour la plupart, à l'argent que les plaisirs qu'il peut leur donner, au lieu de lui demander les joies qu'il pourrait donner aux autres.

Il n'y a qu'à voir le bonheur complet, durable, céleste pour ainsi dire, que les braves gens à qui l'Académie française décerne chaque année des prix de vertu, ont éprouvé à faire le bien, non pas avec ce qu'ils possèdent, mais avec ce qu'ils acquièrent par un travail pénible, incessant, pour se rendre compte du bonheur que les riches pourraient se donner si facilement pendant le temps qu'ils passent à regretter de ne pas l'avoir.

Dieu me garde de nier la bienfaisance.

Lorsqu'elle s'empare de certaines âmes d'élite, elle y devient la passion la plus puissante, la plus dominatrice qui soit, la vie de M. de Montyon en est un admirable exemple.

Montyon. — Cet homme de bien qui fut si charitable pendant et après sa vie, naquit en 1733 et mourut en 1820. Possesseur d'une grande fortune, il voulut en régler l'emploi d'une manière utile à l'humanité ; sa libéralité éclairée s'étendit sur les pauvres, sur les hospices, sur les hommes de lettres. Il distribua de son vivant des sommes considérables en bienfaits qu'il tenait cachés ; par son testament il a légué aux établissements hospitaliers trois millions de francs. Et chaque année, grâce à lui, l'Académie française dispose de deux legs de dix mille francs chacun, l'un pour les prix de vertu, l'autre pour les ouvrages jugés utiles aux mœurs.

M. de Montyon avait été intendant de trois provinces, puis appelé au conseil du roi ; il avait émigré pour suivre et pouvoir aider de sa fortune ses amis exilés. Il est mort en écrivant qu'il demandait pardon aux hommes de ne leur avoir pas fait tout le bien qu'il pouvait, et que, par conséquent, il devait leur faire. Il savait que plus l'émotion causée par le spectacle de la vertu est courte, plus souvent il faut la faire naître : c'est pour cela qu'il a fondé ses prix annuels de vertu. Il espérait que le récit si souvent répété d'actes de courage, d'abnégation, de dévouement, accomplis par de pauvres gens, encouragerait d'autres pauvres gens à l'accomplissement d'actes semblables. Il espérait aussi que l'initiative qu'il avait prise encouragerait quelques autres personnes riches à cette charité féconde.

M. de Montyon ne s'est pas trompé, le bon exemple a été suivi par les uns et par les autres.

Chaque année les actes de vertu se multiplient, et l'Académie française voit augmenter le nombre des fondations destinées à les récompenser.

Egoïsme. — Le défaut opposé à la charité est l'*égoïsme*. On appelle ainsi l'amour de soi, le culte de sa propre personne, de ses seuls intérêts; culte dont le caractère est la malveillance fondée sur l'injustice et qui dans son résultat est ordinairement contraire à l'équité et aux intérêts généraux de l'humanité.

L'égoïste ne connaît plus d'autres jouissances que celles qui ont trait direct à l'individu, à son bien-être, à son repos, à sa fortune, à sa vanité ou à son ambition. Le devoir, la bienfaisance, le beau moral, les récompenses de considération et d'honneur, tout cela, pour lui, c'est le vide, c'est le néant. L'égoïsme ronge et détruit l'un après l'autre tous les liens sympathiques qui rattachent l'homme à la famille humaine, tous les nobles ressorts qui le portent vers l'idéal et vers Dieu. Il vient alors un moment où, comme perdu dans l'espace, le *moi*, centre d'un tout petit monde qu'il a fait à son usage, ne règne plus que sur la matière aride et désolée.

Sentiments envers le prochain. — Il y a entre les hommes de sérieuses relations de sentiments, et nous devons au prochain, non-seulement le secours de nos actes, mais encore de nos intentions. C'est par un échange constant de bons procédés, de services, par des marques de bienveillance dictées par le cœur, inspirées par la charité, que nous devons manifester à ceux qui vivent sous le même ciel que nous, les sentiments dont nous sommes animés à leur égard. Mais dans nos rapports continuels avec nos semblables nous avons bien des torts secrets à nous reprocher envers eux; il suffit quelquefois qu'une personne semble mieux douée, qu'elle soit plus riche, plus choyée que nous, pour que nous concevions contre elle une sorte de haine qui ne se traduit pas toujours par des faits, mais qui n'en est pas moins blamable.

Cette malveillance envers le prochain devient l'origine d'une action bien lâche que je veux vous signaler, car elle est malheureusement fréquente ; il s'agit des lettres anonymes que des individus sans délicatesse, comme sans honnêteté, écrivent à d'autres personnes, soit pour leur dénoncer certains faits, soit pour les outrager. Il y aurait certainement moins de ces lettres si on se donnait la peine de réfléchir sur leurs effets ; mais il y a des âmes vulgaires qui, quand la passion les domine, ne font pas plus de cas de l'honneur qu'un sauvage à qui l'on parlerait probité.

Amitié. — Au nombre des sentiments qui attachent l'homme à l'homme, il en est un que je n'aurais garde d'oublier, c'est l'*amitié*. On nomme ainsi l'attachement vif et profond qui, en dehors du cercle de la famille, unit les personnes à raison d'une certaine conformité d'humeur, de goût, d'opinions. Nous aimons une personne, telle qu'elle est, avec ses qualités et avec ses défauts, et quelquefois pour ses défauts.

Il n'y a que le méchant et l'égoïste qui puissent se passer d'un ami ; mais il importe que vous connaissiez bien les devoirs qu'impose l'amitié. Si vous voulez former une liaison durable, il faut d'abord bien choisir vos amis.

Choix des amis. — Pour se créer des amis, ce serait une faute que de s'absorber dans une seule liaison. En amitié, il faut n'avancer qu'avec une grande réserve, car il y a d'énormes inconvénients à reculer. Rien ne jette dans notre vie plus d'embarras, de désenchantements et d'amertume que des liaisons rompues ; c'est déjà trop de celles qui vont s'éteindre dans l'indifférence, laissant au cœur un vide glacial.

On doit choisir ses amis honnêtes, éclairés, afin de trouver dans leur société des engagements au bien. Rien de plus dangereux que les amis de plaisir, où les amis intéressés, unis par les vices et les passions, au lieu de s'unir par des sentiments nobles, généreux, par la sagesse et la vertu.

Celui qui vous excite à perdre votre temps et à contracter de mauvaises habitudes peut bien être un camarade, mais il n'est point un ami.

Une fois les amis choisis, le devoir réciproque est la fidélité ; ils doivent se traiter avec une parfaite égalité, avec confiance : qui dit amis dit égaux ; quelles que soient les inégalités sociales, l'amitié suppose entre deux amis mêmes droits et mêmes devoirs.

Celui qui exige plus qu'il ne donne est un maître.

Celui qui donne plus qu'il n'obtient est un serviteur.

La confiance n'est pas moins nécessaire que l'égalité dans le commerce de l'amitié, l'une ne va pas sans l'autre. Un ami est un second soi-même, par cela même en le faisant son égal on l'a fait son confident. Le propre de l'amitié c'est l'épanchement, et on ne peut user de réserve envers celui qui n'a point de secrets pour vous. Entre amis, de même que la défiance est une injure, la confiance est un devoir ; toutefois elle a ses limites, dans le cas où l'on est dépositaire de secrets qui appartiennent à d'autres.

Les amis sincères doivent s'oser tout dire ; l'amitié fait un devoir de dire la vérité, comme aussi de l'écouter. Mais en disant la vérité à un ami, il faut que nos paroles, toujours pleines de ménagement, respirent l'affection et la douceur.

Les amis se doivent le dévouement si l'un a besoin des secours de l'autre. Sans le désintéressement, l'amitié ne serait que calcul, et la vraie amitié ne compte ni sur les avantages du présent, ni sur les retours de situation. L'ami, digne de ce nom, ne délaisse jamais l'ami que la fortune abandonne. Ce qui donne à l'amitié tout son caractère, c'est une active sollicitude : notre ami doit en toutes circonstances nous sentir, au moins par la pensée, partout autour de lui. Rien de plus ordinaire que de rencontrer chez ceux que nous appelons nos amis une disposition permanente à rendre de petits services et même de grands ; cela se voit, mais à une condition, c'est qu'on aura soin de faire appel explicitement à leur obligeance, à leur dévouement ; cependant doit-on considérer comme amis sincères ceux qui ne savent pas prendre d'initiative à l'égard des moyens si nombreux qu'ont les hommes d'être agréables les uns aux autres. Cette initiative n'est-elle pas la véritable pierre de touche de l'amitié, de celle qui a ses racines au plus profond du cœur. On n'a pas tous les jours occasion de demander, de réclamer ou d'accomplir des actes de dévouement ; mais on pourrait, chaque jour presque, échanger entre amis ces mille attentions délicates qui font le charme de la vie, en en adoucissant les aspérités.

C'est parce que l'on n'y songe pas.

— D'accord, mais on y songerait si l'égoïsme ne nous laissait pas croire que ce qui est indifférent pour nous-mêmes l'est aussi pour nos amis.

Bosc. — Dans la vallée de Montmorency, près du château de la Chasse, en pleine forêt, existaient les ruines d'une ancienne chapelle dédiée à sainte Aldegonde. Ces ruines furent témoins pendant la terreur d'un honorable trait d'amitié.

Robespierre avait triomphé des Girondins ; quelques-uns seulement avaient pu se soustraire par la fuite à l'échafaud.

Bosc, savant naturaliste, était de ce nombre et chercha un refuge dans cette solitude ; mais il en était réduit à se nourrir de racines et de quelques œufs que lui donnait une poule, le seul soutien véritable de son existence.

Cependant pour quelque temps il pouvait vivre ainsi, quand Larévellière-Lepeaux, fugitif et malade, vient ajouter son infortune à cette infortune déjà si grande. Avant peu de temps, pour tous deux, c'est la mort. Bosc n'hésite pourtant pas à recueillir le proscrit, désormais les œufs sont pour le pauvre malade, l'héroïque amphytrion les remplace, quant à lui, par des limaces.

Il semble qu'une telle misère soit à son comble et que rien ne puisse l'augmenter.

Hélas! un oiseau de proie fond sur la poule, la blesse grièvement. Bosc accourt, la délivre, la soigne; il espère la guérir.

Creuzé-Latouche, un autre proscrit, arrive à son tour, les malheurs vont par troupe.

Il est mourant de faim, il faut qu'il mange.

Bosc, sent l'horreur de la position qui les menace tous trois, mais cette fois encore il n'hésite pas, la poule est sacrifiée.

Dieu eut pitié de tant de malheurs et de dévouement, les trois Girondins échappèrent au double genre de mort qui les menaçait, l'échafaud et la faim.

Politesse. — Une qualité dont chacun doit se parer, parce qu'elle fait le charme des relations humaines, c'est la *politesse*.

On désigne par ce mot la pratique de tous les égards, soit en actions, soit en paroles, que les hommes doivent à leurs semblables dans la Société. La connaissance de ces égards forme une partie essentielle de la bienséance et de l'usage du monde.

La politesse n'inspire pas toujours la bonté, l'équité, la complaisance, la gratitude; elle en donne du moins les apparences et fait paraître l'homme au dehors tel qu'il devrait être intérieurement. Elle consiste en réalité à dire et à faire tout ce qui peut plaire aux autres; mais elle doit néanmoins toujours rester digne et ne pas dégénérer en fausseté.

Cela est triste à dire, pour l'ordinaire la politesse n'est qu'une habitude de déguiser ses sentiments, pour témoigner aux autres le respect ou l'amitié que le plus souvent on n'a pas.

La vraie politesse est comme la fleur de la charité, elle est modeste; et comme elle cherche à plaire, elle sait que les moyens pour y réussir sont de faire sentir qu'on ne se préfère point aux autres, qu'on leur donne le premier rang dans son estime; elle défend d'étaler avec complaisance son esprit et son talent. Il y a aussi de la dureté à se montrer heureux en présence des personnes que le malheur poursuit.

La politesse veut qu'on s'oublie pour les autres, qu'on se gêne, qu'on se montre doux, patient. Comme les paroles douces ne coûtent pas plus que les paroles roides, on doit les employer pour tout le monde; un mot obligeant, bien placé, fait plus d'effet que les grands compliments dont quelques personnes nous accablent. On doit surtout éviter soigneusement de tourner les autres en ridicule, c'est une grave impolitesse.

Quand la moquerie s'attaque aux défauts ou à des riens, elle est d'un cœur vil et mauvais; cet épluchage du prochain, par des gens qui perdraient tant à être épluchés eux-mêmes, est une véritable pauvreté d'esprit.

L'habitant des campagnes est généralement bon et serviable, mais il apporte rarement avec ses pareils cette aménité de forme et de langage qui honore dans tous les rangs l'espèce humaine. Cependant il est des villages des environs de Paris où les paysans se disent entre eux, Monsieur, Madame, Mademoiselle. Que n'en est-il ainsi partout dans nos campagnes?

Aujourd'hui plus que jamais l'instruction et l'éducation tendent à établir seules une ligne de démarcation entre tous les hommes de tous les rangs de la Société.

Efforcez-vous de la faire disparaître; cela dépend de vous. A l'école, à l'église, dans les réunions publiques, dans les promenades, partout enfin, vous vous asseyez à côté ou vous coudoyez des gens bien élevés. Imitez-les, au lieu d'affecter la rudesse en leur présence, rivalisez avec eux par la politesse et par l'urbanité du langage, et croyez-m'en, vous aurez achevé de renverser la barrière que les travailleurs s'imaginent exister entre eux et les hommes des classes aisées, barrière qu'eux seuls maintiennent encore.

La politesse est de tous les pays, et les hommes de bonne compagnie la pratiquent en quelque sorte naturellement partout, sur le champ de bataille comme dans les relations ordinaires de la vie.

A Fontenoy, une ligne d'infanterie, composée des gardes françaises et suisses du régiment d'Aubeterre et d'un bataillon du régiment du roi, s'approchait de l'ennemi. On était à cinquante pas de distance... Les officiers anglais saluèrent les Français en ôtant leurs chapeaux. Le comte de Chabannes, le duc de Biron, qui s'étaient avancés, et tous les officiers des gardes françaises leur rendirent leur salut. Milord Charles Haï, capitaine aux gardes anglaises, cria : « Messieurs les gardes françaises, tirez. » Le comte d'Auteroche, lieutenant des grenadiers, leur dit à voix haute : « Messieurs, nous ne tirons jamais les premiers : Tirez vous-mêmes. » Les Anglais firent alors un feu roulant, dix-neuf officiers des gardes françaises et onze des gardes suisses tombèrent à la première décharge.

CHAPITRE XX.

DEVOIRS DES ÉCOLIERS.

Dès nos premiers pas dans la société nous avons à remplir des devoirs qui ont avec ceux qui lient les enfants à leurs parents une analogie si frappante qu'ils paraissent à peine en différer. Je veux parler des devoirs des élèves envers leurs instituteurs.

Les nécessités de la vie permettent rarement aux parents de donner à l'éducation de leurs enfants tous les soins qu'elle réclame ; le père et la mère de famille remettent alors leur autorité à des instituteurs, à des institutrices qui, dépositaires de leur puissance, ont à en exercer les droits et à en remplir les obligations.

Je ne vous vanterai pas, mes jeunes amis, les douceurs de l'école, non, la vie de l'écolier est laborieuse, désagréable quelquefois, et c'est par là qu'elle est bonne et salutaire ; la raison, d'accord avec la conscience, vous trace les devoirs que vous avez à remplir envers ceux que vos parents ont chargé de votre instruction.

Écoliers, tous vos devoirs envers vos maîtres peuvent se renfermer en ce simple précepte : aimez ceux qui vous enseignent et regardez-les comme des pères dont vous tenez non la vie du corps, mais l'instruction qui est comme la vie de l'âme.

Vous devez considérer votre maître comme un père et non comme un tyran toujours prêt à sévir ; il doit vous inspirer non la crainte, mais une affection vraie. Si vous l'aimez, il vous en coûtera peu d'avoir pour lui ce respect et ces attentions que commandent naturellement son âge et son autorité.

La docilité, qui consiste à se laisser conduire, à bien recevoir les avis des maîtres et à les mettre en pratique, est la première vertu des écoliers. Quel que soit l'ordre que vous receviez, il faut l'exécuter sans murmurer ; surtout ne vous laissez jamais aller à l'insubordination et à la révolte. Montrez-vous en toute occasion pleins de déférence pour votre maître ; que votre langage soit toujours poli, que votre ton et vos paroles ne trahissent jamais ni la mauvaise humeur, ni une colère mal contenue.

Vous suivrez la voie que vos maîtres vous tracent autant par l'exemple que par le conseil, et vous n'oublierez jamais que le travail intellectuel ou manuel, en tout temps la grande loi de l'humanité, est aujourd'hui pour tous un devoir sacré de patriotisme. L'étude ne doit pas être seulement un moyen de préparation pour les diverses carrières qui s'ouvrent devant vous, elle doit avoir en même temps un but plus élevé, le relèvement de la patrie française.

La connaissance de l'histoire trempe les caractères au contact des grands hommes de l'antiquité et de notre propre pays. Les sciences fournissent à l'agriculture, à l'industrie et aux arts, les ressources les plus fécondes et contribuent au développement de la richesse nationale et de la prospérité publique.

Montrez-vous toujours attentifs aux paroles et aux leçons de vos maîtres. On demandait un jour à un homme remarquable par son érudition et sa connaissance des affaires comment il avait acquis tous ces avantages ; il répondit : « en étant tout entier à ce que je faisais dans un moment donné. » L'habitude de l'attention est en effet une des conditions les plus nécessaires de tout perfectionnement et de tout succès. Rien n'est plus contraire à toute étude sérieuse ou profitable que l'habitude d'abandonner son esprit à l'aventure, la disposition à n'écouter ce qu'on dit que d'une manière discontinue et pour ainsi dire par lambeaux.

Reconnaissance envers les maîtres. — La reconnaissance dans le cours de la vie, pour ceux qui ont travaillé à notre éducation, est la marque d'un bon cœur. Gardez toujours, mes enfants, une large place dans vos affections à ces maîtres dont vous avez reçu une instruction qui fait de vous des citoyens utiles et souvent votre richesse ; dont les soins patients ont développé ces qualités et ces sentiments d'honneur et de probité qui vous valent l'estime des gens qui vous connaissent. La vigilance et la sévérité des maîtres déplaisent parfois dans un âge où l'on est peu en état de juger des obligations qu'on leur a ; mais quand les années ont mûri l'esprit et le jugement, on reconnaît que ce qui nous donnait de l'éloignement pour eux, je veux dire les avertissements, les réprimandes et la sévère exactitude à réfréner les passions et les caprices d'un âge léger et irréfléchi, est précisément ce qui les doit faire estimer et aimer. Marc-Aurèle, l'un des plus sages et des plus illustres empereurs qu'ait eus Rome, remerciait les dieux de deux choses surtout : de ce qu'il avait eu pour lui-même d'excellents maîtres, et de ce qu'il en avait trouvés de pareils pour ses enfants.

A votre sortie de l'école, vous entrerez dans la société et alors selon les différences d'état, de fortune, de circonstances, vous occuperez des situations bien diverses, puis ces situations changeront encore avec les années. Mais quelle que soit votre condition, conservez toujours avec vos maîtres les plus affectueuses relations; si la fortune a souri à vos entreprises, si le travail et votre savoir vous ont élevés à de hautes fonctions, que la reconnaissance vous conduise souvent chez ceux à qui vous êtes en partie redevables de vos succès, et qui sont fiers de vous avoir comptés au nombre de leurs élèves.

Si le malheur vient à s'abattre sur votre ancien maître, prouvez-lui que vous n'avez oublié ni ses leçons, ni vos devoirs ; mettez à acquitter cette dette du cœur la plus exquise délicatesse ; faites en sorte qu'en acceptant vos bienfaits, il paraisse vous rendre service, et non qu'il se sente votre obligé.

A ce sujet, je vous rappellerai le trait suivant.

Après avoir fait au collège de Pau, sa patrie, de brillantes études, Bernadotte qui avait commencé par être simple soldat devint Maréchal de France, et puis prince royal de Suède en 1810 et enfin roi de ce pays en 1818, sous le nom de Charles-Jean XIV. Un jour, sortant de son palais pour aller passer la revue de ses troupes, il vit un vieillard fendre la foule qui l'entourait, et venir se jeter à ses pieds, ému, ne pouvant prononcer une parole, mais les yeux baignés de larmes et tenant dans sa main qu'il agitait en l'air une petite médaille d'argent suspendue à un ruban tout usé. Charles-Jean fixe quelque temps les yeux sur cette médaille : c'est la première qu'il a portée à l'école primaire de sa ville natale ; il la reconnait et son cœur tressaille. Il relève le vieillard qui la lui montre, c'est son premier maître ; il l'embrasse, il le conduit dans son palais, et ne le laisse sortir quelques semaines après que pour revenir vivre, sous le ciel de la France, d'une pension que lui assure son reconnaissant écolier.

Autre exemple : Lhomond, qui fut un des hommes les meilleurs et les plus érudits de son temps, avait embrassé par vocation la carrière de l'enseignement ; par préférence il s'était attaché aux classes qui recevaient les plus jeunes enfants : il refusa toujours d'accepter les chaires plus élevées qu'on lui offrait. Il consacra tout son talent à la composition de livres élémentaires destinés à faciliter à ses élèves les études les plus arides. C'est à lui, entr'autres livres, que l'on doit la grammaire sur laquelle sont calquées toutes celles qui sont en usage dans nos écoles primaires. Son amour, son dévouement pour ses fonctions, comme pour ses élèves, inspiraient à ces derniers le plus profond attachement pour leur maître. Aux approches des fatales journées de septembre 1792, Lhomond fut jeté dans les cachots de la Terreur; son heure allait venir, lorsqu'un de ses anciens élèves, devenu un des membres les plus violents de la Convention, Tallien, apprend les dangers qui menacent les jours de son professeur; insensible pour tant d'autres, Tallien s'émeut pour le vieillard auquel il a voué une vénération profonde; il vole auprès de Danton, plus redoutable peut-être que lui-même, car il tenait la mort dans ses mains et laissait immoler les victimes, s'interpose auprès de la commune, arrache enfin aux proscripteurs un ordre de mise en liberté, et les portes de la prison s'ouvrent le jour même pour laisser passer l'excellent maître que l'intervention si efficace de l'élève sauva du couteau des égorgeurs.

Il est encore un devoir, sur lequel on néglige trop souvent d'appeler votre attention, je veux parler de la reconnaissance que nous devons tous aux savants et aux inventeurs.

Je vous ai déjà dit que le travail devenait souvent l'origine de la vraie gloire, et je vous ai cité les noms de quelques-uns de ces bienfaiteurs de l'humanité dont le souvenir doit être gravé dans toutes les mémoires. Les savants partagent volontiers avec l'artisan les trésors de leur science, et contribuent ainsi à donner à l'industrie, aux arts, à l'agriculture un essor plus élevé, plus rapide.

Agronomes, chimistes, médecins, géologues, etc., sont mis tour à tour à contribution par ceux dont la mission est de répandre au sein des classes laborieuses les connaissances propres à les élever à de meilleures conditions d'aisance relative et de moralité.

L'ingratitude et l'oubli sont trop souvent la récompense des inventeurs, et cependant leurs efforts tendent sans cesse à épargner aux générations futures la fatigue excessive et contribuent à initier toutes les classes de la société aux bienfaits de la civilisation.

Il serait donc de toute justice qu'en profitant si bien de toutes les conquêtes de la science nous eussions au moins une pensée de reconnaissance pour ceux qui les ont faites avec tant de peines, presque toujours aux dépens de leur fortune, parfois même au péril de leur vie.

L'idolâtrie, dans l'antiquité, souvent fit aux peuples une religion de la reconnaissance ; Triptolème qui passait pour avoir enseigné aux hommes, après Cérès, la culture et l'emploi du blé, eut son temple et ses prêtres. Les Béotiens, les plus grossiers d'entre les Grecs, avaient érigé des autels à deux de leurs compatriotes voyageurs qui avaient apporté d'Orient l'art de faire le pain.

Mais parmi nous combien connaissent les grands noms qui doivent nous remplir d'un juste orgueil ? Combien, par exemple, connaissent le nom de Denis Papin, physicien né à Blois en 1647 et mort en Angleterre en 1710. Cet homme de génie a connu le premier toute la puissance de l'eau réduite à l'état de vapeur et le parti qu'on en pouvait tirer comme force motrice. C'est à lui qu'est due l'idée de prendre pour moteur des machines, un piston descendant et remontant alternativement dans un corps de pompe ou cylindre creux ; Papin eut aussi la gloire d'inventer, comme moyen de se prémunir contre le danger des explosions de la vapeur, la soupape de sûreté.

Papin était né inventeur. La destinée qui semble s'être acharnée contre lui sans relâche ; les circonstances, qui rendirent stériles ses plus belles conceptions, la misère, la persécution, rien ne peut étouffer en lui cette ardeur de découvrir, et ce besoin de créer, qui firent à la fois son malheur et sa gloire. Vers la fin du XVIIe siècle il avait construit un appareil qu'il essaya d'appliquer à la propulsion des navires : il avait fait même construire un bateau avec lequel il remonta la Fulda dans l'intention de gagner la mer du Nord par le Wéser ; mais à Münden en Hanovre, des mariniers mirent en pièces son bateau.

Papin habita successivement Londres, Venise, Marbourg ; il eut bien voulu rentrer en France, mais il était protestant et la révocation de l'édit de Nantes le condamnait à l'exil. Découragé par l'indifférence de ses contemporains, dont aucun n'entrevit le brillant avenir de sa découverte, il mourut en Angleterre, où il était revenu pour la troisième fois, dans un état voisin de l'indigence. C'est à l'Anglais James Watt qu'était réservé le bonheur de trouver l'application pratique de l'invention de Papin.

CHAPITRE XXI.

DEVOIRS DES MAITRES ET DES SERVITEURS.

Je vais vous entretenir aujourd'hui des devoirs réciproques des maîtres et des serviteurs. Les hommes seraient trop heureux en ce monde s'ils songeaient à se rendre mutuellement leur condition supportable ; c'est surtout à la campagne où maîtres et serviteurs sont forcément livrés ensemble au même cercle de travaux que cet intérêt réciproque, base de la vie de famille, peut devenir une source inépuisable de bonheur vrai pour le maître du sol autant que pour ceux qui le fertilisent sans en posséder leur part.

Plus ou moins nous avons tous besoin les uns des autres, de là dérivent une foule d'obligations mutuelles, de là les obligations du maître envers le serviteur, et du serviteur envers le maître. La domesticité n'est point l'esclavage, le serviteur n'est que l'aide, l'auxiliaire du maître ; l'assistance qu'il lui prête n'est que l'exécution d'un contrat librement consenti. Ces obligations une fois contractées doivent être sacrées pour nous, car tout dans la vie a pour principe le devoir ; y manquer, c'est une honte ; y être fidèle, c'est l'honneur.

Choix des Serviteurs. — Le choix des domestiques réclame particulièrement toute la pénétration des maîtres ; on doit ne rechercher que les gens qui conviennent aux services auxquels on les destine. Il faut d'abord connaître les individus avant d'en faire ses serviteurs ; ensuite en user dans la mesure de leurs forces, et selon leur valeur ou leurs facultés. N'oubliez pas que c'est commettre une action déshonnête que de faire sortir d'une maison un serviteur pour se l'attacher par l'appât d'un gage plus élevé.

Les enfants en général aiment les domestiques et il serait ridicule de leur interdire la familiarité que leur nature montre à tous ceux qui les amusent ; d'ailleurs il est impossible qu'une mère de famille n'ait pas souvent besoin de se faire suppléer ou remplacer par des bonnes. Les domestiques prennent ainsi une place importante dans la famille et c'est là surtout qu'il importe de s'assurer de leurs soins, de leur fidélité, de leur moralité. Quelles garanties ne devons-nous pas exiger des personnes auxquelles nous confions, ne fût-ce qu'une minute, le corps et l'âme de nos enfants ?

Le maître doit sans doute avoir l'œil toujours ouvert ; mais il doit savoir aussi qu'aucune créature n'apprend à bien faire si on ne lui laisse une certaine liberté ; surveillance et confiance, tels sont les deux principes d'un sage gouvernement domestique : sans la première on est trompé, sans la seconde on se trompe soi-même, en privant le serviteur du ressort le plus énergique de l'activité humaine : la responsabilité et l'honneur.

Le Maître. — Pour remplir envers ceux qui nous servent et envers nous-mêmes tous les devoirs que la nature a imprimés dans nos cœurs, que la loi a écrits dans nos codes, il faut être en même temps juste, doux et ferme ; beaucoup de personnes se privent de bons domestiques parce qu'elles ne savent pas supporter avec patience des défauts inévitables, inhérents à la nature humaine.

De tous les moyens de soutenir son autorité comme maître il n'en est pas de plus mauvais que de se faire craindre ; l'autorité du maître exercée avec douceur, avec bonté, avec mesure, est seule susceptible de commander le respect, d'inspirer l'affection et le dévouement. La crainte est toujours l'appui le plus fragile ; mais les petits soins du maître, ses prévenances, son affabilité ne sont jamais perdus pour lui ; ils doublent, s'il est possible, l'activité du serviteur, et l'on peut dire avec raison que l'affection qu'un domestique éprouve pour son maître, tourne toujours au profit de celui-ci.

Serviteurs. — Les serviteurs doivent se montrer en tout temps dévoués et affectionnés à leurs maîtres, prendre de leurs intérêts les mêmes soins que s'ils étaient les leurs, savoir écarter ce qui pourait y préjudicier ou les amoindrir. A côté d'un inviolable respect pour les engagements, se placent en première ligne la probité, la discrétion, le zèle, un soin constant pour les intérêts qui leur sont confiés, un travail intelligent et assidu, des habitudes morales. Fidèle observateur des règles établies, un bon domestique doit se plier docilement et sans murmurer à celles que la nécessité impose, que les circonstances obligent à créer; l'autorité du maître s'adoucit devant celui qui la respecte, le maître s'efface pour ainsi dire devant celui qui remplit bien ses devoirs. Un bon serviteur doit aussi savoir parfois passer condamnation sur une parole trop vive, sur un mot trop amer, quand il ne résulte pas d'une méchanceté calculée, mais d'un éclat soudain et passager; ne sommes-nous pas tous faillibles et n'avons-nous pas tous besoin d'une certaine indulgence; enfin un bon serviteur doit s'attacher à une maison et y rester : on n'aime que les anciens. Le serviteur qui court de maître en maître ne saurait exiger un retour de sentiments affectueux qu'il n'apporte jamais. Quelle bienveillance peut-il demander à celui pour lequel il n'en a pas lui-même ? Tout ce qu'on lui doit, c'est de la justice, mais rien de plus; il arrive souvent que cet homme n'est pas toujours juste pour ses maîtres.

Autrefois les maîtres étaient très-attachés à leurs serviteurs, qu'ils considéraient jusqu'à un certain point comme faisant partie de la famille. Les domestiques passaient leur vie entière dans la même maison, pour peu qu'ils le désirassent, et les salaires restaient excessivement bas. L'argent, chose sacrée, se gagnait difficilement. Aujourd'hui nous allons grand train, à l'instar de l'Amérique, pour beaucoup de choses; mais surtout pour les salaires des ouvriers et des domestiques. C'est à qui osera demander le plus, parfois avec l'intention de faire le moins. Et puis, pour un rien, pour un mot on se quitte. Congé donné, congé reçu. Maîtres et domestiques sont comme des adversaires qui s'envisagent bien souvent avec des yeux peu charitables. « On aura des égards pour vous, disait-on autrefois à toute nouvelle domestique qui entrait, vous serez bien traitée, on n'exigera que ce qui est juste et raisonnable, mais obéir ou sortir telle est la règle. »

Julie Poirier. — Un des plus beaux caractères de notre révolution, Lanjuinais proscrit sous la Terreur, trouva à Rennes un refuge contre l'échafaud et dut son salut au dévouement de Julie Poirier, sa servante ; il resta caché pendant dix-huit mois dans un réduit dont sa femme et sa domestique savaient seules le secret. A peine y était-il renfermé que le farouche Carrier arrive dans la ville et y fait publier la loi qui punit de mort, dans les vingt-quatre heures, toute personne qui aura donné ou aidé à donner asile à un condamné. L'épouse, qui craint pour sa généreuse complice ce qu'elle brave pour elle-même, avertit donc Julie Poirier du péril qui la menace et l'invite à se mettre en sûreté en quittant la maison de ses maîtres. Mais leurs dangers mêmes sont des raisons qui l'attachent à leur service. Elle continue à leur donner les soins qui leur sont nécessaires. L'habileté des agents de police ne parvint pas à mettre sa présence d'esprit en défaut. Elle a des ruses pour détourner les recherches, des expédients pour distraire leur attention et lorsqu'ils tombent à l'improviste dans la maison, elle sait encore les retenir sur le seuil pour donner à son maître le temps de gagner sa retraite. Elle veilla ainsi sur lui, jusqu'au jour de sa délivrance, sans laisser échapper un mot, un geste, une émotion qui trahît le secret dont elle était dépositaire. Elle aida donc à sauver les jours du grand citoyen que soixante-treize départements se disputèrent bientôt l'honneur d'envoyer au Conseil législatif. Julie Poirier est morte au service des enfants du maître à qui elle avait donné la preuve d'un profond dévouement.

CHAPITRE XXII.

DEVOIRS DES APPRENTIS.

Choix d'un état. — Plusieurs d'entre vous vont bientôt quitter l'école et me demandent des conseils sur la profession qui leur conviendrait. Je vous ferai observer, mes enfants, que le choix d'un état est la chose la plus importante de la vie et que pour le faire judicieusement il faut de sérieuses réflexions ; malheureusement il faut prendre un parti dans un âge où l'on commence à peine à se connaître. L'intelligence seule ne saurait être prise pour point de départ dans la recherche de l'aptitude que réclame telle ou telle profession, car les intelligences les plus précoces ne sont pas toujours celles qui portent les meilleurs fruits, ni les plus durables. On ne peut davantage prendre pour signe d'une vocation déterminée ce qu'on appelle vulgairement le goût. Tous les enfants ont du goût pour jouer au soldat : il ne s'en suit pas qu'ils soient tous propres à faire un jour des Turennes ou des Condés ; mais alors à quoi s'en rapporter, me direz-vous, si l'intelligence et le goût sont des signes trompeurs ? A ce que ni le temps, ni les choses ne sauraient détruire, au caractère, et commençons donc avant tout par étudier nos penchants, notre humeur naturelle, si nous ne voulons pas avoir à combattre l'ennemi au dedans et au dehors. Il reste assez d'autres difficultés à vaincre, et chaque état a les siennes ; mais ces difficultés loin de nous abattre, exciteront notre courage, enflammeront notre volonté, si dans l'état qui nous convient, nous avons apporté l'amour du travail sans lequel il ne faut plus parler d'état, ni de bonheur, ni de quoi que ce soit.

Il faut avant tout s'enquérir soigneusement des conditions d'aptitude, d'instruction, de temps et d'argent qu'exige la profession que l'on désire embrasser.

Il est deux erreurs que je dois vous signaler : On s'imagine généralement que plus on commence un métier de bonne heure plus on y devient habile ; on croit aussi que l'étude des sciences, qui semble n'avoir rien de commun avec une profession manuelle, fait perdre un temps précieux. Or si nous voyons tant d'ouvriers sans talent, dont les œuvres n'ont ni beauté ni cachet, il faut l'attribuer à ces préjugés.

Il est certain qu'en retirant les enfants de l'école dès qu'ils ont fait leur première communion pour les mettre en apprentissage, on perd du temps alors qu'on pense en gagner : les apprentis de 12 à 13 ans oublient vite le peu qu'ils savent, et courent le risque de ne jamais apprendre convenablement le métier qu'ils feront toute leur vie.

On a peine à se persuader que l'étude de l'arithmétique, du dessin, de la géométrie, etc., peuvent rendre un homme plus capable de bien raboter une planche s'il se fait menuisier, ou de bien construire un mur s'il est maçon. Il semble, au contraire, que si de bonne heure on prend en main la truelle ou le rabot, on contractera plus facilement l'habitude de manier ces outils ; mais qu'on y songe : dans l'exercice d'un métier il n'y a pas que les bras qui agissent, l'esprit ne reste pas dans le repos.

Il peut en être ainsi chez l'ouvrier fort ordinaire, qui ne sait obéir qu'en véritable machine aux mouvements qu'on lui commande et qui se trouve sans cesse arrêté par la moindre difficulté imprévue, tandis que l'artisan instruit trouve dans son esprit mieux cultivé mille ressources pour se tirer d'affaire ; rien ne l'étonne, il invente sur le champ les moyens de sortir d'embarras que l'ouvrier machine ne trouve pas bien ; ce n'est pas en rabotant les planches, ou en limant le fer, ou en maniant du plâtre, qu'on donne à son esprit la force de réflexion nécessaire et l'étendue des idées qui nous font trouver les choses.

D'ailleurs, qu'on en soit bien convaincu l'apprentissage s'il est commencé plus tard finira plus tôt. Il faut cinq ou six années à l'enfant de treize ans pour apprendre le moindre métier et le savoir mal, il ne lui faudrait que deux ans au plus pour le savoir bien s'il ne sortait qu'à quinze ans de l'école, plus instruit et mieux préparé.

Obligations des apprentis. — Dans l'œuvre importante de l'éducation professionnelle, *le patron, le maître* remplace les parents ; l'apprenti ne saurait avoir pour lui trop de respect puisqu'il lui tient lieu de père, trop de dévouement puisqu'il lui devra le métier qui le mettra à même de gagner honorablement sa vie. Il s'efforcera de se rendre utile à son patron, pour lui plaire, et lui fera sans hésiter le sacrifice de tout ce qui le détournerait de l'accomplissement de ses devoirs ; qu'il ne s'irrite jamais des contrariétés inévitables au début de toute carrière ; qu'il ne montre point de dépit et ne conserve point de rancune secrète ; qu'il prenne tout en bonne part et accepte sans murmurer un reproche, une réprimande, une punition ; qu'il ne se figure pas sottement qu'on lui veut du mal parce qu'on assure son bonheur à venir par de rudes exigences ; il le reconnaîtra plus tard.

L'apprenti doit être d'une discrétion à toute épreuve pour tout ce qui concerne la maison de son maître ; qu'il ne regarde pas ce qu'on ne veut point lui faire voir, qu'il n'écoute point ce qui n'est pas dit pour ses oreilles, surtout qu'il ne redise point au dehors ce qui se passe dans la maison, ce qu'il y a entendu. Qu'il ne porte jamais de plaintes à ses parents contre le patron, qu'il supporte une injustice plutôt que d'amener la mésintelligence entre les deux familles. Il ne parlera jamais des affaires de son maître, car un bavardage sous ce rapport peut avoir des conséquences dont il ne se doute guère ; il taira le nom des clients comme celui des fournisseurs de la maison. Qu'il se montre toujours empressé et de bonne humeur ; qu'il ne soit ni sournois, ni rapporteur, car il se rendrait méprisable à ses camarades, envers qui il doit toujours se montrer bon et franc.

A l'atelier, l'apprenti doit être docile et appliqué, demander qu'on lui explique ce qu'il ne comprend pas et à cet égard ne point avoir de sot amour-propre ; il ne doit point se rebuter, quand il réussit mal d'abord à quelque chose, qu'il recommence cent fois s'il le faut jusqu'à ce qu'il le fasse bien. Seulement il prendra soin de ne point gaspiller les matériaux qu'on lui confie pour apprendre son métier, car le patron a dû les acheter de ses deniers, ou ils appartiennent à des clients qui les lui ont fournis pour les mettre en œuvre.

L'apprenti doit tenir à ses outils comme le soldat tient à ses armes ; des outils soignés et ménagés durent plus longtemps que ceux qu'on entretient mal. Il doit aussi faire de son temps un usage consciencieux : s'il peut faire un ouvrage en une heure, qu'il n'en mette pas deux ; si on l'envoie en commission qu'il ne s'amuse pas en chemin.

L'apprenti doit aimer son métier et toujours travailler de bonne volonté. C'est le moyen de devenir rapidement un bon ouvrier. Qu'il se montre constamment plein de reconnaissance et d'affection pour le patron qui s'est chargé de le former à la pratique de sa profession ; et, si plus tard le succès a couronné les efforts de l'apprenti pendant que des revers ont frappé son ancien maître, qu'il ne se souvienne alors que de ses bontés, et qu'il lui tende une main filiale.

Achille Monneret. — Né à Paris, orphelin dès l'âge de six ans, Achille Monneret adopté en 1803 par la société des Amis de l'Enfance fut placé par elle en apprentissage chez un relieur habile nommé Mesland ; Achille ne tarda pas à devenir un excellent ouvrier. A peine avait-il atteint sa vingtième année qu'il prenait entièrement à sa charge une tante infirme, repoussée par les hospices. Peu de temps après, son maître, ruiné par les vicissitudes du commerce, laissait sa femme et ses deux enfants réduits au désespoir et à la misère. Mais leur infortune même leur suscita un protecteur, c'est l'apprenti de Mesland.

Monneret entre aussitôt dans un autre atelier, et il consacre son salaire à la famille de son malheureux maître, ne retenant que ce qu'il lui faut pour acheter chaque jour un peu de pain.

Quelques mois plus tard Mesland trouve dans le pays où il s'est réfugié une condition pour sa femme; mais on ne consent à recevoir avec elle qu'un seul de ses enfants. Voilà donc la pauvre mère dans la cruelle alternative, ou de renoncer à la première ressource qu'on lui offrait pour alléger sa misère, ou d'abandonner à la charité publique un petit être de cinq ans. Monneret a compris ses angoisses, il la fait partir, garde l'enfant et le place à ses frais dans une maison honnête, où il surveille son éducation avec la sollicitude assidue du père de famille le plus tendre et le plus attentif; mais la Société des Amis de l'Enfance surprit le secret de Monneret : elle adopta son pupille, comme elle l'avait adopté lui-même, et l'Académie française, touchée d'un si noble et si précoce dévouement, accorda un prix de vertu au généreux ouvrier.

Loisirs de l'apprenti. — Le temps que les jeunes gens ont passé sur les bancs serait du temps perdu, si quand ils ont définitivement quitté l'école ils renonçaient à toute étude, s'ils n'ouvraient jamais un livre, s'ils ne touchaient jamais une plume. Qu'on se le persuade bien : si l'oisiveté est, en ce qui concerne le travail manuel, la mère de tous les vices, on peut affirmer que l'oisiveté intellectuelle est la mère de toutes les erreurs, de tous les préjugés, de tous les faux jugements, de toutes les niaiseries, de toutes les injustices. Sans doute l'instruction ne nous garantit pas absolument de tout cela ; mais s'il ne suffit pas d'avoir lu, pensé, réfléchi, pour voir clair et juste en toutes choses, peut-on espérer ce résultat quand on s'est volontairement condamné à l'obscurité de l'esprit, à l'ignorance.

Nous avons une somme d'activité intellectuelle que nous ne pouvons laisser stagnante sous peine de l'amoindrir, ou de l'annuler, et que nous dépenserons mal si nous ne l'employons à notre amélioration morale. La plupart des travailleurs croient avoir rempli leur tâche en occupant activement leurs mains et s'interdisent habituellement d'occuper leur esprit. Cependant chaque dimanche on peut trouver le temps de donner un aliment à son intelligence, et les soirées d'hiver sont longues. Il faut donc conserver et même accroître les connaissances acquises à l'école, cultiver son esprit par des lectures instructives et profitables à tous. Cela vaudrait infiniment mieux que les commérages auxquels les cerveaux vides se livrent sur le prochain ou que les histoires ineptes qui se racontent dans les veillées au village.

Les bons livres ne manquent pas, mais il faut savoir les choisir : certains ouvrages instruisent et ornent l'esprit, d'autres le cœur. Il faut d'abord choisir des livres qui nous servent d'instituteurs et de guides, ce n'est qu'après avoir bien profité de ceux-là que nous pouvons nous attacher à d'autres, comme à des amis de tous les jours et de tous les instants.

Abraham Lincoln. — La vie d'Abraham Lincoln, mort président de la grande république Américaine, vous apprendra comment un simple ouvrier, de la condition la plus humble, a pu s'élever, comme Franklin, à la plus considérable. Lincoln en effet était fils et petit-fils de pionniers ; le soir venu, sa hache et son fusil déposés dans un coin de la cabane qu'il habitait avec sa famille, il se mettait à dévorer, avec plus d'empressement que bien d'autres enfants n'eussent fait devant un dîner, les rares livres qu'on voulait bien lui prêter : tels que le voyage du pèlerin, les fables d'Esope, la vie de Washington. A dix-huit ans il se fit batelier et gagnait dix dollars par mois, à peu près cinquante-cinq francs de notre monnaie ; un peu plus tard il était commis chez un meunier de New-Salem. Dans la boutique il avait toujours un livre à la main ! « Comment, lui disait un acheteur, pouvez-vous travailler au milieu des allants et venants qui vous dérangent à chaque instant ? — Je fais comme Franklin, répondit Abraham, s'il n'avait pas étudié, il eut fabriqué des chandelles toute sa vie. »

En 1832 il fut nommé capitaine d'une compagnie levée pour guerroyer contre les Indiens, puis envoyé à la législature de l'Illinois.

Il se mit alors à étudier le droit, et comme aux États-Unis toutes les professions sont libres, il se fit avocat au barreau de Springfield et ne tarda pas à conquérir assez de réputation pour être envoyé en 1847 au congrès, comme membre de la chambre des représentants.

En 1860 il était élu président et la grande guerre civile entre le Nord et le Sud au sujet de l'esclavage commençait. Lincoln était un homme de six pieds, sa démarche était lourde, empruntée, ses vêtements mal ajustés : L'écorce était grossière, mais elle renfermait un esprit d'un bon sens supérieur et une âme pleine de grandeur morale. Voilà l'homme que la postérité mettra sur le même rang que Washington, car si celui-ci a délivré son pays de la domination Anglaise, celui-là l'a délivré de la honteuse plaie de l'esclavage.

CHAPITRE XXIII.

DEVOIRS DES OUVRIERS.

Ouvriers et Patrons. — Les devoirs de l'ouvrier ne diffèrent pour ainsi dire point de ceux de l'apprenti : comme lui il doit être exact au travail, se montrer doux, respectueux, soumis envers ses patrons, leur obéir avec ponctualité, il doit également veiller sur leur réputation et leurs intérêts.

Les rapports entre ouvriers et patrons doivent avoir pour base la justice et une bienveillance mutuelle. Le salaire se fixe d'un commun accord; c'est une convention librement débattue et librement consentie. Ce contrat engage la conscience de l'ouvrier comme celle du patron, il doit être exécuté selon les lois de l'équité et de la plus scrupuleuse probité.

Les devoirs de l'ouvrier envers celui qui l'emploie, ne

consistent pas seulement à lui rendre en travail l'équivalent de son salaire : ses sentiments comme son langage doivent être ceux d'un ami. A l'équité, au respect, à l'affection, aux bons procédés, il répondra par l'équité, par le respect, par les bons procédés et par l'affection. C'est dans cette réciprocité de bons sentiments, et dans elle seule, que se trouve le support et l'adoucissement des difficultés présentes.

L'ouvrier ne doit pas quitter sans motif sérieux son patron pour un autre; plus il demeure dans la même maison, mieux cela vaut pour lui. Mais lorsqu'il se décide à changer d'atelier, l'équité veut qu'il prévienne à l'avance le patron, qu'il lui laisse le temps de se pourvoir, qu'il ne l'expose point à se trouver dans l'embarras. Après l'avoir quitté, même en mauvais termes, il doit garder le silence le plus absolu sur ce qui se passe dans son établissement et ne rien dire contre sa personne ni contre son caractère.

Un bon ouvrier tient à gagner le salaire qu'il reçoit; il sent que promettre son temps, son application, son adresse, sa force et ne pas les donner, c'est un vol, tout aussi bien que de promettre un salaire et n'en donner que la moitié ou le donner en monnaie de mauvais aloi; il sait que la prospérité d'une maison est le bien commun de tous ceux que cette maison fait vivre, que tout ce qui effleure ou ébranle la réputation ou le crédit du chef menace la situation des ouvriers, que diminuer la fortune du patron c'est tarir le réservoir des salaires.

Soyez-en convaincus, les intérêts légitimes des ouvriers et des patrons sont solidaires; chacun en améliorant son sort améliore le sort d'autrui et nul ne peut travailler honnêtement pour lui-même sans travailler utilement pour tout le monde.

L'intérêt de l'ouvrier est inséparable de son devoir, car avant tout le travail pour être fructueux doit être honnête, actif, intelligent, énergique. Il faut que ceux qui l'accomplissent ne soient pas des machines ou des bêtes de somme humaines, poussant de plus ou moins bon cœur l'outil ou subissant le fardeau ; mais des êtres intelligents comprenant leur tâche, l'accomplissant avec goût et conscience.

Une des premières qualités du véritable ouvrier, c'est d'être rempli de bon vouloir et d'avoir l'amour-propre de son état. Il faut qu'il aime sa besogne, il faut qu'il en soit fier ; il ne négligera ainsi aucun des détails, la soignera jusqu'à la fin avec minutie et ne la quittera que lorsqu'il l'aura conduite jusqu'au degré de perfection qui lui convient.

Il faut aussi qu'il soit d'un goût suffisamment exercé, non pas seulement pour les objets de luxe et d'art et pour un grand nombre d'œuvres où l'intelligence et la délicatesse du goût doivent primer, mais dans les travaux même les plus simples : vous ne devez pas oublier que l'intelligence et la délicatesse du goût sont ce qui fait le cachet distinctif d'un produit français. A l'étranger on nous conteste bien des choses, on nous accorde toujours et on nous envie celles-ci. Efforçons-nous de les conserver comme un de nos meilleurs lots, continuons en les perfectionnant encore, s'il est possible, les traditions qui nous ont été léguées. Pour rien au monde gardons-nous de déchoir ; notre honneur comme celui de la France y est engagé. Car à côté de votre réputation et de votre mérite personnel il y a la réputation de votre pays et l'intérêt général qu'il ne faut jamais perdre de vue. C'est par ces idées plus larges, c'est par ces sentiments généreux que vous élevez et que ennoblissez votre profession, quelle qu'elle soit. C'est avant tout par son intelligente attitude et par son goût que le bon ouvrier se révèle et qu'il acquiert l'estime de tous, surtout s'il y ajoute la régularité à remplir son devoir, une sorte de dévouement à ses fonctions et une bonne conduite. Toutes les professions ont leur dignité quand on a la conscience de les bien remplir, et toutes ont fourni des artisans illustres qui ont jeté sur la France autant d'éclat qu'elle en a reçu de gloire de ses armées.

Ouvriers et Apprentis. — Les relations des ouvriers avec les apprentis ne sont pas toujours ce qu'elles devraient être ; il arrive quelquefois qu'on est dur envers ces enfants, qu'on abuse même du pouvoir qu'on a sur eux, que sous prétexte de plaisanter on leur impose d'inutiles corvées, qu'on les accable d'invectives, de mille noms injurieux pour la moindre négligence. Ce sont là des procédés blâmables qui attestent un manque de cœur.

Un ouvrier raisonnable et bon se montrera toujours doux, complaisant envers les apprentis ; il leur évitera ces tracasseries parfois cruelles par lesquelles on prétend leur former le caractère et qui n'ont d'autres résultats que de le pervertir. Les mauvais traitements, les moqueries, les rebuffades ahurissent les enfants d'un naturel timide et finissent par les abrutir. On se plaint qu'ils sont méchants, c'est qu'on les a rendus tels.

Les apprentis se taquinent fréquemment entre eux, et s'il y en a un plus faible d'esprit que les autres, ou disgracié de la nature, il devient leur jouet. Loin de prendre part à ces jeux inhumains l'ouvrier sensé empêchera que ces enfants ne se tourmentent réciproquement et leur fera comprendre combien il est odieux et lâche de s'acharner après un camarade et d'en faire un souffre-douleur.

Mais s'il faut être bon pour les apprentis il faut être sévère pour leurs défauts ; on ne doit tolérer ni leurs petites colères, ni leurs mensonges, ni leur laisser contracter de mauvaises habitudes d'aucune sorte. Il faut surtout avoir le plus scrupuleux respect pour l'innocence de cet âge.

Les hommes, les jeunes gens, tiennent entre eux des propos obscènes que l'enfant ne devrait jamais entendre. C'est être coupable que de contribuer à altérer chez un enfant la pureté du regard et la chasteté de la pensée.

Plaisirs de l'ouvrier. — Les dimanches et les fêtes qui devraient être pour l'ouvrier des jours de repos, sont trop souvent transformés par un grand nombre de travailleurs en une journée de fatigue, mille fois plus pernicieuse à la santé que le labeur le plus rude, car c'est au cabaret qu'ils vont passer une partie de cette journée, et quand ils en sortent, beaucoup se trouvent en état d'ivresse.

Après une nuit très-agitée le travail est mauvais; dans les ateliers les accidents augmentent et il est constant que le lundi en produit plus du double que les autres jours de la semaine.

On ne se contente pas de fêter le dimanche, on *fait le lundi*; eh bien, voulez-vous savoir ce que coûte à l'ouvrier ce chômage du lundi ?

Celui qui ne travaille pas le lundi, indépendamment de la journée qu'il perd, fait des dépenses inutiles, pour ne rien exagérer estimons à 3 fr. la perte de temps et les dépenses inutiles, comme il y a 52 lundis dans une année, cela représente 156 fr. qui multipliés par 40, terme ordinaire des années de travail, donnent pour résultat de la perte 6 240 fr. Or toute somme se double par les intérêts au bout de 14 ans. Cette même somme placée tous les mois à la caisse d'épargne aurait produit 19,353 fr., capital plus que suffisant pour garantir la vieillesse de l'ouvrier de la misère et qu'il laisserait après sa mort à ses enfants, comme un souvenir de son amour pour sa famille et un exemple de sage économie.

Jacquart. — La liste des artisans qui se sont immortalisés par les progrès qu'ils ont faits dans leur art ou par leurs inventions, serait trop longue. Je me bornerai à vous dire quelques mots sur Jacquart, à qui la fabrication des étoffes de soie est redevable de son éclat. Jacquart était le fils d'un simple ouvrier; tisseur dans son enfance, il avait rempli la tâche abrutissante de tireur de lacs, il devint ensuite apprenti relieur, puis fondeur, il fut même un moment obligé de tresser des chapeaux de paille pour vivre.

Doué d'une merveilleuse aptitude pour la mécanique, il avait conçu l'idée d'un métier destiné à remplacer la tireuse de lacs. Après des essais infructueux, il parvint à construire la machine qui porte son nom et dont l'expérience démontre tous les jours l'excellence. Le croiriez-vous? quand Jacquard eut fait cette magnifique découverte il devint l'objet de l'aversion des ouvriers tisseurs de son pays. Une fois même, il fallut l'arracher aux mains de furieux qui voulaient le jeter dans le Rhône ; qui plus est le Conseil des Prud'hommes ordonna la saisie de son métier qu'il fit détruire en place publique comme une invention funeste à l'industrie. Le grand reproche avoué qu'on adressait à ce métier, c'était de produire dans le même espace de temps quinze à vingt fois autant que l'ancien, et l'on se figurait qu'en l'adoptant on allait nécessairement priver de travail dix-neuf ouvriers sur vingt.

Ajoutons les tireurs de lacs qui se trouvaient supprimés, et qui ne devaient pas être les moins irrités contre la nouvelle invention.

Mais bientôt on revint de ces idées, on adapta la mécanique Jacquart à tous les métiers, on fabriqua vingt fois plus et cent fois mieux, les commandes vinrent d'autant plus nombreuses, Jacquart fut honoré, décoré, pensionné modestement.

Il est mort âgé, tranquille dans son village, près de Lyon, et les Lyonnais, dont la fabrique de soieries est devenue, grâce à lui, la première du monde, lui ont élevé une statue sur une de leurs places publiques.

Ils devaient bien cela à la mémoire de Jacquart, qui, même quand ses concitoyens le persécutaient, et encore qu'il ne fut pas même dans l'aisance, avait obstinément refusé les brillantes offres qui lui venaient de l'étranger.

Il avait désiré que sa patrie fût la première à profiter de sa découverte et il resta fidèle à ce principe.

CHAPITRE XXIV.

DEVOIRS DES PATRONS.

Patron et apprenti. — Vous le savez, l'apprenti n'est qu'un élève ; le maître n'est qu'un instituteur. Si le père de l'apprenti exerçait la profession qu'il s'agit d'enseigner à son fils, il servirait de maître à celui-ci, et le foyer de la famille deviendrait l'atelier où l'écolier apprendrait son état. Le maître étranger fait donc l'office du père pour l'enfant qui lui est confié, de là le nom de *patron* qu'on lui donne. Ainsi ses obligations tiennent à la fois de celles du père et de celles de l'instituteur.

Le patron ne doit jamais oublier qu'il ne peut exiger de son apprenti que ce que ses parents en exigeraient eux-mêmes. Ainsi il ne lui imposera ni une tâche au-dessus de ses forces, ni des occupations qui lui répugneraient, parce qu'elles abaisseraient son caractère, en ne se rattachant pas directement à sa profession.

Quand le jeune apprenti se montrera gauche, maladroit, étourdi, le patron le reprendra sans brusquerie ; si l'enfant ne sait pas encore, il répétera avec patience les explications déjà plusieurs fois données et en exécutant lui-même sous les yeux de l'apprenti, afin que les procédés exposés avec méthode et clarté se gravent mieux dans la mémoire, à l'aide de l'action combinée du raisonnement et de la pratique. S'appliquant sans cesse à étudier les dispositions de son élève, il réformera le mauvais vouloir, il stimulera la nonchalance, il gourmandera plus vivement la paresse. Mais en même temps, d'une humeur toujours égale, d'un ton toujours modéré, il provoquera la confiance en allant au devant des questions et l'entretiendra en bannissant des réponses ces reproches amers, ces dérisions injurieuses, qui loin de faire naître chez l'enfant le désir de mieux faire, n'ont d'autre résultat que de lui inspirer l'aversion pour le métier comme pour le maître.

Un patron juste et sage saura pardonner et punir à propos ; indulgent pour les fautes légères, il n'hésitera pas à châtier le mensonge, l'infidélité, l'esprit de révolte ou d'agression. Mais il fera toujours œuvre de justice en louant l'application, en encourageant les efforts, en récompensant les progrès, pour faire aimer et activer le travail.

Un patron ne doit pas négliger de maintenir les bons rapports entre les ouvriers, d'exiger de la régularité dans les habitudes et de réprimer les écarts dans la conduite. Exact lui-même, il exigera des autres qu'ils le soient à son exemple ; il sera le premier à l'atelier à l'heure fixée par la règle et quand le moment du repas sera arrivé, c'est encore le maître qui en donnera le signal.

Le patron enseignera à ses apprentis les bons procédés qui assurent l'achalandage ; s'il doit les initier à tous les secrets de sa profession, il ne doit pas les former à la ruse et à la tromperie, sous prétexte de les rendre habiles. En livrant à l'acheteur qui l'a commandé un ouvrage loyalement exécuté, en s'abstenant de lui surfaire sa marchandise, ou en ne la lui vendant que pour sa qualité, il leur montrera que la bonne foi est la loi suprême du commerce et qu'il n'est ni intérêt, ni profit que le fabricant ou l'ouvrier puissent faire passer avant la probité.

Si l'apprenti habite la maison du patron celui-ci le traitera, pour la nourriture, le couchage, les soins du corps, comme s'il était son fils. Si une indisposition survient, si une maladie se déclare, il la soignera avec la tendresse attentive d'un père de famille.

La sollicitude du patron s'étendra sur la moralité des apprentis ; il les préservera des funestes effets du vice et de la débauche ; il ne les laissera pas quitter l'atelier ou le travail pour des distractions inopportunes, il les dirigera dans le choix de leurs amusements.

Lorsque l'apprenti a terminé son éducation professionnelle, il reste souvent comme ouvrier dans la maison où il a été formé et si le maître ne doit plus lui enseigner un métier qu'il sait déjà, il devra longtemps encore lui apprendre à le perfectionner. Il devra toujours conserver pour lui une bienveillance particulière, payer équitablement son travail. Il devra même le servir près des patrons auxquels il engage ses services, en sortant de chez lui.

Direction des ouvriers. — Dans sa conduite envers ses ouvriers, le patron doit toujours être animé par un profond sentiment d'équité et de bienveillance. Il agira constamment d'après ce principe : à savoir que le maître et l'ouvrier bien loin d'être des antagonistes sont des associés, entre lesquels il faut qu'il règne une complète harmonie ; c'est le seul moyen d'obtenir un travail honnête et productif.

Le maître doit toujours se montrer ferme pour tout ce qui touche à l'accomplissement du devoir ; qu'il songe que la familiarité tue le respect, énerve l'autorité ; mais qu'il songe aussi que la fermeté n'est pas de la rudesse, et que sans se familiariser on peut se montrer bon et amical.

Quant au salaire, le patron doit toujours se montrer équitable pour ses ouvriers ; s'il veut qu'ils accomplissent leur tâche aussi bien qu'il est possible de le faire, il faut qu'ils y soient encouragés par un résultat sérieux : « Le véritable intérêt du patron c'est de ne point marchander à ses auxiliaires leur part de la prospérité à laquelle ils contribuent et de fonder son succès bien plus sur l'amélioration de la qualité du travail que sur le prolongement du temps employé, ou de la réduction du salaire alloué.

Les faits démontrent qu'un salaire bas, qu'un labeur excessif avec un personnel misérable, abruti, mécontent, c'est du travail improductif et du capital mal employé. Tandis qu'un salaire élevé et un labeur modéré avec un personnel intelligent, actif et satisfait, c'est du travail avantageux et du capital bien employé. (1) »

On doit régler le salaire selon l'âge, la capacité, et aussi selon l'ancienneté des services. La présence d'hon-

---

(1) J. Passy.

nêtes et anciens ouvriers, est l'honneur d'un établissement ; les avantages dont on les voit jouir, inspirent aux plus jeunes une noble émulation. Que cette maxime sauvage *tant tenu tant payé* soit bannie du cœur comme des ateliers de tout patron intelligent : cette manière de voir supprime entre les hommes tout échange de sentiments affectueux et fait que le patron ne voyant dans ses ouvriers que des machines de travail, les accepte sans choix, les garde sans bienveillance, et les congédie sans regret.

Un bon patron doit témoigner à ses ouvriers dans toutes les occasions la sollicitude d'un chef et la bienveillance d'un ami ; proportionner les marques de sa confiance à l'estime qu'ils méritent, les interroger sur ce qui les concerne et sur les services qu'il peut leur rendre, les aider à élever et à placer leurs enfants. C'est surtout pendant la maladie de ceux qu'il emploie qu'un patron doit leur prodiguer les marques d'une sympathie sincère ; c'est une consolation pour un ouvrier malade et pour sa famille, de recevoir la visite d'un maître, d'abord parce que c'est un signe d'affection dont on se tient honoré et aussi parce que cette preuve d'intérêt contribue à calmer bien des inquiétudes.

Richard Lenoir. — Un des plus grands noms de l'industrie française est bien certainement celui de Richard Lenoir. Il représente tout à la fois la hardiesse d'une honnête ambition dès l'enfance, le courage dans les débuts, la force et l'énergie dans la réalisation de son projet, le vrai génie organisateur des grandes opérations industrielles, le succès atteint jusqu'à ses dernières limites, et enfin, à l'heure des revers, la légitime et consolante satisfaction du devoir accompli.

Richard naquit le 16 avril 1768 d'une famille de pauvres cultivateurs du Calvados. Nous verrons ci-après par suite de quelles circonstances il ajouta son nom à celui de Lenoir. Dès ses premières années, il éprouva une inclination évidente pour la spéculation, en recherchant dans sa sphère et par tous les moyens qui étaient à sa portée, l'occasion de réaliser quelques économies qui pussent lui permettre d'aller dans quelque grande ville voisine où l'activité de son caractère, l'ingéniosité de son imagination, devaient trouver de plus fréquentes et de plus faciles occasions d'atteindre de plus larges résultats.

Il partit donc pour Rouen à l'âge de 17 ans et comme l'insuffisance de ses ressources ne lui laissait point le temps de choisir l'emploi qu'il devait prendre, il débuta comme commis chez un négociant en rouenneries.

Un an après, il arrivait à Paris et entrait en service dans un café de la rue Saint-Denis ; mais poussé par l'esprit d'entreprise qui était le fond de son caractère, il déposa bientôt le tablier et la serviette pour tenter un petit négoce avec les 4,000 livres qu'il était parvenu à économiser dans son simple emploi de garçon de café. Les basins anglais étaient alors nouvellement connus en France ; Richard Lenoir en acheta quelques pièces et se fit marchand en détail.

Un jour, se trouvant en concurrence avec un jeune négociant nommé Lenoir Dufresne, dans l'acquisition d'une pièce de drap anglais, ils éprouvèrent l'un pour l'autre une estime qui se traduisit par une association commerciale. Le magasin des deux nouveaux associés fut rempli de piqués et de basins de coton, qui formaient à cette époque le monopole presque exclusif de la fabrication anglaise. La foule des acheteurs s'y porta avec un tel empressement qu'au bout de six mois les ventes s'élevaient à 1,500 fr. par jour et à 4,000 fr. avant la fin de la première année.

La fortune des deux associés fut rapide ; mais ce commencement ne suffisait déjà plus à l'activité croissante de Richard, et un jour, en débitant quelques-unes de ces étoffes anglaises, il eut l'idée d'en peser séparément la matière textile, de comparer la valeur du coton mis en œuvre avec celle de l'étoffe fabriquée ; l'une représentait une somme de douze livres, l'autre en pièce d'étoffe valait quatre-vingt six livres. Cette vérification fut le principe de nouveaux projets. Il résolut de créer en France l'industrie du tissage et de la filature du coton ;

il fit venir des cotons de l'Angleterre ; il installa des métiers dans un vaste et bel hôtel de la rue de Thorigny ; il instruisit des fileurs, commença à répandre sur tous les marchés français tous les produits de coton que jusqu'alors on n'avait pu se procurer qu'à très-haut prix dans les fabriques anglaises. Mais cette première fabrique fut bientôt insuffisante pour satisfaire les demandes de plus en plus croissantes des consommateurs.

Richard et Lenoir installèrent de nouveaux métiers dans l'ancien couvent de Bon-Secours, situé rue de Charonne et dans celui de Grenelle qui en était voisin et que le premier consul avait mis à leur disposition. Les plus merveilleux succès accompagnant toutes ces entreprises, d'autres installations eurent lieu ; 300 métiers furent montés dans divers villages de la Picardie, 40 à Alençon, 200 près de Luzarches et un grand nombre d'autres à l'abbaye d'Aulnay, à Caen, à Laigle et à Chantilly. Après la mort de son associé Lenoir en 1806, Richard que l'on continua à nommer Richard-Lenoir arriva au comble de la plus étonnante prospérité. Il occupait plus de 20,000 ouvriers, dépensait plus d'un million par mois pour son industrie et réalisait des bénéfices qui se chiffraient par plusieurs millions.

Mais en 1810, un nouveau droit porté sur l'entrée du coton en France causa une première atteinte à l'entreprise colossale de Richard-Lenoir. En vain Napoléon lui fit avancer une somme de 1,500,000 fr. ; les désastres de 1815 et la chute de l'empire achevèrent sa ruine.

Par patriotisme il organisa, équipa militairement et commanda lui-même ses ouvriers formés en légion, pour la défense de Paris pendant le siége des armées coalisées.

Puis, ces événements passés, les forces de la France se trouvèrent épuisées, un grand marasme se manifesta dans les entreprises industrielles. Tout devait conseiller à Richard-Lenoir de fermer ses manufactures et de cesser tout travail en conservant la fortune acquise. Mais il ne voulut point priver ses ouvriers des salaires que leur procurait le travail de ses ateliers ; il continua donc sa fabrication. Les produits ne trouvaient plus d'écoulement, les marchés s'encombraient, les prix s'avilissaient. Richard-Lenoir, non-seulement ne réalisait plus de bénéfices, mais dépensait pour le soutien de son industrie tous les capitaux amassés. Enfin l'heure vint où sa ruine fut complète. Il rentra et vécut dans une vie obscure et dans une indigence presque complète, jusqu'à sa mort en 1838.

Ainsi, après avoir créé en France l'une des industries les plus fécondes de notre pays, après l'avoir organisée, par la puissance d'un génie extraordinaire, sur les bases les plus étendues et les plus productives, ce grand bienfaiteur, ce généreux père des ouvriers meurt dans l'abandon le plus complet et dans la pauvreté. Mais la mémoire de Richard-Lenoir est maintenant honorée publiquement, une statue lui a été élevée dans son pays natal à Villers-Bocage (Calvados) ; et l'un des grands boulevards qui traversent dans Paris les quartiers industriels, dont il a été un des plus illustres habitants, porte aujourd'hui le nom de cet homme de bien, que la reconnaissance publique et l'histoire industrielle de la France rendront à jamais célèbre, l'une à cause de son désintéressement, l'autre à cause de son génie puissamment organisateur.

CHAPITRE XXV.

LES GRÈVES D'OUVRIERS.

Dans les centres industriels il surgit fréquemment de déplorables divisions entre patrons et ouvriers, des grèves tout aussi fatales à ceux qui les font qu'à ceux qui les subissent : je vais en dire quelques mots.

La *Grève* c'est le chômage volontaire, la cessation brusque et simultanée des travaux par les ouvriers, afin de pouvoir imposer aux chefs d'industrie, soit une augmentation de salaire, soit quelque autre concession ; — c'est aussi parfois la tyrannie du nombre contre le travail libre. — La grève telle que les ouvriers la comprennent et la pratiquent maintenant, suppose la guerre, ou au moins l'esprit de guerre entre eux et les patrons, c'est-à-dire entre les deux classes qui se partagent la fonction du travail. Et quels sont ces patrons? Des hommes qui dix-neuf fois sur vingt étaient encore hier des employés de bureau ou des ouvriers. Et quels sont ces ouvriers ? Des hommes que leur intelligence, leur activité, leur économie, élèveront demain au rang de patrons, de chefs d'industrie.

Les grèves entravent la production nationale, parce qu'en semant l'inquiétude elles interceptent les commandes, arrêtent les transactions, détruisent la confiance, effraient les capitaux qui se cachent; elles sont la mort momentanée de l'industrie qu'elles atteignent et des intérêts qui s'y rattachent de loin comme de près ; c'est la ruine des patrons, sans compensation aucune pour les ouvriers ; c'est pour tous le renchérissement des objets de première nécessité qui sont frappés, et par conséquent l'équivalent d'une diminution de salaires pour tous les ouvriers.

Les grèves ont facilité l'embauchage par l'étranger de nos meilleurs ouvriers et de nos contre-maîtres les plus habiles, et les établissements qu'ils ont concouru à fonder envoient, jusque sur nos marchés, leurs produits faire concurrence aux produits similaires de notre industrie, incapable de lutter, à cause du prix de revient.

Les grèves sont donc, pour l'industrie nationale, ce que fut pour elle, il y a près de deux siècles, la révocation de l'édit de Nantes ; par elles l'Angleterre, la Belgique, la Prusse se sont enrichies à notre détriment de fabrications dont nous avions le monopole.

Dans aucun cas la grève ne contribue pas à rendre meilleure la situation des ouvriers ; il n'en est aucune qui n'ait entraîné après elle les plus cruelles souffrances. Alors même qu'ils parviennent à arracher aux chefs d'industrie une élévation de salaire, cette augmentation reste en quelque sorte sans effet pour les ouvriers, parce qu'il leur faut travailler des mois, des années même, pour regagner l'argent perdu ; il faut qu'ils s'imposent les plus dures privations pour payer le boulanger et les autres fournisseurs qui ont consenti à leur faire crédit pendant l'abandon du travail.

Aussi dit-on avec raison qu'un mauvais arrangement vaut mieux qu'un bon procès, ou que la plus coûteuse des paix revient encore meilleur marché qu'une guerre triomphante ; cela est facile à expliquer : par exemple, des ouvriers choisissant le moment où les commandes abondent, réclament une augmentation de 10 % sur leur salaire qui est de 2 fr. 50 par jour ; le patron refuse, ils se mettent en grève. Par là ils renoncent à 2 fr. 50 assurés, dans l'espoir douteux d'avoir 2 fr. 75.

Admettons que le chômage ne dure qu'un mois, et que le patron finisse par accorder l'augmentation demandée. Dans ce cas les ouvriers pour regagner les 75 fr. sacrifiés, devront travailler au tarif amélioré de 10 % pendant 10 mois. Une grève de 2 mois leur coûterait le travail de 20 mois et ainsi de suite. D'où il faut conclure que, même dans les grèves victorieuses, les ouvriers ont une fois raison et vingt fois tort.

De leur côté les chefs d'industrie subissent des pertes importantes restées sans compensation, par leurs dépenses improductives, par la détérioration du matériel et des matières premières, etc.

Causes des Grèves. — 1° Tous les ouvriers s'imaginent que le seul moyen d'améliorer leur sort réside dans l'augmentation progressive du salaire. — Or, l'ouvrier d'un métier a besoin pour vivre, de faire vivre à son tour tous ceux des autres professions ; si, par exemple, il fait hausser son salaire de 10 %, les boulangers, les tailleurs, les cordonniers, les laboureurs, etc., sont fondés à établir une augmentation pareille et le pain, la viande, le logement, les habits augmenteront dans la même proportion. De sorte que les ouvriers, qui ont amené artificiellement l'élévation des salaires, font en même temps une cherté plus grande des choses nécessaires à la vie, et ils en sont les premières victimes. S'ils touchent 4 fr. par jour au lieu de 3 fr. quel avantage en retireront-ils ? Aucun, puisqu'ils n'auront pas plus de pain, plus de viande etc., ni de quoique ce soit. Voilà pourquoi l'ouvrier qui à Paris, ou à Lyon, gagne 4 francs par jour, est plus misérable que celui dont le prix des journées ne s'élève qu'à 2 francs dans nos villages.

2° Absence de bienveillance mutuelle : — Il existe un antagonisme plus ou moins dissimulé, mais constant, entre les ouvriers et les maîtres, animés les uns contre les autres par une foule de malentendus et de préjugés que perpétuent l'ignorance des lois de l'économie politique. Beaucoup d'ouvriers sont certainement des gens honnêtes, mais la misère les rend injustes ; ils exagèrent à plaisir les bénéfices du patron et se plaignent avec amertume de l'exiguïté de leurs salaires. Il y a toujours quelque mécontent dans les ateliers qui dit à ses camarades : nous ne gagnons en moyenne que 2 fr. par jour et notre travail rapporte à notre maître des millions, vous voyez bien qu'on nous exploite ! — Il faut aussi l'avouer ; s'il y a des ouvriers peu éclairés, toujours prêts à répandre partout le mauvais esprit qui les anime, il y a parfois des patrons inintelligents qui ne comprennent pas que leur premier devoir, comme leur véritable intérêt, c'est l'équité et la bienveillance pour ceux qu'ils emploient. Dans certaines circonstances, les chefs d'industrie ne savent pas se décider à entamer leurs réserves pour l'union et l'entente avec leurs ouvriers. Ils provoquent quelquefois des grèves qu'ils auraient pu éviter par un peu plus de prévoyance et de justice.

3° Les classes laborieuses s'imaginent qu'on peut changer du jour au lendemain les conditions du travail national ; — elles ne savent pas que la marche naturelle de la production est soumise à des lois économiques dont les Sociétés ne s'affranchissent jamais impunément ; des milliers d'ouvriers que talonnent les nécessités de la vie, qu'entraînent par imitation les habitudes de luxe et de bien-être répandues partout, cessent un matin de travailler, après avoir arrêté des prix de main-d'œuvre qu'ils croient équitables et qu'en conséquence ils proposent à l'acceptation de leurs patrons. En vain ceux-ci leur font-ils observer que ce n'est pas eux qu'il faut vaincre, mais l'acheteur, que c'est lui qui est maître du prix, que pour fabriquer il faut être sûr de pouvoir vendre. En vain demandent-ils à établir qu'une augmentation ne peut être supportée sur tel ou tel article, sous peine de le voir fournir désormais par les fabriques étrangères ; si d'aventure on les écoute, on ne les croit pas.

4° Les excitations venues des partis politiques. — Chaque parti, en flattant les masses ouvrières, en exaltant la puissance du nombre, a cherché à s'en faire un auxiliaire, un point d'appui, ou plus exactement un marche-pied. La plupart des ouvriers sont malheureusement de grands enfants, fort vains, imprévoyants, faciles à entraîner, avec de grands mots qu'ils ne comprennent pas, qu'ils écoutent, sans se demander où on les mène réellement et qui les conduit.

Des écrivains passionnés se sont plu à exagérer la peinture de nos infirmités sociales et en ont rejeté la responsabilité sur les institutions politiques. Ils ont représenté les maux, dont souffrent les classes ouvrières, comme l'œuvre systématique des chefs d'industrie et des possesseurs du capital.

Au moyen de formules creuses et dogmatiques, telles que : *exploitation de l'homme par l'homme, exploitation du travail par le capital, le droit au travail, etc.*, ils ont semé parmi les travailleurs les erreurs les plus pernicieuses, avec l'esprit d'orgueil, d'imprévoyance et d'insubordination ; ils ont fait naître entre patrons et ouvriers de sombres défiances alors que ne devraient exister que la sympathie et le dévouement. C'est ainsi que nous avons vu éclater les mouvements révolutionnaires les plus formidables, sans qu'ils aient fait disparaître aucun des maux auxquels ils devaient mettre un terme ; car un gouvernement, quel qu'il soit, ne peut décréter la prospérité, la marche des affaires et l'abondance, comme il décrète la paix ou la guerre.

L'Internationale. — Il s'est fondé, sous le nom de Ligue Internationale des travailleurs, une redoutable association dont le principe avoué est de rendre impossible, en cas de grèves locales, le recrutement par les patrons d'ouvriers, soit indigènes, soit étrangers : Elle a pour but d'unir dans une étroite et vaste solidarité les ouvriers de l'Europe et du monde entier, de façon à fomenter à volonté les grèves et à les soutenir pécuniairement.

Le plus grand ennemi des classes ouvrières en particulier et de la société en général, est certainement cette Ligue Internationale, qui verse dans les masses le mensonge et la haine et suscite entre les ouvriers et les patrons des luttes violentes, qui mettent quelquefois en péril les gouvernements eux-mêmes, en agitant sans cesse la question sociale. Les armes dont se servent les meneurs de cette association sont d'autant plus terribles qu'elles se cachent sous les mots trompeurs de justice, d'équité, de droit. Mais leur but réel c'est de reconstruire la société à leur profit. D'après eux, aucun homme, aucune construction ne doivent dépasser une certaine mesure commune ; c'est ainsi qu'enivrés par les déclamations furibondes de quelques énergumènes, les ouvriers, maîtres un jour de Paris, ont brûlé quelques-uns de ses plus beaux monuments, à la grande joie des Allemands qui du haut des forts contemplaient l'incendie.

Si les ouvriers français, enrôlés dans la Ligue internationale, comprenaient qu'en obéissant aux ordres de grève venus de Londres ou d'ailleurs ils trahissent les intérêts de la Patrie, qu'ils se déshonorent en contribuant à la ruine de l'industrie nationale au profit de l'étranger, au même titre que le soldat qui porte les armes contre son pays, ils répudieraient bien vite une telle association.

La loi punit sévèrement les individus qui, à un titre quelconque, sont affiliés à l'Internationale : ils sont donc doublement coupables ceux qui ne rougissent pas de se mettre à la solde de l'étranger, pour devenir entre ses mains des machines de guerre contre la France.

Moyens d'amélioration. — L'histoire des grèves nous montre qu'elles sont impuissantes pour guérir les souffrances qui en sont le cortége inévitable et que ce n'est pas dans ces luttes ruineuses que les ouvriers doivent chercher les moyens d'améliorer leur condition matérielle. Qu'ils en soient bien convaincus, ce n'est que par la prévoyance et l'épargne, par l'élévation de leur niveau intellectuel et moral, ce n'est que par des institutions sorties de leur sein que les ouvriers se sauveront eux-mêmes de la misère.

Les ouvriers doivent d'abord chercher à acquérir le bien-être, puis l'aisance, et s'ils le veulent, ils y parviendront assurément; mais beaucoup qui veulent la fin ne prennent pas les moyens d'y arriver. Ces moyens sont le travail, l'ordre et l'économie, la prévoyance, l'instruction. Avec cela on arrive toujours, mais il faut outre cela, une volonté inébranlable, le courage de s'imposer les sacrifices indispensables pour parvenir à la création d'une réserve, d'un petit capital. Au premier rang des moyens les meilleurs pour prévenir le chômage, ou d'atténuer ses effets et d'accroître indirectement le taux du salaire, se recommande l'association pratiquée sous toutes ses formes, c'est elle qui, conservatrice de la dignité de l'ouvrier, peut fortifier son existence morale et agrandir son existence matérielle. Sociétés de consommation, de travail, de crédit, sociétés de secours mutuels, caisses d'épargne, caisses de retraite pour la vieillesse, etc., sont à la portée de tous. La grande difficulté pour beaucoup d'ouvriers qui voudraient entrer dans cette voie, c'est de réaliser les premières économies. C'est un problème peu aisé à résoudre pour des gens qui ont toujours vécu au jour le jour; il faut, en effet, qu'ils aient la force de renoncer à des habitudes qui leur sont chères : au cabaret, aux plaisirs du lundi et aux besoins factices dont ils sont trop souvent les esclaves. Cependant, avec de l'énergie, et en s'imposant quelques privations, le plus grand nombre parviendraient à se mettre à l'abri des chances mauvaises, à parer à la maladie, au chômage, à assurer leur existence dans le présent et dans l'avenir.

Si les ouvriers possédaient les notions les plus élémentaires de l'Economie politique, ils comprendraient que s'il est légitime à eux de désirer l'augmentation de leur bien-être par l'élévation du salaire, vouloir l'obtenir par un chômage volontaire, c'est-à-dire par le gaspillage d'un temps précieux, par une perte irréparable dans la somme générale de la production, est le plus incomplet et le plus barbare des procédés à employer. Mais ce ne sont pas seulement les ouvriers qu'il importe d'éclairer et de convertir; il faut, avant tout, s'adresser aux industriels qui, trop souvent, eux aussi, méconnaissent les lois si sages de l'économie politique. Celles-ci, on peut l'affirmer, ne sont jamais en défaut pour ceux qui savent les comprendre et en observer la marche régulière et fatale. Les patrons reconnaissant la vraie origine du salaire et la nature du contrat qui les lie aux ouvriers, seraient mieux disposés à faire en temps utile les concessions réclamées par les circonstances. Ouvriers et patrons comprendraient enfin la nécessité de leur union et la solidarité de leurs intérêts.

Du jour où patrons et ouvriers comprendront la nature de leurs devoirs réciproques, du jour où ils sauront discerner la part qui, dans toute œuvre produite par la main des hommes, revient à l'effort du travailleur et à l'apport du capitaliste, une source féconde de grandes misères et de perturbations sociales sera bien près de disparaître.

Les chefs d'industrie doivent s'appliquer à stimuler et à développer en leurs ouvriers l'activité et la dignité personnelles, par toutes les combinaisons que leur suggérera une sollicitude éclairée. Pour tirer l'ouvrier de la misère et l'empêcher d'y retomber, il faut que son travail puisse le faire vivre et le relève à ses propres yeux; il faut alors le pousser à économiser quelque chose sur le produit de son labeur, et lui faciliter le placement avantageux de ses épargnes.

Légalement un patron ne doit à ses ouvriers que leur salaire.

Moralement, socialement, pour eux et pour lui, il est

de son intérêt que ses ouvriers s'attachent à sa maison, y aient des avantages dans le présent et dans l'avenir, qu'ils soient associés à sa prospérité. De nos jours, l'industrie n'a plus pour unique objet la perfection et le bon marché des produits. Le progrès de la science économique a agrandi son rôle, en lui imposant l'obligation d'élever le niveau moral et intellectuel des travailleurs qu'elle emploie, et de pourvoir à leur bien-être dans la mesure de ses moyens.

L'amélioration des conditions du travail est devenue partout le but des esprits éclairés. Les compagnies de chemins de fer, les sociétés minières et métallurgiques, de grands établissements industriels se sont mis à la tête du mouvement et, par leur exemple, sollicitent chacun à concourir à l'œuvre commune, en intéressant les ouvriers autrement que par leur salaire à la prospérité des établissements auxquels ils sont attachés.

C'est en effet dans la part volontaire faite aux travailleurs par les chefs d'industrie dans les profits de leurs exploitations que se trouve un remède efficace contre l'antagonisme latent ou avoué qui les divise, le meilleur moyen de faire naître et de consolider entre eux une sympathie mutuelle. Cette participation aux bénéfices constitue une espèce d'association entre patrons et ouvriers ; elle enlève à ceux-ci toute pensée, toute raison de se coaliser pour cesser le travail. Ce système a l'avantage d'intéresser l'ouvrier à la prospérité de la maison, de soutenir son attention et ses efforts, et il se prête sans peine à d'ingénieuses combinaisons qui ont pour résultat d'habituer l'ouvrier à l'épargne, sans qu'il ait rien à retrancher de son salaire quotidien. D'un autre côté, il est avantageux aux patrons ; car s'il diminue leurs bénéfices de la portion qu'ils cèdent à leurs ouvriers, il les augmente en faisant de ces derniers des coopérateurs plus actifs, plus exacts et plus intéressés à la prospérité de l'établissement.

La part faite aux ouvriers dans les bénéfices peut varier de bien des manières, partout où cette mesure a été admise elle a produit les plus heureux résultats. Cette espèce d'association existe dans la plupart des maisons de commerce ; l'imprimerie Paul Dupont, à Paris, la compagnie du chemin de fer d'Orléans, les papeteries d'Angoulême que dirige M. La Roche-Joubert, en fournissent des exemples remarquables.

La Maison Chaix. — L'imprimerie dirigée par M. Chaix offre un modèle d'association que l'on serait heureux de voir mis en pratique par nos industriels partout où cela est possible.

M. Chaix a créé dès 1863 dans son imprimerie une école professionnelle d'apprentis ; les enfants sont d'abord admis à l'essai, et après ce temps chacun d'eux est occupé dans le service le plus en rapport avec ses goûts et ses aptitudes.

Afin d'encourager les élèves au travail et à la bonne conduite, la maison leur alloue des gratifications dont le taux est augmenté successivement d'après les notes fournies par les contre-maîtres et les professeurs. L'apprenti dont le travail et la conduite sont satisfaisants, reçoit en général, après une période de six mois d'essai, une allocation de 50 c. par jour qui est portée à 1 fr. pour la deuxième année, à 1 fr. 50 pour la troisième et à 2 fr. puis à 2 fr. 50 pendant la dernière année d'apprentissage. De plus il est distribué annuellement aux élèves compositeurs une partie des bénéfices réalisés.

Ces enfants reçoivent ainsi comptant une moyenne de 350 fr. par an, qui vient en aide à leurs parents pour subvenir aux frais de leur entretien.

A ces avantages dont les apprentis profitent immédiatement, la maison en ajoute d'autres en vue de leur avenir, tels que la constitution d'un capital d'épargne, des livrets de la caisse de retraite pour la vieillesse, des polices d'assurance en cas d'accidents ou sur la vie.

Pour déterminer les apprentis à fréquenter les cours, on leur donne chaque fois qu'ils viennent en classe un jeton de présence, et, à la fin du mois, on leur échange ces jetons contre autant de fois dix centimes : le jeton porte cette maxime de Franklin. « Si quelqu'un vous dit que vous pouvez vous enrichir autrement que par le travail et l'économie, ne l'écoutez pas, c'est un empoisonneur. » Depuis 1867 jusqu'à la fin de 1877 le nombre de jetons ainsi distribués a été de 84,401, représentant une somme de 8,440 fr. 10 c.

Une fois l'apprentissage terminé les jeunes ouvriers sont assurés de trouver dans les ateliers des emplois avantageux et des salaires de 4 fr. 50 à 5 fr. 50 et même 8 fr. par jour. Aussi la plupart des apprentis restent-ils dans la maison Chaix, où toutes les institutions de prévoyance sont parfaitement organisées.

Voici le système adopté par la maison pour la participation établie depuis 1872 : la part attribuée au personnel est fixée chaque année ; elle a été jusqu'ici de quinze pour cent des bénéfices réalisés. La répartition de cette allocation a lieu entre tous les employés et ouvriers des deux sexes qui ont trois ans de présence dans l'établissement, au *prorata* du salaire ou du traitement que chacun d'eux a touché dans l'année.

De la somme ainsi attribuée à chaque participant, il est fait trois parts égales : la première lui est remise en espèces, et il peut en disposer à son gré ; la seconde, qui lui est définitivement acquise, reste déposée dans la caisse de la maison, pour former son fonds de prévoyance ; la troisième est également portée au crédit de son compte de retraite, mais ne lui appartient qu'à l'âge de soixante ans, ou après vingt années de présence non interrompue. Les intérêts de la deuxième et de la troisième part sont payés au participant dans les cas prévus par le règlement ; et le capital est réservé à son conjoint survivant, à ses descendants ou à ses ascendants.

Le total des prélèvements faits sur les bénéfices s'élève au 31 décembre 1877 à 333,655 fr. 87 c., qui ont été répartis entre trois cent soixante-seize participants. La moitié environ du personnel profite dès à présent des avantages qui lui sont offerts ; le taux moyen de la répartition pour les six premiers exercices a été, pour chaque intéressé, de 7 fr. 50 par an pour 100 fr. d'appointements ou de salaire.

Faïencerie de Choisy-le-Roi. — Au commencement de ce siècle, un industriel d'une haute intelligence, M. Boulenger, fonda à Choisy-le-Roi un établissement spécial pour la fabrication de la faïence.

Cette faïencerie emploie actuellement près de 900 ouvriers, hommes, femmes et enfants. M. Boulenger, le patron actuel, dont on ne saurait trop louer la sollicitude pour ses ouvriers, est vénéré par tous, pour les bienfaits constants dont il les comble. Sévère pour le service, il est l'ami et le confident de tous ceux qu'il occupe, et patrons et ouvriers y trouvent bénéfice.

Les institutions qui fonctionnent dans l'usine ont toutes en vue le bien-être de l'ouvrier. En 1874 on a formé un *conseil de famille*, dans le but de venir en aide par des prêts aux ouvriers.

Ce conseil est présidé par le patron assisté de huit anciens ouvriers, choisis par leurs camarades. Il a pour mission de statuer sur les demandes d'avances faites pour divers motifs : une femme malade, la nécessité de faire venir sa famille, de se mettre en ménage, etc.

Si l'ouvrier est besogneux et a une nombreuse famille, le conseil, sur sa propre initiative, donne un secours en nature.

La société de *secours mutuels*, dont la cotisation est de 60 c. par semaine, donne à tout ouvrier malade un secours de 2 fr. par jour et paie les frais du médecin et les médicaments.

Une *pension de retraite* est allouée à chaque ouvrier après 25 ans de loyaux services ; toutefois si, après 15 ans, l'ouvrier devient infirme, il obtient une pension moindre mais suffisante pour vivre.

Pour payer cette pension, le conseil prélève 200 fr. sur la caisse de la société de secours mutuels, et le patron complète la somme votée, qui varie de 300 à 600 fr.

M. Boulenger voulant éviter aux pensionnés la misère, leur fait délivrer chaque semaine, en plus de l'argent qu'ils touchent, des bons de pain et de viande pour qu'ils mangent, du charbon pour qu'ils se chauffent. En cas de décès, si l'homme et la femme ont travaillé à la fabrique, chaque enfant touche 50 c. par jour jusqu'à ce qu'il soit d'âge à se suffire.

La crèche, sous la surveillance de Mme Boulenger qui s'est adjoint deux sœurs de charité, reçoit les enfants des ouvriers jusqu'à l'âge de 4 ans. Dès que le bébé a six semaines, la femme porte l'enfant à la crèche, où il est soigné pendant la journée et vêtu aux frais de la crèche.

Quand l'enfant est d'âge à aller à l'asile ou à l'école, les parents l'amènent le matin à la fabrique, et à l'heure ordinaire, les sœurs les conduisent soit à l'asile de Choisy, soit à l'école de la maison, où elles vont les prendre à la sortie. De sorte que les parents, une fois l'ouvrage fini, ramènent leurs enfants chez eux.

A la sortie des classes, les jeunes filles apprennent à coudre dans des salles affectées à cet effet, sous la direction des sœurs.

Le jour de la première communion, filles et garçons sont habillés aux frais de M. Boulenger; les jeunes filles rendent au nouvel an leur robe blanche qu'elles échangent contre une robe de dimanche.

L'Ecole pour les garçons, dirigée par M. Brun, ancien instituteur, docteur ès-sciences, est tenue dans la fabrique même. Les enfants de 12 à 16 ans, qui montrent des capacités, forment la classe supérieure, et sont appelés à devenir les employés de la maison ; ils suivent un cours quotidien de neuf heures du matin à midi, et leurs heures d'étude sont payées au même titre que celles du travail. Les enfants du même âge qui ont une instruction insuffisante, suivent un cours élémentaire de 4 à 5 heures du soir.

De 7 heures 1/2 du soir jusqu'à 10 heures, les garçons sont tenus de suivre un des cours existants. Chaque année a lieu une distribution de prix où M. Boulenger offre aux plus méritants six livrets de caisse d'épargne. Les jeunes gens suivent les cours de gymnastique dirigés par un ancien sergent de pompiers de Paris. Les exercices militaires et de tir sont commandés par un ex-commandant des grenadiers de la garde, et les jeunes gens manœuvrent avec un ensemble parfait. Il y a deux ans, on a comblé une lacune en fondant une fanfare et un orphéon, qui comptent 70 exécutants, et malgré leur peu d'existence ils ont déjà remporté 14 médailles aux divers concours auxquels ils ont pris part.

Une des institutions les plus utiles est la caisse d'épargne ; donner dès l'âge le plus tendre l'habitude de l'économie est chose morale et philantropique. La caisse d'épargne pour les enfants reçoit la somme la plus minime et leur donne 6 % d'intérêt ; les amendes des cours et de la fabrique sont versées dans la caisse et partagées au bout de l'année.

M. Boulenger récompense l'enfant qui a versé le plus régulièrement. La caisse d'épargne pour les adultes rapporte également 6 % par an.

Toutes ces œuvres ont pour résultat l'union et la solidarité de cette grande famille d'ouvriers.

Pour donner une idée du bien-être dont jouissent les ouvriers à la faïencerie, on n'a qu'à se rendre compte des années de service de chacun d'eux. On y a enterré en 1878 leur doyen qui était entré comme apprenti dans la maison en 1808 ; on y compte douze hommes ayant de quarante à cinquante ans de service ; une cinquantaine de trente à quarante ans ; enfin, de vingt à trente ans, le nombre en est considérable. Que partout où cela est possible on imite M. Boulenger et les grèves ne tarderont pas à disparaître.

CHAPITRE XXVI.

DEVOIRS ENVERS LES ANIMAUX.

Les animaux sont des êtres sensibles. — L'animal vit sur la terre à côté de l'homme, et la raison que Dieu a accordée à celui-ci est le titre de sa domination sur tous les êtres qui peuplent le Globe ; mais son pouvoir n'est pas sans limites.

En effet, quoique les animaux soient faits pour notre

usage, et qu'il nous soit permis soit de nous en nourrir, soit de les employer à nous servir en les réduisant à la domesticité, il ne faudrait pas croire que tout est permis à l'égard de ces créatures, inférieures sans doute, mais qui sont, comme nous-mêmes, les créatures de Dieu.

Notre devoir essentiel envers eux est de ne pas les détruire, ni de les faire souffrir sans nécessité.

Les animaux ont vie, sentiment comme nous; ils ont des affections, de la joie, de la douleur, de la tristesse, de la sensibilité; en un mot ils partagent tant de choses avec l'homme, qu'il est conforme à la raison et à l'humanité de traiter avec douceur des êtres que le Créateur a doués des plus heureuses facultés.

Nous pouvons employer un animal à tous les usages auxquels il est propre, mais en nous abstenant d'en abuser; en nous aidant de la bête de somme nous n'exigerons que ce que comportent ses forces et nous lui accorderons la nourriture et le repos que réclament ses besoins.

L'animal bien nourri, bien pansé, rapporte à son maître en raison de ce qu'il a reçu. Par exemple d'une étable où le fourrage abonde, où les soins sont bien entendus, sortent des races qui accroissent et perpétuent la richesse de celui qui les possède.

La vie des animaux domestiques pourrait se prolonger bien au-delà du terme ordinaire, et par conséquent les services qu'ils rendent seraient plus nombreux, si l'on n'abusait pas, et trop souvent avec cruauté, de ces précieux serviteurs.

Succombant de fatigue et de faim, leurs derniers efforts sont cependant encore des services qu'ils cherchent à rendre à leurs bourreaux.

On voit donc combien est coupable et nuisible à leurs véritables intérêts la brutalité de ceux qui, par ignorance ou par méchanceté, maltraitent presque continuellement les animaux confiés à leur garde.

L'habitude, l'exemple, ont une grande influence sur nos penchants, ils peuvent les réprimer ou les développer; celui qui s'accoutume à tenir une conduite brutale envers des êtres inférieurs, qui voit traiter et qui traite les animaux avec brutalité, ne peut conserver des sentiments doux, humains pour sa femme, pour ses enfants, pour ses domestiques, pour tous ceux avec qui il est en relation.

Les combats d'animaux ont amené ceux des gladiateurs chez les Romains ; les hommes qui prenaient un plaisir si vif aux souffrances des uns devaient bientôt se faire un jeu de la vie des autres.

Une loi punit de l'amende et même de la prison ceux qui exercent publiquement et abusivement de mauvais traitements envers les animaux domestiques ; la peine de la prison est toujours appliquée en cas de récidive.

Utilité des Oiseaux. — Les enfants sont les plus cruels ennemis des oiseaux ; s'abandonnant à un malheureux instinct de destruction, ils se font un plaisir barbare de s'emparer des nids et des petits, qu'ils font périr de mille façons différentes.

Ces amusements répréhensibles causent un véritable préjudice à l'agriculture ; ils ne cesseront que du jour où les enfants en comprendront bien les regrettables effets.

Dans le monde des populations ailées, les espèces utiles à l'homme se comptent par milliers et non par dizaines. Voilà pourquoi dénicher un nid à la fin d'avril, c'est à la fois faire un acte cruel et un acte insensé.

CHAPITRE XXVII.

DEVOIRS CIVIQUES.

Lorsque vous aurez quitté l'école, vous entendrez souvent parler des droits du citoyen, de souveraineté du peuple, de liberté. Il me paraît donc utile de vous faire connaître aussi brièvement que possible les principes constitutifs de l'ordre social moderne.

Droits et devoirs. — Je vous l'ai déjà dit, nous n'avons pas été créés pour vivre isolés sur cette terre, comme les ours dans leur tanière ; les hommes se rapprochent entre eux comme les abeilles dans la ruche. Mais les abeilles ont leurs lois, qu'elles n'enfreignent jamais. Elles ont leur reine, à laquelle elles rendent hommage et qu'elles entourent pour la défendre. Elles se partagent entre elles les emplois divers : dans la cité nombreuse, elles ont les gardes qui veillent aux portes, les guerriers qui combattent pour repousser l'ennemi. Elles ont les ouvriers qui bâtissent les murailles de la ville et les magasins où s'amasse leur miel ; elles ont les pourvoyeuses qui vont au loin dans la campagne chercher les sucs des fleurs.

Chacun de même, dans la vie humaine, a une fonction sociale à remplir ; de là des droits et des devoirs qui sont inséparables les uns des autres. Le droit et le devoir, suivant les poétiques paroles de Lamennais, sont comme deux palmiers qui ne portent pas de fruits s'ils ne croissent à côté l'un de l'autre.

Le *Droit* est ce qui est juste, ce qui est dû, ce qui appartient à chacun, ce qui profite à tous ; c'est l'ensemble des conditions de sûreté et d'existence de chaque être.

Le *Devoir* est l'obligation réciproque imposée à chacun de respecter le droit d'autrui.

Le droit et le devoir réunis sont les sauvegardes de l'humanité ; partout où ils sont religieusement observés et accomplis, règnent la paix, la justice et la liberté ; partout où ils sont méprisés ou transgressés, règnent le désordre, l'iniquité, l'asservissement ; le devoir sans le droit n'est que l'esclavage ; le droit sans le devoir n'est que l'anarchie.

Cela se conçoit aisément. Aux devoirs de chacun correspondent les droits de tous ses semblables ; réciproquement chacun puise ses droits dans les devoirs de tous les autres. De cette manière nos droits sont limités par nos devoirs ; si nous voulons en assurer l'exercice, il faut prendre garde de nous heurter contre ceux d'autrui ;

car tous les droits se tiennent et se garantissent les uns par les autres. L'accomplissement du devoir et le respect du droit sont donc les fondements de l'ordre social, les premières lois de l'humanité.

Il y a deux espèces de droits : les *droits naturels* et les *droits positifs*; les premiers sont les attributs ou les facultés que nous tenons du Créateur, les seconds résultent des lois écrites.

Les droits naturels sont ceux dont nous sommes investis en naissant, ils sont imprescriptibles; c'est-à-dire qu'il n'est au pouvoir de personne de nous en dépouiller ; on peut les méconnaître, les fouler aux pieds, mais on ne peut les anéantir ; ils survivent à toutes les atteintes qu'on leur porte ; de ce que l'enfant est incapable de faire valoir ses droits, il ne les possède pas à un degré moindre que l'homme fait, qui a toute la force nécessaire pour faire respecter les siens.

Les droits naturels de l'homme en société s'expriment à peu près ainsi dans leur plus grande généralité : Le premier de ces droits est de conserver et de défendre la vie que Dieu nous a accordée, c'est-à-dire que nous sommes autorisés à repousser toute attaque dirigée contre notre personne.

Nous avons également droit à l'assistance de nos semblables dans la maladie ou le danger, seulement ces bienfaits, ces secours, ne sont pas des choses que nous puissions exiger.

Du droit de vivre et de se conserver naît naturellement celui de se défendre, de développer et de conserver ce qui est indispensable à la vie, c'est-à-dire le droit de propriété. Nous avons donc droit de conserver la propriété de nos biens, d'en disposer à notre gré, pourvu que l'usage que nous en faisons ne soit point nuisible à autrui, d'exiger l'accomplissement des engagements qu'on a pris envers nous.

Nous avons le droit d'exercer librement les facultés du corps et de l'esprit, dont la nature nous a doués, de les diriger à notre gré, de les développer et de marcher éclairés par le flambeau de la raison vers la perfection.

Nous avons donc droit à ce qu'on respecte notre liberté, dont la privation anéantit toute activité, toute responsabilité.

Nous avons droit de nous faire respecter dans notre réputation, dans notre honneur, le plus précieux de nos biens, et par conséquent de repousser l'envie et la calomnie, d'exiger la réparation du tort qui nous a été fait à cet égard.

Nous avons droit à l'instruction et à la libre transmission des connaissances, à la vérité de la part de nos semblables, car la vérité est un bien que tous doivent à tous, et l'on cause un préjudice réel à celui à qui on la dérobe.

Nous avons droit de nous réunir et de nous associer en vue d'un bien commun.

Nous avons droit d'aimer ce qui peut être l'objet de nos affections, sans nuire à personne ; d'exercer notre humanité et notre bienfaisance, de donner de sages conseils, d'utiles enseignements.

Nous avons tous droit de concourir, par nous-mêmes ou par nos délégués, à la confection des lois et à l'administration des affaires publiques.

Enfin nous avons droit à la libre profession de nos croyances religieuses et au choix de la forme qui nous paraît la meilleure pour élever notre âme jusqu'à Dieu. C'est pour garantir ces droits, c'est-à-dire pour les protéger contre toute attaque, du dehors ou du dedans, que les peuples ont établi des gouvernements, des magistrats, des lois, une force armée : Un gouvernement est bon quand il maintient toutes ces libertés par de justes lois; il est mauvais quand, dans un intérêt égoïste, il empiète sur ces droits individuels.

Les droits naturels servent de base aux droits positifs, qui sont des *droits civils*, nés des rapports que les citoyens ont nécessairement entre eux, comme membres d'une même société, comme personnes privées; ou *des droits politiques*, nés des rapports que les citoyens ont avec la puissance publique.

Souveraineté. — Lorsque les sociétés se forment elles se composent d'abord de l'agglomération d'un petit nombre d'individus, rapprochés par leurs besoins. Leur premier sentiment c'est de se serrer l'un contre l'autre pour se défendre. Puis du rapport des familles entre elles se forment de grandes associations, qui comme un corps distinct ont leur existence à part. Elles ont leur sol pour la culture ou pour le pâturage, leurs forêts et leurs rivières. Elles ont leurs chefs, leurs lois, leurs usages et bien que cette population, faible d'abord, s'agrandisse avec le temps, elle conserve toujours son caractère distinct et ses intérêts séparés : ces associations se nomment *peuple, nation*.

Lorsque le peuple est souverain, c'est-à-dire lorsqu'il se gouverne par des délégués librement choisis, comme en France, tous les membres actifs de la société sont des *citoyens* qui participent à l'exercice de la puissance souveraine par le suffrage universel.

Voyons maintenant ce qu'il faut entendre par ces mots *souveraineté nationale* : c'est la nation tout entière qui est souveraine, ce sont tous les citoyens dont se compose la nation qui sont souverains ; et nul d'entre eux à moins qu'il n'ait démérité de la société ou de la morale publique, à moins qu'il n'ait été frappé par un tribunal, n'est étranger à cette souveraineté. Mais comme un peuple de 36.000.000 d'âmes ne peut pas directement, au moins d'une manière continue, exercer ces pouvoirs souverains, il délègue pour le représenter des mandataires, des députés, qu'il désigne par son vote, et qui en son nom font les lois qui sont ainsi l'expression de la volonté générale.

Il ne faut pas confondre la souveraineté du peuple avec le pouvoir exécutif : l'une ne peut s'aliéner, elle est imprescriptible ; l'autre se délègue, il est révocable. Celui à qui le pouvoir est délégué n'est que l'instrument de la loi, il ne la fait pas : il veille seulement à son exécution.

Autorité. — Il est encore une expression qu'il faut bien comprendre, parce que sa notion exacte nous aide à accomplir nos devoirs de citoyen, je veux parler du mot *autorité*. Autorité se dit du droit de commander aux autres et de ceux qui exercent ce droit. L'autorité est naturelle ou légale. L'autorité naturelle est celle que les parents exercent sur leurs enfants jusqu'à un certain âge. L'autorité légale est celle qui confère à certains hommes le pouvoir de gouverner la société dont ils font partie, pouvoir circonscrit par des conventions faites par la société et qui déterminent le mode et la limite de ce pouvoir.

Les lois destinées à régler et à garantir les droits de chacun, seraient illusoires si leurs prescriptions n'étaient appuyées par une force qui en rendit l'exécution possible ; c'est pour cela que partout le maintien et l'application des lois ont été confiés à des hommes investis d'une force suffisante pour contraindre les citoyens à l'obéissance.

L'autorité dont ces hommes sont revêtus, dans l'intérêt de la société entière, est ce que nous appelons le pouvoir exécutif. C'est la loi seule ou la nécessité qu'elle soit maintenue et appliquée, qui sert de fondement à ce pouvoir, à cette puissance publique, au gouvernement.

En se soumettant aux magistrats, on n'obéit pas à leurs personnes, on obéit à la loi qu'ils représentent ; ils n'imposent point leurs volontés, lorsqu'ils forcent à exécuter la loi, ils imposent les volontés de la société, qui seule tient de la nature le droit d'établir des lois pour sa sûreté et son propre bien-être.

Loin de commander en maître, les magistrats sont liés eux-mêmes par la loi, et ne peuvent ordonner que ce qu'elle ordonne. Du moment où ils dépassent les limites de la légalité, leur autorité cesse d'être légitime.

Comprenez bien ceci, les fonctionnaires publics, si haut que soit le rang qu'ils occupent, ne sont que des instruments de la loi.

Les véritables bases de l'autorité sont dans le pouvoir législatif, lequel repose sur le droit qu'a toute société d'instituer des lois protectrices de ses intérêts et de choisir les citoyens les plus éclairés, les plus probes, pour discuter et déterminer ces lois. Or ce droit est ce qui constitue la *souveraineté nationale* dont je vous ai donné tout-à-l'heure la définition.

Constitution. — Le pouvoir exécutif trouve sa règle et tire son droit de la *constitution* : une constitution est l'ensemble des principes qui déterminent la manière dont un peuple doit être administré, par conséquent la forme de son gouvernement. C'est l'acte fondamental qui garantit les droits des citoyens, assure la séparation des différents pouvoirs dont il règle les attributions. D'où il suit que les devoirs et les obligations des fonctionnaires publics, grands ou petits, dérivent de leurs attributions particulières.

Les devoirs des citoyens sont généraux ou particuliers : généraux ils nous obligent tous, partout et en tout temps ; particuliers ou spéciaux ils n'obligent les citoyens que dans certains cas ou à raison de certaines circonstances, où ils n'en obligent que quelques-uns. Il n'est personne qui ne soit tenu d'aimer sa patrie et d'obéir à ses lois ; mais les devoirs du juge, du maire, etc. n'engagent que ceux qui sont appelés à remplir l'une ou l'autre de ces fonctions.

Formes de Gouvernements. — Je vous ai appris, comment se gouverne la république des abeilles, afin de vous rendre sensible, par un exemple connu, la manière dont se gouverne notre propre république : ce monde à part dans lequel chaque citoyen a son rôle à remplir, comme l'abeille dans la ruche.

Il faut maintenant que je vous dise quelques mots sur les différentes formes de gouvernement adoptées par les diverses nations.

Il existe deux espèces principales de gouvernement : la *monarchie* et la *république*. Sous la première de ces formes, l'état est gouverné par un seul chef, *roi* ou *empereur*, dans la famille duquel le pouvoir est héréditaire.

Lorsque tous les pouvoirs sont réunis sur la tête d'un seul homme, dont l'autorité est sans limite et sans contrôle, faisant exécuter à sa volonté la loi qu'il dicte lui-même, le *gouvernement* est *absolu* ou *despotique*, comme en Russie, en Turquie.

La monarchie est dite constitutionnelle, quand l'autorité du chef de l'Etat est réglée par une constitution ou une charte, qui institue une *représentation nationale*, c'est-à-dire une chambre de députés nommée par le peuple, souvent aussi une deuxième chambre, le *Sénat, chambre des lords,* ou des *seigneurs*, sans le secours desquels le monarque ne peut ni changer les lois, ni lever l'impôt : tel est le gouvernement de l'Angleterre, de la Belgique, de l'Italie, et de presque tous les peuples de l'Europe.

La République est l'Etat dans lequel le peuple se gouverne lui-même, soit directement, soit par des délégués. Le mot *République* signifie la chose publique, la chose de tous, c'est-à-dire tout ce qui intéresse à la fois tous les membres d'une société constituée en état : par exemple l'intégrité du territoire, les droits des citoyens, l'indépendance et l'honneur de la patrie, etc. Dans ce système il n'y a que des citoyens, également soumis à la loi commune qu'ils se sont donnée eux-mêmes, dans l'intérêt de tous ; tous sont mis sur la même ligne et tous ont un libre accès aux fonctions publiques, sans autre condition que celles du mérite et de la vertu. C'est, comme on l'a dit, le gouvernement de tous par tous, parce qu'en effet tous les citoyens sont appelés à concourir à l'œuvre commune par le suffrage, par l'impôt, par le service militaire. On désigne encore cette forme de gouvernement par le nom de république démocratique : elle est la seule qui soit appropriée à notre état social actuel, la seule qui soit conforme à la nature et à la dignité de l'homme.

La démagogie n'est pas une forme de gouvernement, elle en est la complète négation. C'est la domination des factions populaires se disputant tour à tour le pouvoir : dans un tel état de choses, personne ne voulant obéir, personne ne peut commander : il y a alors *anarchie*.

Liberté. — La république proclamée par nos pères en 1792 ainsi que celles qui lui ont succédé ont adopté cette belle devise : *Liberté, Egalité, Fraternité* qui en résume les principes fondamentaux.

La *Liberté* est la puissance donnée à l'homme de diriger lui-même ses facultés physiques, intellectuelles et morales, de disposer de lui-même, en un mot d'être son propre maître. Cette faculté qui le distingue de l'animal et lui donne la responsabilité de sa conduite, exige qu'il ne soit entravé dans aucun de ses actes, à moins que ceux-ci n'aient pour effet de porter atteinte à la même liberté dans ses semblables. Il a donc, sous cette condition, le droit de parler librement, de travailler librement, de jouir librement du fruit de son travail.

La liberté politique repose sur la liberté individuelle, et celle-ci c'est Dieu qui nous l'a donnée ; nul ne peut être accusé, arrêté, mis en jugement, que dans les cas déterminés par la loi, qui n'a d'action sur un citoyen qu'autant qu'il blesse le droit civil d'un autre. Quand on se demande ce que c'est que la liberté dans ses rapports avec nos devoirs, on voit qu'elle est le premier des droits inhérents à la nature humaine ; considérée au point de vue de la société, elle a des limites dans lesquelles elle doit se renfermer, sous peine de n'être plus elle. En effet elle ne consiste pas à faire tout ce que l'on veut, sans autre règle que le caprice, à s'arroger de droits chimériques, au détriment des droits justes des autres, à léser selon son bon plaisir ses semblables dans leur fortune ou leur réputation, à méconnaître l'ordre de subordination que la loi consacre dans l'édifice social : non, ce ne serait pas la liberté, ce serait la *licence.* Elle consiste à faire non ce que l'on veut, mais ce que l'on doit ; à avoir pour les autres le même respect que l'on désire pour soi-même, à ne relever que de la loi, à être dans la dépendance non des hommes, mais des devoirs.

Egalité. — Toutes les créatures humaines sont égales, la nature le proclame partout ; et dans la naissance qui montre tous les hommes également faibles, également incapables de conserver l'existence, s'ils étaient abandonnés à eux-mêmes une heure seulement, et dans la mort qui les trouve également impuissants à conjurer le moment fatal ; et dans cette identité de nature, qui les soumettant aux mêmes besoins, leur confère à tous les mêmes droits. L'égalité découle naturellement de la liberté même ; elle exprime le droit égal accordé à chacun d'user des droits que la nature et la société ont départis à tous. Dire que les hommes sont libres, c'est dire qu'ils sont égaux, puisque en vertu de cette liberté chacun doit être son propre maître, et que nul ne peut se faire le maître des autres que par usurpation. Paul a beau être ou moins fort, ou moins habile, ou moins riche que Jean, il n'en est pas moins comme homme, comme être libre, l'égal de Jean, et celui-ci abuserait de sa force, de son habileté, de sa richesse, en empiétant sur ses droits innés. Cette égalité naturelle doit avoir pour conséquences nécessaires *l'égalité civile* et *l'égalité politique*.

La première consiste en ce que tous les citoyens indistinctement sont soumis à la même loi, qu'ils sont égaux devant elle, soit qu'elle protége, soit qu'elle punisse. L'égalité politique consiste en ce que tous les citoyens sont égaux devant la loi, en ce sens qu'ils participent tous à la formation des pouvoirs chargés de la faire ou de l'exécuter, et ne reconnait d'autres distinctions parmi les hommes que celles qui tiennent au caractère, à la probité, à l'intelligence, à l'activité déployées dans les luttes de la vie.

Sans cette double égalité, les membres de la société, au lieu de former, comme il est juste et conforme à l'intérêt général, un seul et même corps, sont divisés en classes distinctes et nécessairement hostiles ; dans ce régime de privilége les uns ayant des droits que les autres n'ont pas, une liberté dont les autres ne peuvent jouir, l'idée seule de l'égalité devient un ferment de discorde ; la loi n'étant pas la même pour tous, on a une classe de privilégiés en face du reste de la nation et, tous ne participant pas au gouvernement de la chose publique, d'un côté sont les gouvernants et de l'autre les gouvernés : ceux-là ont le désir de l'empiètement, de l'usurpation ; ceux-ci ont besoin de liberté et d'égalité : ils ont alors l'envie de la révolte et de la révolution.

L'égalité devant la loi ne saurait aller jusqu'au nivellement de toutes les fortunes sous un même cordeau ; car ce nivellement serait la ruine de la liberté. L'égalité absolue, l'égalité des biens, ne sont que des mots qui ont été jetés au milieu des populations ouvrières comme un appât aux passions aveugles et cupides, par des hommes qui se sont donné la mission de réformer la société. C'est à la faveur de ces mots que les démagogues ont pu fonder leur popularité, traîner à leur suite la multitude trompée, et couvrir Paris de sang et de ruines. Ils n'ont pas fait attention que dans les sociétés fondées sur la liberté, l'inégalité des richesses est nécessairement attachée à l'inégalité d'aptitudes, d'intelligence, de vertus, de persévérance, de courage et de chances heureuses. Chacun aujourd'hui relève de ses œuvres. Quel outrage au bon sens que de venir accuser d'injustice ceux qui, grâce à leurs vertus laborieuses, à leurs veilles, à leurs épargnes, ont difficilement arraché le bien, plus ou moins médiocre, dont ils jouissent, aux circonstances au milieu desquelles ils se sont trouvés placés.

L'égalité ne saurait exclure toute différence entre les hommes sans détruire la liberté, et par conséquent l'homme lui-même. Elle ne peut être qu'une égalité de principes et de droits, une égalité devant la loi, avec des diversités de fonctions et des différences de faits, selon l'usage que l'homme fera de ses facultés, de ses forces, de ses droits ; la concevoir autrement ce serait s'en faire une idée fausse autant qu'irréalisable.

Fraternité. — Il n'est que juste de ne point attenter à la liberté d'autrui, puisque agir autrement ce serait violer un droit imprescriptible ; il n'est que juste de ne blesser l'égalité dans aucun citoyen, tout privilège et toute distinction de classe étant contraire au droit naturel. La liberté et l'égalité sont donc de droit strict et la

République française en les inscrivant dans sa devise ne fait que se conformer à la simple justice. Mais le respect du droit strict ne suffit pas dans une nation civilisée ; pour qu'une société d'hommes soit vraiment humaine, il faut qu'ils se regardent comme faisant partie, à titre de citoyens, d'une seule et même famille et qu'ils s'aiment comme des frères.

Pendant bien des siècles le grand principe de fraternité a été méconnu et de nos jours encore il est mal compris.

La fraternité consiste, pour les riches, à se rappeler que la Providence ne les a pas placés seuls sur la terre et qu'ils ont pour devoir d'éclairer, de défendre, de soulager leurs frères ; qu'ils ne sont pas quittes pour jeter aux pauvres quelques pièces de monnaie, qu'ils dissipent et qui ne fructifient point.

La fraternité, pour les pauvres, consiste à ne point envier le bien d'autrui, à ne point oublier les efforts successifs qui ont été faits par la classe qui possède en faveur des classes laborieuses et déshéritées de la population, pour réaliser en institutions secourables cet esprit de bienfaisance, d'assistance, de charité, que la religion, l'humanité, la philosophie ont inspirées. La fraternité politique consiste à développer le bien-être général et à adoucir les inégalités sociales. Sans doute la fraternité, qui n'est plus une chose de droit strict mais de bienveillance et d'amour, dépend plutôt des mœurs que de la législation ; elle ne se décrète pas comme la liberté ou comme l'égalité, mais la législation peut au moins, par l'instruction publique, contribuer à en développer le sentiment dans les âmes et il est bon qu'elle s'en pénètre elle-même comme d'un parfum salutaire. Par elle les préventions disparaissent, les obstacles s'aplanissent ; les problèmes sociaux qui sans son intervention ne seront jamais complètement résolus, se trouvent simplifiés. Si parfaite que puisse être la constitution d'un état, elle en sera toujours un complément indispensable. Ajoutons qu'en s'étendant à tous les hommes, à quelque race ou à quelque nationalité qu'ils appartiennent, elle doit concourir à éteindre les haines sauvages de peuple à peuple et à faire disparaître par l'union des diverses branches de la famille humaine cette atroce barbarie qu'on appelle la guerre.

Washington. — Le plus parfait modèle que l'on puisse citer de l'accomplissement des devoirs civiques c'est Georges Washington, qui fut un des fondateurs et le premier président de la république des Etats-Unis de l'Amérique du Nord. Il naquit dans la Virginie en 1732 et mourut en 1797.

Le nom de Washington n'est pas environné de cette auréole qui se dresse autour des conquérants à histoire merveilleuse et légendaire, qui ne firent servir leur puissance et leur génie qu'à inonder la terre de sang et de larmes. Mais il fut un véritable héros dans toute l'acception du mot, c'est-à-dire un homme complet dans la grandeur, considérée sous le triple aspect de la pensée, de l'action, et du cœur; aussi son nom grandira avec les siècles. Sa vie très-bien connue, très-simple, son refus du pouvoir arbitraire, son dédain de l'effet théâtral perpétueront son souvenir dans le monde et la grande république américaine tiendra toujours à honneur de placer toute liberté et toute grandeur à l'ombre du nom de Washington.

Georges Washington exerça d'abord la profession d'ingénieur, puis fut nommé à 19 ans officier dans la milice de sa province; il prit part à la guerre des Anglais contre les Français dans le Canada et se retira à la paix avec le grade de major. La mort d'un frère aîné l'avait rendu un des plus riches propriétaires de la Virginie et il était membre de l'assemblée provinciale lorsqu'éclata la rupture entre l'Angleterre et ses colonies de l'Amérique qui, pour secouer le joug qui pesait sur elles, avaient résolu de conquérir leur indépendance. Il fut un des sept députés de la Virginie au congrès que toutes les provinces tinrent à Boston en 1774 et reçut l'année suivante le commandement en chef des troupes de l'insurrection.

Etranger à toute ambition, Washington s'occupait

exclusivement de l'exploitation de son domaine, et il était loin de s'attendre à l'honneur qui lui fut déféré : car cet esprit si ferme, ce cœur si haut était profondément calme et modeste. Mais quand l'occasion s'offrit et quand la patrie eût besoin de ses talents, le sage cultivateur se montra grand homme d'état et grand homme de guerre.

La lutte contre les Anglais dura neuf ans. Washington eut à vaincre des difficultés inouïes. Les obstacles, les revers, les inimitiés, les trahisons, les injustices, abondèrent sous ses pas ; il triompha de tout par son admirable constance. Son armée, constamment inférieure en nombre à celle des Anglais, s'élevait à peine au début à quatorze mille hommes incomplètement armés et mal disciplinés. A force de constance et d'habileté, Washington surmonta ces obstacles et organisa ses troupes. Il avait tenu tête sans trop de désavantage aux généraux Anglais quand la France lui envoya six mille hommes commandés par Rochambeau et La Fayette. Ces renforts contribuèrent à amener la capitulation de Cornwallis, bloqué dans York-Town en 1781 ; ce succès eut une influence décisive sur la conclusion de la paix qui fut signée à Versailles le 20 janvier 1783, l'indépendance des Etats-Unis fut solennellement reconnue par l'Angleterre; après avoir licencié sans trouble son armée dont on avait paru négliger les intérêts, Washington remit au congrès sa commission de généralissime et se retira dans son domaine de Moun-Vernon sans demander aucune récompense.

Washington, homme privé, homme de guerre, homme d'état, pratiqua constamment toutes les vertus républicaines. Le jour où il rentra dans la vie civile il écrivit à un de ses amis : Les portes de ma maison viennent de voir entrer un homme plus vieux de neuf ans qu'il ne l'était quand il l'a quittée. J'espère passer le reste de mes jours à cultiver l'affection des gens de bien et à pratiquer les vertus domestiques : La vie d'un agriculteur est de toutes la plus délicieuse. J'éprouve une véritable satisfaction de cœur à mener une vie privée. Ne portant envie à personne, je suis décidé à être content de tous, et, dans cette disposition, je descendrai doucement le fleuve de la vie, jusqu'à ce que je m'endorme avec mes pères. »

Ce vœu ne put s'accomplir. Après cinq ans de troubles et de discussions orageuses, la constitution des Etats-Unis fut promulguée, et Washington fut élu à l'unanimité président de la république.

Jamais homme n'est arrivé au faîte du pouvoir par un plus droit chemin, ni en vertu d'un vœu plus universel, ni avec une plus grande influence.

Cependant il hésita beaucoup avant d'accepter, entreprendre une tache si haute et si ardue, s'exposer à se faire soupçonner d'ambition, c'était pour lui un immense effort. Mais l'amour de la Patrie l'emporta sur ses scrupules, et il entra dans New-York sur une barque élégamment décorée, au milieu d'un concours immense de peuple qui faisait éclater le plus vif enthousiasme. Ces hommages ne l'enivraient pas : « Le mouvement des bateaux, dit-il dans son journal, le pavoisement des vaisseaux, les chants des musiciens, le bruit du canon, les acclamations que le peuple poussait jusqu'aux cieux pendant que je longeais les quais, ont rempli mon âme d'émotions pénibles autant que douces, car je songeais aux scènes tout opposées qui se passeraient peut-être un jour, malgré les efforts que j'aurais pu faire pour opérer le bien. »

Il gouverna avec une volonté ferme et habile, et fut toujours fidèle aux grands principes d'ordre, de liberté, de justice ; d'ailleurs dans tout le pays, on avait de son désintéressement la conviction la plus profonde ; ce qui aplanissait bien des difficultés.

Le succès de son administration dépassa toutes les espérances et les Etats-Unis entrèrent dans cette voie de prospérité qui étonne l'ancien monde.

Le président de la République américaine n'est élu que pour quatre ans, quand le terme du mandat de Washington approcha, on le sollicita de toutes parts de conserver le pouvoir. Ce grand citoyen hésita longtemps avant de prendre une détermination ; il supplia Dieu de l'éclairer.

Il écrivait alors « Le maître souverain et souverainement sage des évènements a veillé sur moi jusqu'à ce jour ; j'ai la confiance que dans l'importante résolution que j'ai à prendre il m'indiquera si clairement la route que je ne pourrai m'y tromper. »

Réélu avec la même unanimité qu'en 1789, il reprit possession de la présidence avec le même désintéressement et le même zèle. Le terme de sa seconde présidence étant arrivé il ne voulut plus être porté candidat et rentra dans la vie privée, après avoir fait ses adieux à la nation dans une adresse pleine de sages conseils et de sentiments élevés : « Bien qu'en repassant les actes de mon administration, dit-il dans cette adresse, je n'ai connaissance d'aucune faute d'intention, j'ai un sentiment trop profond de mes défauts pour ne pas penser que probablement j'ai commis des fautes. Quelles qu'elles soient, je supplie avec ferveur le tout-puissant d'écarter ou de dissiper les maux qu'elles pourraient entraîner. J'emporte l'espoir que mon pays les considérera avec indulgence, et qu'après quarante-cinq années de ma vie dévouées à son service avec zèle et droiture, les torts provenus de mon défaut de mérite seront plongés dans l'oubli, comme je le serai bientôt moi-même dans les demeures du repos. »

Washington vécut encore deux ans, partageant son temps entre les travaux de l'agriculture et ceux de l'étude, plein de bonté pour sa famille et pour toutes les personnes qui approchaient de lui, ne parlant jamais ni de ses exploits militaires, ni de sa conduite dans le gouvernement de son pays ; sa mort fut regardée comme une calamité publique, tous les citoyens des État-Unis portèrent le deuil pendant un mois, le congrès décida qu'un monument serait élevé en son honneur dans la ville fédérale, qui prit ensuite le nom de Washington.

CHAPITRE XXVIII.

DEVOIRS ENVERS LA PATRIE.

Patrie. — Vous avez deux mères, mes jeunes amis, deux mères à qui vous devez amour, tendresse et respect, l'une qui vous a bercés sur ses genoux, à qui vous devez votre sang, votre vie ; l'autre, c'est la France, c'est la *Patrie*. Envers toutes deux, les liens, les devoirs sont les mêmes. Aimez-la donc cette chère France, de toute votre âme ; avec cette conviction profonde qu'elle est la meilleure patrie qu'un citoyen puisse souhaiter pour l'honneur et pour le progrès de l'esprit humain.

La *Patrie,* comme le nom l'indique, c'est le pays des pères, c'est la famille en grand ; ce qui la constitue, c'est le coin du monde où nous sommes nés, les foyers, les autels, les tombeaux, les habitudes acquises en commun, transmises de génération en génération, les traditions du passé.

Ainsi tout ce qui vous entoure, tout ce qui vous a élevés et nourris, tout ce qui vous est cher, cette campagne, ces arbres, ces camarades aux jeux desquels vous vous mêlez en riant : c'est la patrie.

Les lois qui vous protègent, le pain que paie le travail, les paroles que vous échangez, la joie et la tristesse qui vous viennent des hommes et des choses parmi lesquelles vous vivez : c'est la patrie.

L'humble toit où vous avez vu autrefois vos grands parents, les souvenirs qu'ils vous ont laissés, la terre où ils reposent : c'est la patrie.

Vous la voyez, vous la respirez partout.

Figurez-vous vos droits et vos devoirs, vos affections et vos besoins, vos souvenirs et votre reconnaissance, réunissez cela sous un seul nom, et ce nom sera la patrie.

La France est notre mère commune, nous sommes ses

enfants ; tout ce qui appartient au pays est notre richesse à tous ; la gloire du pays est notre gloire.

Les évènements passés qui ont fait son illustration sont pour nous une histoire domestique ; c'est notre histoire.

Pensez à ce qu'est la France, cette noble France dont vous êtes les enfants ; représentez-vous toutes les richesses de son sol, toutes ses splendeurs, les monuments qui la couvrent, les grands hommes qui l'ont illustrée, et ces grandes cités où les arts ont entassé leurs chefs-d'œuvre, toutes les merveilles de l'industrie. Dans les fastes de notre histoire nationale, que de grandeur et d'élévation! La France a été martyr et soldat pour tous les peuples de l'Europe et du monde ; c'est de son sang et de son dévouement qu'elle a fait la fortune et le bonheur des autres nations. Et dans la paix, aussi grande que dans les combats, la glorieuse France donne au monde ses légions d'artistes, de poètes, d'écrivains. Vous comprenez maintenant, j'aime à le croire, que la patrie est un foyer sacré, qu'elle doit avoir dans notre cœur un culte, qu'elle doit être pour chacun de nous une sorte de religion. Comprenez aussi tout ce que vous devez faire pour cette auguste mère : vous devez défendre la sainteté de ce foyer, vous immoler sur cet autel, et rester toute votre vie fidèles à ce culte.

Que les destinées de notre France ne vous soient jamais indifférentes, car personne, si haut placé ou si humble qu'il soit, n'a le droit de se désintéresser de ce qui est la vie même du pays. Nous avons, il n'y a pas longtemps, cruellement expié l'oubli de la patrie et des devoirs que chacun de nous contracte envers elle en venant au monde sur le sol français. Que cette leçon ne soit pas perdue pour nous !

Patriote. — On appelle *amour de la patrie*, l'attachement invincible que nous avons pour le sol où nous avons grandi au milieu de nos concitoyens, et le patriotisme est l'amour de la patrie mis en action, d'où il suit que l'on nomme *patriotes* les citoyens qui se dévouent pour leur pays.

Pour aimer la patrie d'un amour vraiment élevé, nous devons nous efforcer de devenir des citoyens dont elle n'ait jamais à rougir, mais dont elle puisse au contraire se faire honneur.

Il n'y a de bon patriote que l'homme vertueux, celui qui comprend, celui qui aime tous ses devoirs et qui s'étudie à les accomplir. Jamais il n'ira se confondre avec les adulateurs des puissants ou avec les contempteurs haineux de toute autorité ; par ses paroles, par ses exemples, il se fait le modérateur des opinions extrêmes et le conseiller fervent de l'indulgence et de la concorde ; s'il occupe un emploi, le but qu'il doit se proposer ce n'est pas sa fortune, mais bien l'honneur et la prospérité du pays, et s'il vit en simple particulier, la grandeur de la patrie doit être également l'objet de tous ses vœux.

L'amour de la patrie ne se prouve pas par des mots sonores, ni par de vaines déclamations, mais par des actes sérieux et réfléchis ; si donc vous voulez devenir dignes de partager la vie, la grandeur et la gloire de notre chère France, sachez à l'occasion souffrir pour elle ; il faut que vous renonciez à beaucoup de choses et que vous acceptiez des privations, des douleurs et des sacrifices pour l'amour d'elle. Car c'est le désintéressement, l'abnégation et le dévouement qui constituent la vertu du patriotisme, qui font les bons et les grands citoyens. Nous devons faire pour notre pays ce qu'un fils ferait pour son père et pour sa mère ; c'est une affaire de cœur et de probité. Le membre d'une famille qui n'y apporte pas sa part de services, de bonheur, manque à ses devoirs et c'est un mauvais parent ; l'associé qui n'enrichit pas la communauté de toutes ses bonnes intentions, la fraude de ce qui lui appartient et est un malhonnête homme ; de même celui qui jouit des avantages d'avoir une patrie sans en accepter toutes les charges, forfait à l'honneur et est un mauvais citoyen.

Le sentiment patriotique se compose des souvenirs que les grands hommes ont laissés, de l'admiration qu'inspirent les chefs-d'œuvre du génie national, enfin de l'amour que l'on ressent pour les institutions, la religion et la gloire de son pays.

Mais hélas ! combien ne voyons-nous pas d'hommes sacrifier ces richesses de l'âme pour se contenter des biens communs de la vie, le repos et l'aisance. Les jouissances matérielles tendent à affaiblir dans les esprits et dans les cœurs l'idée de la patrie ; et c'est là un grand malheur, car il n'est guère moins nécessaire au développement moral de l'homme de s'occuper des affaires de sa patrie que de s'occuper de celles de sa famille. Ce sont deux atmosphères dans lesquelles nous avons également besoin de respirer pour nous délivrer des dangers de l'égoïsme.

Le patriotisme est le principe de toutes les vertus publiques et il n'est jamais permis à l'homme de se considérer comme dispensé de l'obligation de s'appliquer, dans une certaine mesure, au service du pays dans le sein duquel il a plu à la Providence de le faire naître. Il y a là un devoir strict, car c'est un devoir non-seulement envers les autres, mais envers soi-même. Qui le néglige n'est pas seulement coupable au point de vue public, il l'est encore au point de vue de son propre intérêt.

Celui qui ne vit que pour soi et pour les siens, quelque faculté d'intelligence, de persévérance, de sensibilité qu'il déploie, n'est pas un homme dans la complète acception du mot, il n'est qu'un mauvais citoyen. Un pays dont les habitants n'ont pas la conscience des devoirs publics, qui tombe dans l'indifférence à l'égard des intérêts généraux, est un pays qui se dégrade dans le sens moral, qui marche à la décadence.

Ringois. — L'amour de la patrie s'est manifesté à toutes les époques de notre histoire, par d'héroïques sacrifices, par de sublimes dévouements.

Rappelons-en quelques-uns :

Abbeville, qui appartenait à l'Angleterre depuis 1227, réussit à chasser les Anglais en 1340. Vingt ans plus tard le traité de Brétigny la détacha de nouveau de la France. A cette nouvelle les habitants répondirent :

« Qu'ils aimeraient mieux être taxés chaque année de la moitié de leur avoir et rester Français » Ils n'en firent pas moins une magnifique réception au roi Jean-le-Bon, à son retour d'Angleterre ; mais quand la patriotique cité vit se promener par les rues des soldats qui depuis quinze années foulaient la France aux pieds, et n'entendaient pas garder de bien grandes réserves envers ceux que la victoire leur avait livrés, des conciliabules se formèrent, puis une émeute éclata ; elle fut réprimée, un riche bourgeois, Ringois, fut pris. Le commandant anglais usa cependant de modération, et offrit à Ringois sa liberté, sous la seule condition qu'il prêterait à Édouard III, serment de fidélité. Ringois refusa.

On le conduisit à Douvres, cette fois en le menaçant de la mort s'il s'opiniâtrait : il persista. On le mena alors sur la plate-forme de la forteresse, on le fit monter sur le dernier parapet, la mer en bat le pied avec fureur ; qu'il dise un seul mot, et il est sauvé..... il refusa encore : les gardes le précipitèrent.

Les Grecs et les Romains ne laissaient pas périr la mémoire des grands courages, des généreux dévouements ; chez nous, le nom de Ringois est inconnu.

Soyons moins ingrats que nos pères.

Jeanne d'Arc. — Au XVe siècle, quand la nation qui avait produit la chevalerie, les Croisades, les arts du Moyen-Age et longtemps imprimé le mouvement et le progrès à l'Europe, fut déchue et sur le point de périr, on vit sortir d'entre les paysans le libérateur qui sauva la France par les miracles de l'amour de la patrie : ce libérateur fut Jeanne d'Arc. L'âme d'une simple fille des champs conçut la première l'idée de cette grande patrie, qui depuis a plus d'une fois étonné et ravi le monde. Jusqu'alors il y avait eu en France des nobles, des bourgeois et des serfs, des Gascons, des Picards et des Normands, il n'y avait pas eu de Français ; on combattait pour sa caste et pour sa province, on ne combattait pas pour la patrie.

Mais les paysans qui souffraient partout les mêmes

maux, que le monde foulait aux pieds, qui ne comprenaient rien aux distinctions et aux intérêts des partis, commençaient à se sentir frères devant le malheur et devant l'ennemi : l'ennemi c'était le vainqueur de Poitiers et d'Azincourt, seul responsable de tous les désastres et de tous les ravages! A leurs yeux tout ce qui pillait, tout ce qui égorgeait, Armagnac ou Bourguignon, soldat ou bandit, c'était l'Anglais! Contre ce fléau tout avait échoué, rois et seigneurs, généraux et politiques.

La Bergère de Domremy en triompha, parce qu'elle portait en elle deux sentiments qui enfantent des prodiges : l'enthousiasme et la foi.

Jeanne d'Arc avait su faire partager au peuple et à l'armée son ardente et naïve croyance à cet être qui s'appelle la France. Selon la légende populaire, le nom de France avait tant de douceur quand Jeanne le prononçait que le peuple ne pouvait l'entendre tomber de ses lèvres sans verser des larmes.

Vous avez appris dans nos leçons d'histoire comment la libératrice de la patrie, victime de l'ingratitude d'un roi égoïste et de la trahison des Bourguignons, couronna par le martyre une vie si courte et déjà si remplie.

La France en 1792. — On ne peut sans une profonde émotion se rappeler l'héroïsme déployé par nos pères, qui en 1792 et 1793 résistèrent à l'Europe entière.

La France était alors à l'heure des dangers et des crises suprêmes, en plein flot de passions déchaînées, de violences inouïes, de sublimes dévouements. On vit à ce moment une situation telle qu'aucune autre histoire n'en présentera jamais ; 400,000 hommes sous les drapeaux de la coalition menaçaient la frontière. La grande guerre vendéenne et l'insurrection de 54 départements mettent en jeu l'existence de la République. Cachés sous les couleurs patriotiques, les partisans de l'émigration poussaient Lyon à la résistance, ils livraient Toulon aux Anglais ; la trahison était partout, à l'intérieur, sur la frontière et dans les camps. Cernée depuis le Rhin jusqu'aux Pyrénées, épuisée par la disette, ruinée par les assignats, la France n'a que des armées désorganisées, sans habits, sans pain, sans généraux.

Depuis la chute de l'empire romain l'humanité n'avait pas traversé une crise aussi formidable. Oh ! que serait devenue la France, si l'amour de la patrie n'eût alors enflammé tous les cœurs ; si elle n'eût eu pour la défendre et la sauver, des âmes telles que l'antiquité n'en produisit jamais de plus grandes.

Supposez la France envahie et vaincue, toutes les conquêtes de l'esprit humain, — conquêtes fécondées par le sang de tant de générations : égalité civile, liberté de conscience, souveraineté du droit, — étaient perdues l'humanité se courbait sous le joug et s'éloignait de plusieurs siècles du jour de son émancipation.

Le Comité de salut public, où se concentre la sombre énergie de la Convention, n'hésite point et fait face à tout.

La levée en masse est décrétée, la France n'est plus qu'un vaste camp où les jeunes gens combattent, où les hommes mariés forgent les armes, et où les femmes préparent les habits.

A la voix d'un homme de génie, Carnot, membre de ce Comité où tout est grandeur et gloire dans la face extérieure, où tout est tragique et sinistre du côté de l'intérieur, à la voix de Carnot, quatorze armées sortent du sol et couvrent les frontières ; il organise à la fois et les plans de campagne et les immenses ressources nécessaires à tant d'armées.

Si vous voulez savoir et comprendre les miracles que peut enfanter le patriotisme, plongez-vous dans les souvenirs de la prodigieuse époque révolutionnaire : suivez de l'œil et du cœur ces paysans qui allaient, comme dit Béranger :

« Pieds nus, sans pain, sourds aux lâches alarmes, » ces enfants, généraux improvisés, qui sauvèrent la France à cette heure suprême.

Quelle série de miracles ! quels vaillants efforts ! quelle intrépidité, quel héroïsme ! quel noble dévouement ! quelle foi ardente animait ces pauvres et glorieux volontaires de la République !

Qui sauva la France alors ? sans doute le génie de Carnot, l'énergie de la Convention, la vigueur des représentants du peuple, l'habileté des généraux y aidèrent puissamment, mais le vrai héros de cette immortelle époque, ce fut le peuple !

Le patriotisme exalté, la foi républicaine de ces soldats, de ces chefs improvisés, l'élan du génie national, tinrent lieu de discipline, de science, de richesse, d'organisation militaire.

Souvenons-nous. — Dans la chapelle de Postdam, dont les rois de Prusse ont voulu faire leur Versailles, on voit les drapeaux pris sur nous en 1813 et 1815 et ceux livrés à Sédan et à Metz en 1870. Ils sont là suspendus comme les linceuls dans lesquels la France a été deux fois ensevelie par la main des mêmes bourreaux. Et devant la caserne de cette même résidence, des canons français sont jetés en tas comme les ossements d'un ennemi qu'on prend plaisir à fouler aux pieds.

Ce n'est pas tout, la Prusse a fait un criminel usage de sa victoire en 1870 en s'annexant par la violence l'Alsace et la Lorraine, qui ne veulent pas être allemandes, quoi que fasse le vainqueur.

Comment effacer tant de hontes et d'iniquités ? comment recouvrer nos chères et vaillantes provinces ? — Par la pratique sincère, constante, des institutions et des vertus civiques, en ayant toujours présentes à la pensée ces populations arrachées à la mère-patrie et dont la vie s'écoule dans d'indicibles tortures morales, en vous inspirant de l'exemple même de notre implacable ennemi.

En effet, en 1806, après notre victoire à Iéna, la Prusse, quoique démembrée, morcelée, écrasée, réduite de plus de moitié en territoire et en population, soumise à des contributions de guerre excessives, se releva par un élan de patriotisme vraiment sublime; les provinces prirent tout à leur charge : l'habillement et l'équipement des hommes, l'achat des armes et des chevaux.

Alors les villes, dit Charras, se transformèrent en ateliers où les ouvriers travaillaient nuit et jour à la confection des objets nécessaires. Il se fit plus encore, le soldat fut logé chez l'habitant et l'habitant se chargea de le nourrir, sans indemnité aucune. A tant d'énormes sacrifices demandés, accomplis avec une incomparable ardeur, les populations en ajoutèrent. De tous côtés les dons patriotiques affluèrent, les uns donnèrent du numéraire, de l'argenterie, des armes, du fer; les autres du drap, des toiles; ceux-ci des chevaux, des bestiaux; ceux-là des grains et des fourrages. Les femmes apportèrent leurs bijoux et l'anneau même de leurs fiançailles, et reçurent en échange un anneau de fer sur lequel étaient gravés ces mots : « J'ai donné de l'or pour du fer, 1813. » Une pauvre fille qui n'avait pas d'autre fortune apporta la seule parure qu'elle eût, sa belle chevelure. On en fit des bagues qui se vendirent très-bien. Et cet enthousiasme fut nourri, enflammé, exalté même du haut de la chaire, dans les temples et dans les universités, et par des journaux, des pamphlets et des chansons patriotiques.

La Prusse ne fut bientôt plus qu'un camp.

A ce réveil de l'amour de la patrie, de la haine contre l'étranger, se joignit le réveil religieux; et les sentiments chrétiens, raillés ou oubliés quelque temps auparavant rendirent toute leur force aux âmes, de telle sorte que cette guerre populaire devint pour le peuple prussien à la fois une guerre vraiment nationale et une guerre vraiment sainte.

Quel exemple dans ce relèvement subit d'un peuple terrassé et agonisant !

Quel enseignement dans ces efforts héroïques d'une nation plus abattue et plus vaincue que ne l'est aujourd'hui la France.

CHAPITRE XXIX.

DE L'OBÉISSANCE AUX LOIS.

Après l'amour de la patrie, le premier et le plus grand des devoirs du citoyen, c'est l'obéissance aux lois de son pays ; je voudrais, mes enfants, vous inspirer l'amour et le respect de la loi, qualités essentielles qui nous font si souvent défaut.

Idée générale de la loi. — Examinons d'abord ce que c'est que la loi.

La *loi* est la raison suprême des choses, dans le monde moral, comme dans le monde physique. Elle est par conséquent le principe et la garantie de l'ordre, et l'ordre est la condition de la vie dans toutes les sphères de la création. La nature, avec ses règnes divers et avec les myriades d'existences qui la remplissent, ne subsiste que par l'accomplissement continuel des lois que le Créateur lui a imposées. Il n'y a donc rien de bon dans la nature que par l'observation des lois qui la régissent. Vous concevez déjà combien cette notion de la loi doit imprimer dans nos âmes, de vénération et de fidélité pour elle ; puisque partout où les hommes sont réunis en famille ou en nation, la loi est nécessaire pour régler l'association ; elle naît des choses, de leurs rapports. La première condition de la société humaine est donc l'établissement et le maintien de la loi, qui en pose les bases et les affermit par une sanction publique, pour les rendre comme inébranlables. Qui ne comprend dès lors que le premier devoir du citoyen, de celui qui veut vivre en paix avec ses semblables, selon la souveraine équité, c'est l'obéissance à la loi.

Les lois positives ou écrites sont des actes de l'autorité souveraine qui nous commande certaines choses, ou les permet dans des conditions déterminées, ou les défend, soit d'une manière absolue, soit avec des réserves.

C'est pour protéger les droits du faible contre l'oppression du fort, que les lois ont été établies et fortifiées de la puissance nécessaire à leur exécution. Pour qu'on pût contraindre à les respecter et appliquer des peines pour la violation de chacun de leurs préceptes, il a fallu les déterminer, les écrire ; de là l'origine du droit positif ou écrit, qui ne diffère en principe et ne devrait différer en fait du droit naturel que parce qu'il est enregistré, pour ainsi dire, par les hommes et qu'il est protégé par des institutions sociales qui le garantissent contre la violence. Voilà pourquoi les institutions établies pour assurer l'exécution de la justice, tout imparfaites qu'elles sont, ont un caractère de sainteté qui commande la vénération ; sans elles le droit naturel serait comme s'il n'était pas, les lois du Créateur seraient à chaque instant outragées. La société ne pourrait subsister et il n'y aurait de droits que pour le plus fort.

Je vous l'ai déjà dit, c'est dans la loi seule, idéal, symbole de la souveraineté la plus légitime, que réside le principe d'autorité au nom duquel agit et se meut, dans son calme et dans sa force, la puissance publique chargée de maintenir l'harmonie entre les membres du grand corps social et d'assurer dans le pays l'ordre et la tranquillité, sources intarissables de la prospérité nationale.

Nécessité des lois. — Ce serait une bien triste chose que le monde, si chacun de nous s'avisait d'y vouloir vivre sans souci, ni respect des lois et des coutumes.

Celles-ci nous ont été léguées par nos ancêtres, qui les avaient reçues eux-mêmes de leurs aïeux et ainsi de proche en proche depuis la création du monde. Grâce à cet héritage, transmis sans interruption des pères aux enfants et amélioré par le travail de chaque génération, ces hommes peuvent vivre en société, heureux et paisibles et s'entr'aidant les uns les autres ; autrement chaque homme serait réduit à vivre seul, ennemi de tous ses semblables et les ayant tous pour ennemis.

Il est difficile de dire ce que seraient les hommes crrant ainsi; toutefois on ne peut douter qu'ils ne fussent plus malheureux que les bêtes des champs et des forêts.

Supposons, si vous le voulez, qu'aucune loi n'existe plus, que l'homme sans autre règle que son caprice et son instinct n'obéisse plus qu'à sa volonté, que va-t-il arriver?

J'ai cultivé un champ, j'ai bâti une maison, en admettant qu'il soit possible de cultiver et de bâtir si les lois n'étaient point là pour protéger et faciliter la culture et le travail. Les chaleurs de l'été ont mûri mes fruits et ma moisson. Au moment où je vais récolter, un homme survient et veut s'emparer des fruits que j'ai soignés, de la moisson que j'ai arrosée de mes sueurs. Au moment où je rentre dans ma maison, pour me livrer au repos, le même individu veut m'en chasser, pour s'y établir à ma place; je résisterai sans doute. Mais cet homme est plus fort que moi, il faudra que je lui cède; je ne puis invoquer aucune aide, aucun appui de personne; il n'y a pas de lois pour me protéger. Il faudra que j'abandonne le fruit de mon labeur, et que je vive ou que je meure misérablement. J'aurai pourtant encore une ressource : Je pourrai imiter celui qui m'a dépossédé en dépossédant un autre moins fort que moi, qui pourra, de son côté, dépouiller un plus faible que lui-même.

Vous pouvez imaginer facilement, d'après cela, quel désordre nous verrions si tout-à-coup les lois n'existaient plus ou étaient méconnues.

De civilisés que nous sommes nous redeviendrions bien vite sauvages, pires que des sauvages, car les sauvages ont aussi leurs lois, moins bonnes que les nôtres, sans doute, mais peut-être plus strictement observées. Nous tomberions au dernier degré de la misère et de l'avilissement. Nous serions au-dessous des brutes, car nous serions contraints de vivre seuls, comme elles; tandis que Dieu et la nature, qui nous ont créés pour vivre en société, ne nous ont rien accordé de ce qui est nécessaire pour demeurer isolés, indépendants au monde. Tout nous serait obstacle ou ennemi. Rien ne nous serait propice. Concevez-vous un état plus misérable?

La loi est une égide pour tous. — Mais vous conviendrez bien, me direz-vous peut-être, qu'il y a des lois injustes ou des lois injustement appliquées? N'est-il pas nécessaire et légitime de désobéir dans ce cas?

Voudriez-vous donc qu'on obéît même à l'injustice?

Je ne nie pas que l'autorité ne se puisse parfois tromper, en ce cas il faut l'éclairer par des réclamations sages et modérées; je ne nie pas davantage qu'il y ait des lois gênantes, il peut en exister d'injustes, puisqu'on le prétend; dans tous les cas, s'il en existe, je dis qu'il faut encore leur obéir, sauf à en poursuivre le redressement par tous les moyens de représentation et de discussion qui sont en notre pouvoir.

Et voilà pourquoi il faut obéir aux lois, même lorsqu'elles nous semblent imparfaites ou vicieuses.

Nous ne sommes point seuls bons juges de la qualité des lois. Telle qui parmi celles-ci nous paraît excellente parce qu'elle nous protège et nous vient en aide, semble détestable à notre voisin qu'elle blesse ou qu'elle gêne.

Telle autre loi qui nous paraît détestable parce qu'elle nous nuit, est excellente au dire du voisin, parce qu'elle sert ses intérêts.

L'enfant murmure quelquefois contre l'autorité paternelle, et pourtant l'autorité paternelle, presque toujours sage et bienveillante, a protégé l'enfant tout petit, l'a entouré de soins et en a fait un homme. Les lois sont comme l'autorité paternelle, elles protègent les hommes, alors même que ceux-ci ne s'en aperçoivent point et jouissent des bienfaits de l'ordre établi sans en connaître les causes, à peu près comme ils jouissent de la magnifique lueur du jour, sans songer à remercier Dieu qui l'a prodiguée à la terre.

Les plus misérables et les plus abandonnés des hommes, aussi bien que les plus riches et les plus puissants, ont un même intérêt à ce que les lois soient observées.

Le mendiant valide et le vagabond s'irritent contre le gendarme et le juge qui les arrêtent et les incarcérèrent; mais la loi, même en punissant le mendiant et le vagabond, les protège contre les violences que bien souvent les autres hommes seraient disposés à exercer contre eux.

C'est la loi, et rien autre chose que la loi, qui assure au mendiant la paisible jouissance de la maigre pitance qu'il tient de la charité publique, comme elle assure à l'ouvrier laborieux la paisible jouissance du salaire noblement gagné à la sueur de son front.

Les voleurs et les meurtriers ressentent encore les bienveillants effets de la protection des lois. C'est la loi qui, par ses prescriptions salutaires, assure l'existence de ces malheureux et les garantit contre les effets du ressentiment aveugle ou exagéré de leurs victimes.

Combien d'entre nous, si la loi ne le défendait pas formellement, hésiteraient à frapper le larron qui vient furtivement dans notre logis ou dans notre champ, pour exercer à notre préjudice sa coupable industrie ? Mais nous frapperions en aveugles, parce que la passion nous guiderait.

La loi seule prononcera sur le sort du coupable, et la loi, qui n'est point passionnée, sera juste.

C'est ainsi qu'en frappant, la loi protège celui-là même qu'elle punit.

En aucune occasion, il n'est permis de se soustraire à l'action de la loi ou de faire entendre contre elle des murmures et des protestations toujours téméraires : s'oublier jusqu'à la résistance, c'est se rendre criminel. Un fait dont j'ai été témoin vous démontrera qu'il est impossible de prévoir toutes les conséquences de la désobéissance à la loi, aux actes des autorités, qui ont mission de parler et d'agir en son nom.

Un dimanche, au milieu de la place et dans l'endroit le plus fréquenté de Rus, quelques amateurs se disposaient à jouer aux quilles, et déjà le jeu était dressé, lorsque survint le garde-champêtre qui leur fit connaître qu'un arrêté du maire, rendu la veille, défendait dorénavant de jouer aux quilles sur la place de la commune.

Cet arrêté avait été affiché à la porte de l'église et à celle de la Maison commune, mais personne parmi les joueurs n'avait fait attention à l'affiche ou n'en avait eu connaissance. Ils se récrièrent contre la défense qui leur était faite, et comme le garde-champêtre n'était point aimé, plusieurs s'en prirent à lui et le menacèrent même de lui faire un mauvais parti, sans penser que dans cette occasion le garde-champêtre ne faisait qu'accomplir les ordres qui lui avaient été donnés au nom de la loi.

Les plus modérés disaient que de temps immémorial les habitants de Rus avaient toujours joué aux quilles, aux boules et au mail, sur la place du village, sans que personne y trouvât rien à reprendre; que le maire n'avait pas le droit d'abolir une aussi vieille coutume.

Bref, tous conclurent à passer outre et à jouer comme par le passé, sans nul souci du garde-champêtre et de l'autorité du maire.

Je dis tous, il faut pourtant en excepter l'instituteur, qui était présent et qui fut d'avis contraire; il propose d'établir le jeu de quille devant sa porte où se trouvait un vaste espace libre :

« Mes amis, disait-il, il est vrai que toujours nous avons pu jouer aux quilles sur la place du village, comme nos pères l'ont fait avant nous, sans qu'on y ait mis jamais empêchement. Mais aujourd'hui M. le Maire nous interdit ce qui jusqu'alors avait été permis, mon avis est qu'il faut agir conformément à sa défense, puisqu'il parle et agit au nom de la loi.

Or, la loi donne à M. le Maire le pouvoir de commander tout ce qu'il croit bon et utile dans l'intérêt de la police et de la sécurité de la commune; en obéissant à son autorité, c'est à la loi que nous obéissons, et nous remplirons notre devoir de bons citoyens et d'honnêtes gens.

Ces paroles étaient sages, mais l'irritation était trop forte pour que la voix de la sagesse pût être écoutée; et il fut résolu que l'on jouerait bon gré, mal gré, et sans s'inquiéter du procès-verbal.

L'instituteur, après quelques efforts nouveaux, qui furent inutiles, pour amener les gens à se soumettre aux prescriptions de l'autorité, se retira : lui parti, le jeu recommença.

A peine avait-il fait quelques pas qu'une grande clameur s'élève au milieu de la place, il se retourne et un triste spectacle s'offre à sa vue.

En même temps que les hommes jouaient aux quilles, les enfants s'amusaient à courir; l'un d'eux traversait imprudemment la place au moment où un joueur lançait à toute force la boule; celle-ci atteignit l'enfant avec tant de violence que le pauvre petit tomba renversé, la tête fracassée, sans avoir pu proférer un seul cri.

Le père, qui était du nombre des joueurs, l'emporta dans sa famille, mais les soins les plus empressés ne purent le rappeler à la vie.

Après ce cruel événement les habitants du village se retirèrent tristement dans leurs demeures. Ceux que l'instituteur avait inutilement sollicités pour qu'ils transportassent ailleurs le théâtre d'un amusement qui venait d'avoir d'aussi funestes suites, l'entouraient et se pressaient autour de lui, disant : « Hélas! le maire avait raison de ne pas vouloir qu'on jouât sur la place. Il prévoyait sans doute le malheur qui vient d'arriver! Faut-il que nous ayons méconnu ses ordres et vos conseils. »

« Mes amis, répliquait l'instituteur, soyez convaincus par le terrible événement qui nous frappe, que les prescriptions de l'autorité ont presque toujours un caractère d'utilité, que nos passions, nos intérêts, nos caprices nous empêchent seuls d'apercevoir. Je n'ai pas vu une seule fois qu'on ait eu à se repentir d'avoir obéi aux lois; j'ai rarement vu qu'on n'ait point eu à se repentir de les avoir méconnues ou violées. Si nous voulions tous à la fois, et chacun à l'encontre des règles établies, faire tout ce qui pourrait nous plaire et servir nos intérêts sans tenir compte des intérêts et des droits d'autrui, le monde tomberait dans le plus grand désordre qu'on puisse imaginer. Il n'y aurait plus de probité, plus de travail possible, plus de sécurité pour personne. Obéissons donc aux lois et observons-les, si nous voulons qu'elles nous protègent contre les erreurs et l'oppression d'autrui.

« Si aujourd'hui, continua l'instituteur, au lieu de résister aux ordres du maire, vous vous étiez rendus près de lui pour lui faire des représentations sur son arrêté, il vous eût sans doute expliqué ses motifs ; il vous eût exposé les dangers qui résultaient de votre jeu pour la sécurité publique, vous vous fussiez rendus à la raison, je suppose, le malheur que nous déplorons ne fut point arrivé. »

Un procès-verbal de cet accident fut dressé et les magistrats ordonnèrent une enquête à la suite de laquelle une instruction judiciaire eut lieu.

Tous les joueurs, renvoyés devant le tribunal de simple police pour contravention à un arrêté de l'autorité municipale, furent condamnés à l'amende ; en outre, le joueur dont la boule avait occasionné la mort de l'enfant fut mis en jugement pour cause d'homicide par imprudence. Mais en considération de son irréprochable moralité les juges ne lui infligèrent qu'une amende.

Désobéir à la loi est une injustice. — Sachez-le, toutes les fois que nous désobéissons aux proscriptions d'une loi nous commettons une injustice ; car toutes les lois ayant pour objet de protéger des intérêts et des individus, il en résulte que toutes les fois qu'une loi est violée par nous, il y a par notre fait des intérêts et des individus lésés.

Si l'un de nous refuse d'acquitter les impôts et les droits de l'Etat, il faut que sa cote-part soit acquittée par ses voisins, ce qui, outre le désordre occasionné dans l'Etat, est souverainement injuste. Et ce que je vous dis au sujet de l'impôt on peut le dire de la violation de toutes les lois.

Tous les honnêtes gens, quelle que soit leur position de fortune, ont tous à gagner dans l'observance aux lois et tout à perdre dans leur violation, j'ajoute : plus l'homme est riche et fort, moins leur protection lui est indispensable. D'où il faut conclure que les plus pauvres et les plus faibles sont les plus intéressés au maintien du respect des lois. Ceci peut paraître incroyable à qui ne réfléchit point ; c'est pourtant une vérité que je veux en quelque sorte vous faire toucher du doigt.

L'existence de la plupart d'entre nous, mes amis, est

laborieuse et pénible ; il nous faut, pour vivre d'une façon à peu près supportable et faire honneur à nos affaires, prendre beaucoup de soins, et si aucun revers ne vient nous atteindre, aucune entrave nous arrêter, nous arriverons, tant bien que mal. Si, au contraire, quelque malheur imprévu ou même un simple accident vient à la traverse, ce simple accident suffit pour nous mettre dans la gêne et quelquefois pour nous ruiner.

Je n'ai pour toute fortune qu'une maison : si des malfaiteurs la brûlent, j'aurai bien de la peine à me relever d'un pareil coup ; tandis que les riches propriétaires peuvent supporter sans trop d'embarras des accidents beaucoup plus graves.

A celui qui possède beaucoup, le dommage, si grand qu'il soit, laisse toujours les moyens de se relever ; à celui qui possède peu, toute perte est très-sensible ; pour celui qui n'a que le strict nécessaire, tout dommage, si faible qu'il soit, est mortel, puisqu'il amène avec lui les privations, le besoin, la misère. Si quelque mauvais garnement dévaste les champs du riche, ce dernier n'en souffre guère, tandis que le moindre dégât commis dans la récolte du pauvre est pour lui une perte souvent irréparable.

Plus on est pauvre, plus on a besoin de la protection de la loi : à diverses époques encore peu éloignées de nous, le pain fut si cher que bien des artisans se virent forcés de se rationner ; dans ces moments-là des gens ignorants ou mal intentionnés arrêtaient ou pillaient les grains sur les routes, sur les canaux ou sur les marchés ; ils n'arrivaient plus jusqu'à nous, et nous avions, non plus la disette, mais la famine. Et c'est bien simple, là où il n'existe que le nécessaire, si vous enlevez quelque chose, si peu que ce soit, vous ne trouverez plus la suffisance.

Or, vous pensez bien que le riche était moins frappé, lui, puisque ses ressources étant beaucoup plus considérables, il pouvait encore se procurer le pain qui faisait défaut aux ouvriers. Vous voyez donc bien que les pauvres étaient ceux qui avaient le plus grand besoin que la protection de la loi leur assurât l'apport et la libre circulation des subsistances. Si, lorsque la loi vous appelle à réparer ou entretenir les chemins vicinaux, au moyen des prestations en nature, vous refusez d'obéir, à qui pensez-vous que le refus soit le plus nuisible? Aux plus pauvres, qui, si la route est mauvaise ne sauront s'en tirer avec leur chétif attelage, tandis que le riche, en doublant ses colliers, saura toujours bien faire ses charrois.

Il en est ainsi de tout.

L'amour de la patrie ne se prouve pas par des protestations et par des phrases, mais principalement par l'exactitude à exécuter les lois, par le désir de tout ce qui peut être utile et glorieux; par le zèle à accomplir les obligations qu'elle impose, à rendre les services qu'elle a droit d'exiger, et enfin si le salut du pays et l'intérêt de tous le réclament, par l'abandon de sa fortune et par l'immolation de soi-même.

Qui ne sait point faire de sacrifice pour son pays ne l'aime pas véritablement, et si l'âme du citoyen est dominée par son propre intérêt, au point de ne voir que ses affaires privées dans la chose publique et d'exploiter le pays et la part d'influence qu'il y possède au profit de sa puissance ou de sa fortune, il sera bien près de désobéir aux lois quand elles gêneront son ambition, soit qu'il les élude par la ruse, s'il est trop faible, soit qu'il les attaque ouvertement par la violence, s'il a la force en mains.

Sous le régime du suffrage universel, la soumission aux lois est en toutes circonstances un devoir et un honneur; un devoir, car toute individualité doit se subordonner à la raison et à la volonté générales; un honneur, car en obéissant à la loi on n'obéit qu'à soi-même. Quiconque tenant de la loi le droit d'exprimer sa pensée, veut imposer sa pensée par la violence et non la démontrer par l'exercice pacifique de son droit, est un criminel; les insurrections, le sang versé seraient évidemment des crimes sans excuse. En effet, comme c'est toute la nation qui souffre d'une mauvaise loi, c'est donc à ceux qui ont reçu la mission de la représenter qu'il appartient d'en poursuivre l'annulation ; par conséquent le droit d'y résister n'appartient à aucun individu, ni à un nombre plus ou moins considérable de citoyens. Cette résistance, toujours téméraire et dangereuse, ne servirait qu'à produire des désordres plus funestes au bien public que les vices de la loi contre laquelle on se révolterait ; cette désobéissance est même une atteinte portée au droit de la nation entière. Ceux qu'anime l'amour de la patrie trouveront qu'il vaut mieux se soumettre temporairement à une loi défectueuse, souffrir même une transgression partielle des lois les plus inviolables, que d'exposer le pays à des révolutions, dont la sagesse humaine ne saurait prévoir le terme, et qui finissent souvent par augmenter les abus qu'on voudrait violemment déraciner. Il est d'autant plus raisonnable de rester dans les voies pacifiques de la légalité, que l'expérience nous a appris que ce qui est contraire aux principes fondamentaux du droit naturel n'est jamais durable, car la justice fait seule la force et la durée des institutions humaines.

Je le dis à regret, en France on n'obéit aux lois qu'avec une sorte d'impatience, et, pour ainsi dire, selon sa convenance. Nos mœurs politiques sont sous ce rapport bien inférieures aux mœurs anglaises ; jusqu'à présent, nous n'avons guère emprunté à nos voisins d'outre-Manche que leurs ridicules et leurs travers, que ne leur empruntons-nous en même temps leur scrupuleux respect pour l'autorité et les lois ?

En Angleterre, la baguette d'un constable dissipera dix mille émeutiers. En France il faudrait un régiment pour en repousser quelques centaines. C'est que la population anglaise, même dans ses heures d'égarement, voit dans un constable la loi vivante, tandis que chez nous le peuple ne voit la loi nulle part ; il se rappelle à peine qu'il y en a une, et c'est souvent parce qu'il l'ignore qu'il prend les armes.

Ouvrez l'histoire des nations qui ne sont plus, et vous verrez qu'elles ont péri bien plutôt par leur éloignement de la règle et de l'ordre et par le mépris qu'elles faisaient des lois, que par la conquête et l'invasion.

Socrate. — Léonidas. — L'antiquité grecque et romaine nous a laissé de sublimes exemples de soumission aux lois, et ce qui recommande le plus ces peuples à notre admiration, c'est leur respect, nous dirions presque leur adoration pour les lois de leur pays.

Socrate refusa de sortir de prison et d'échapper par la fuite à une condamnation capitale, injuste mais légale, pour ne pas manquer de respect à la loi.

« Passant, écrivaient les guerriers de Léonidas avec la pointe de leur épée sur les rochers des Thermopyles, au moment de mourir pour la patrie, passant va dire à Sparte que nous sommes morts ici pour la défense de ses saintes lois. »

CHAPITRE XXX.

DEVOIRS SPÉCIAUX DU CITOYEN.

Fonctionnaires. — Le rôle que chaque citoyen est appelé à remplir dans la société lui impose des devoirs particuliers, soit à raison des fonctions permanentes ou temporaires qu'il occupe, soit à cause des droits qu'il veut exercer, soit enfin pour accomplir la mission qu'il s'est donnée lui-même, celle d'écrivain ou de journaliste, par exemple. Examinons ces diverses situations et parlons d'abord des fonctionnaires publics.

Le *gouvernement*, l'*État*, c'est la force organisée qui agit au nom de tous pour l'intérêt commun et pour l'exécution des lois : or, pour appliquer les lois, et faire exécuter les décisions des pouvoirs publics, il faut des agents spéciaux, des fonctionnaires : tels sont les ministres, les préfets, les maires, les juges, etc...

Le premier devoir de tous les fonctionnaires publics, c'est de se renfermer dans les attributions que leur confère la constitution et les règlements particuliers à chaque administration.

« Pour que la patrie soit heureuse, disait Solon, l'un des sept sages de la Grèce, il faut que les magistrats obéissent aux lois, et les citoyens aux magistrats. C'est, en effet, au chef de l'Etat, à ses ministres, à tous les dépositaires de l'autorité, aux fonctionnaires de tout ordre, qu'il appartient de prêcher d'exemple ; s'ils veulent que la loi soit observée, qu'ils fassent de son religieux respect la règle de leur conduite dans les affaires publiques, et personne n'osera enfreindre la loi, lorsque ceux qui sont chargés de l'appliquer le feront consciencieusement, sans acception de personne.

Au premier rang des devoirs de tout magistrat, se place l'impartialité ; non-seulement cette impartialité qui consiste à ne se laisser influencer par aucune considération personnelle, d'intérêt ou d'affection, mais cette haute impartialité qui a à vaincre de sérieux obstacles pour rester maîtresse d'elle-même : ces obstacles viennent des partis, des passions politiques, et même des exagérations du patriotisme. Le magistrat impartial se défendra également du népotisme ; rien assurément n'est plus digne de respect que la tendresse et le dévouement entre pères et enfants, entre époux, entre frères ; que la fidélité envers ses amis ; mais l'homme intègre sait que c'est trahir les grands intérêts qui lui sont confiés, que d'employer à la prospérité de ses parents et au succès de ses amis, les complaisantes faiblesses d'une conscience peu scrupuleuse.

Les fonctionnaires, si haut placés qu'ils soient, doivent en toutes circonstances donner l'exemple de la subordination, c'est-à-dire du respect de l'autorité, de la hiérarchie ; autrement les magistrats, les administrateurs, ne sauraient réclamer des ignorants cette subordination dont eux-mêmes tiendraient peu compte à l'occasion. Enfin le fonctionnaire public doit commander le respect par un désintéressement à toute épreuve, et quel que soit le péril qui le menace il doit toujours rester à son poste.

Rotrou. — Rotrou, qui fut en France dans l'art de la tragédie le précurseur et le contemporain de Corneille, a laissé un exemple d'abnégation et de dévouement qui plus que ses œuvres sauvera à jamais son nom de l'oubli.

Il remplissait les fonctions de lieutenant civil et criminel à Dreux où il était né; en cette qualité, il était chargé d'y maintenir l'ordre et d'y présider à la distribution de la justice. Pendant un voyage qu'il fit à Paris, il apprend qu'une maladie contagieuse vient d'éclater dans sa ville natale, et y exerce d'effrayants ravages. Il n'hésite pas et part pour se rendre à son poste, et là se dévoue sans réserve à tout ce qu'exige d'un magistrat vigilant l'intérêt public et celui des citoyens. En vain son frère et ses amis le pressent, au nom d'une jeune épouse et de trois enfants dont il est l'unique soutien, de pourvoir à sa sûreté personnelle; il leur répond que « des devoirs, qui doivent passer avant tous les autres, le retiennent où il est. Ce n'est pas que le péril où je me trouve ne soit fort grand, puisque au moment où je vous écris les cloches sonnent pour la vingt-deuxième personne qui est morte aujourd'hui ; ce sera pour moi quand il plaira à Dieu » Peu de jours après avoir écrit ces lignes, il fut atteint par l'épidémie et mourut à peine âgé de quarante ans, en 1650.

Carnot. — Carnot était chef de bataillon du génie lorsque éclata la révolution de 1789; député à la Convention, nommé membre du comité de salut public, puis inspecteur de l'armée du nord, il battit les Autrichiens à Wattignies, octobre 1703, en marchant lui-même à la tête des troupes ; de là il revint à Paris rédiger les plans de campagne de nos généraux, correspondre de sa main avec nos quatorze armées, et comme on l'a dit organiser la victoire. Carnot, d'une probité antique, fut intègre autant qu'habile, il resta toujours étranger aux partis et aux intrigues. Lui, qui comme ministre de la guerre avait eu à nommer des généraux en chef, des colonels, des officiers de tous grades, qui s'était efforcé de récompenser les services rendus au pays, il n'avait oublié qu'un seul homme et cet homme c'était lui. Sous le premier empire, il vécut à l'écart occupé de travaux scientifiques, et dans une situation fort modeste. En 1814, quand il vit la France menacée, Carnot se mit à la disposition de l'empereur qui le nomma gouverneur d'Anvers, qu'il défendit héroïquement et ne rendit qu'après la paix. Napoléon, étonné de trouver Carnot encore simple chef de bataillon, le fit immédiatement passer par tous les grades intermédiaires jusques et y compris celui de général de division. Ce grand citoyen, proscrit en 1815 par les Bourbons, mourut à Magdebourg en 1823, entouré de l'estime générale, et Anvers lui a élevé une statue en 1857.

Mlle Juliette Dodu. — Fille d'un chirurgien de marine, mort à l'île de la Réunion, sœur de deux officiers morts en activité de service dans l'armée de mer, Mlle Dodu fut nommée, un peu avant la guerre de 1870, directrice de la station télégraphique de Pithiviers (Loiret), elle avait vingt ans.

Vers la fin de novembre 1870, l'état-major prussien établi à Orléans passait au prince Frédéric-Charles, à Pithiviers, une dépêche indiquant la situation exacte d'un corps français en marche sur Gien, et les manœuvres nécessaires pour envelopper cette troupe et la rejeter sur Orléans.

Le premier soin des Allemands avait été de s'emparer du télégraphe et d'installer leurs appareils en reléguant dans sa chambre Mlle Dodu et sa mère.

Or dans cette chambre passait le fil de la station. Attacher un autre fil qui passait à travers les appareils de transmission qu'elle avait emportés, était une action aussi simple que périlleuse. On dérobait ainsi aux Prussiens leurs confidences militaires, mais l'on risquait d'être fusillé.

Mlle Dodu porta ainsi une dépêche au sous-préfet qui la fit traduire, en comprit l'importance et l'envoya en triple expédition au général français. Les Allemands faisaient bonne garde. Deux exprès furent tués, le troisième arriva. C'était assez. Le corps français fut sauvé ; mais une misérable domestique, pour quelques thalers, trahit sa jeune maîtresse et la dénonça à l'ennemi.

Les Prussiens, furieux, condamnèrent à mort Mlle Dodu et allaient la fusiller avec sa mère, sa complice, quand fort à point survint l'armistice. Frappé de tant de courage, le prince Frédéric-Charles voulut voir cette vaillante enfant et comme il lui reprochait ce qu'il appelait son imprudence qui avait failli lui coûter la vie, ainsi qu'à sa mère, elle répondit simplement : « Je suis Française et ma mère aussi. »

Sept ans après cet acte héroïque et cette fière et patriotique réponse, Mlle Juliette Dodu recevait la médaille militaire et la croix d'honneur en 1878.

Fonctions municipales. — Parmi les fonctions publiques il en est que beaucoup d'entre vous pourront être appelés un jour à remplir : ce sont les fonctions municipales, qui ont un caractère particulier d'utilité et de simplicité qui frappe les meilleurs esprits. Placée entre la famille et l'Etat, la commune tient de tous deux et leur sert de lien ; aussi tantôt nous offre-t-elle dans des proportions agrandies la douce image de l'une, et tantôt dans un cadre restreint le tableau de l'autre. Là, le pouvoir, armé non de force et de contrainte, mais de sollicitude, d'équité, invite plutôt qu'il ne commande et se complaît à ressembler au pouvoir paternel.

C'est par la commune que chacun fait connaissance avec l'autorité, apprend à la respecter en la voyant agir, à l'aimer en recueillant ses bienfaits. C'est encore la commune qui préside par les actes de l'état-civil à notre affiliation à la société ; en constatant notre naissance et notre mariage, elle consacre notre admission parmi les citoyens et y prépare celle de nos enfants ; en constatant notre décès, elle atteste par un dernier témoignage que nous en sommes à jamais séparés.

Les fonctions municipales, à raison de l'infinie variété des intérêts auxquelles elles touchent, exigent un sens droit et un cœur que ses inclinations portent à bien faire. De ces fonctions, les unes sont destinées au conseil, les autres à l'action ; toutes se doivent un loyal concours dans l'accomplissement d'un devoir qui est presque le même pour chacune ; puisque c'est seulement par une bonne entente qu'elles peuvent le remplir et que leur but est commun.

Le conseiller doit s'efforcer de venir en aide à l'administration municipale en l'éclairant, en même temps qu'il doit s'abstenir d'entraver sa marche par une opposition hargneuse, systématique ; il verra dans le maire non la personne qui pourrait ne pas lui plaire mais la commune, à laquelle il doit toujours être prêt à témoigner son attachement filial par son dévouement.

La conscience et la raison font à l'homme à qui on offre les fonctions de maire, un devoir de ne les accepter qu'après s'être examiné attentivement, et qu'autant qu'il aura reconnu qu'il est en parfaite communauté de vues et d'idées avec son conseil et ses administrés. Quelles que soient son aptitude et son expérience, il se défiera assez de lui-même pour penser qu'une bonne inspiration peut venir d'un autre esprit que le sien. En exposant ses projets, il s'appliquera à faire connaître nettement l'état des choses, pour qu'on fasse ce qui s'accommodera le mieux aux besoins de la commune.

Le pouvoir municipal est la plus douce et la plus bienfaisante des autorités, quand elle demande à l'esprit d'ordre et de justice, et même à l'esprit de paix et de charité, ses inspirations et sa règle de conduite ; il devient la plus intolérable des tyrannies, si l'homme qui l'exerce, avide des avantages qu'il procure et jaloux des prérogatives qui y sont attachées, s'applique à le faire tourner au profit de ses intérêts ou à la satisfaction de sa vanité. Quelquefois, lorsqu'il tombe entre les mains des méchants, il tourmente au lieu de protéger et s'aliène les cœurs en les irritant par des tracasseries et des vexations.

Ceux que l'autorité ou l'élection placeront à la tête de l'administration municipale, se rappelleront qu'avant tout ils doivent s'appliquer à créer, si elle en manque, des ressources à la commune; à les accroître, si elles sont insuffisantes, et quelles qu'elles soient, à apporter une attention de tous les instants à les entretenir et à les conserver. De tous les emplois qu'ils pourront en faire, le plus utile est celui qu'ils devront préférer ; il vaudrait mieux accumuler, pendant de longues années, des revenus considérables, que de les sacrifier au luxe, alors que la recherche dans la décoration des lieux publics jurerait avec les humbles proportions de la commune ; l'épargne seule, et non les grosses recettes, fait la richesse. La prévoyance est la loi des corps collectifs aussi bien que des individus, et l'économie du présent pourvoit aux besoins de l'avenir.

Que tout, même dans le plus obscur hameau, respire l'aisance et la propreté ; mais que tout y conserve la physionomie simple et riante de la campagne.

Chargé du maintien de l'ordre dans la commune, le maire ne doit apporter à l'action de cette police intérieure, qui est la garantie du repos de chacun et de la conservation de sa fortune, ni faiblesse, ni dureté ; il n'aura de ménagements, pour aucune espèce de désordre ; le délit et le crime seront, sans acception de personne, dénoncés et poursuivis. Il se gardera de multiplier les gênes, il sera seulement vigilant et exact. Enfin dans les circonstances difficiles, lorsqu'un grand péril menace la commune, qu'une épidémie meurtrière décime et épouvante la population, les magistrats municipaux doivent faire preuve d'intelligence, de courage et d'abnégation ; ils doivent se multiplier pour pourvoir à tous les besoins, pour rassurer et consoler leurs concitoyens.

Électeurs. — Vous ne l'ignorez point, le suffrage est universel, c'est-à-dire que tous les citoyens âgés de vingt et un ans et jouissant de leurs droits civils sont électeurs et la voix du plus pauvre compte tout autant que la voix du plus riche. Quand il s'agit des intérêts du pays, il n'y a ni pauvres, ni riches, ni ignorants, ni savants : il n'y a que des citoyens.

Mais il ne suffit pas de posséder un droit, il faut vouloir s'en servir ; y a-t-il rien de plus déplorable que la façon dont beaucoup de gens pratiquent le suffrage universel ? Voyez ce petit bourgeois qui ne reviendrait jamais de la campagne un dimanche pour mettre, quand vous le pressez de voter, un bulletin dans l'urne, qui vous répond : « A quoi bon se déranger, il y aura assez de votants sans moi. »

D'autres non moins indifférents à l'exercice de leurs droits, refuseront de remettre de vingt-quatre heures un voyage nullement indispensable. Enfin il en est qui se montrent absolument insouciants à cet égard ; que voulez-vous, disent-ils, que je m'inquiète de vos élections, je m'occupe de mon métier, je suis au travail du matin au soir et je n'ai pas de temps à perdre pour des affaires qui ne me regardent pas.

Ces ignorants ne comprennent pas que pour que le travail ne manque pas, que pour que tout marche à souhait, il faut que les affaires du pays aillent bien. Si les affaires du pays vont mal, s'il y a de l'agitation dans les esprits, si on fait la guerre tandis qu'on devrait faire la paix, alors le travail peut manquer et tout tomber en souffrance.

Les affaires de tout le monde sont les vôtres ; c'est donc un grand devoir, pour tous les citoyens, d'obéir à la loi électorale ; il serait à souhaiter que tous le comprissent et que personne ne manquât au jour du scrutin d'aller déposer son vote ; car des élections bonnes ou mauvaises dépend le sort de la patrie, une seule voix suffit pour faire échouer un candidat au sens droit et au cœur honnête ; et il suffit d'un vote pour faire repousser une mesure excellente ou une bonne loi.

Avant d'arrêter son choix sur un candidat, il faut se demander quels sont les actes de sa vie, les principes qui l'ont guidé, quelles preuves il a fournies de son dévouement au pays ; il faut exiger le témoignage de sa capacité et de son aptitude aux affaires, c'est ainsi qu'on saura quels services la France aura à en attendre dans l'avenir. Il est bien certain qu'on ne peut toujours connaître les candidats qui sollicitent nos suffrages ; mais quand on a une affaire à régler, on sait bien demander un avis ; il y a toujours là quelqu'un qui possède notre confiance et nous allons le consulter parce que nous sommes convaincus qu'il en sait plus que nous. Eh bien ! vous ferez de même quand il s'agira d'élire un député ou un conseiller général. Il pourra se faire que vous trouviez plus de donneurs d'avis que vous n'en voudrez, mais vous n'écouterez pas le premier venu. Les plus empressés à donner des conseils ne sont pas toujours ceux qui donnent les plus sages, vous choisirez.

En Amérique, il n'y a aucune distinction de classes ; là l'électeur considère chaque homme d'après sa valeur et son mérite personnel et il le prend où il le trouve ; d'un bûcheron-Lincoln, d'un tailleur-Johnson, d'un tanneur-Grant, les trois derniers présidents des Etats-Unis, et d'une foule d'autres pareils, il fait de grands magistrats, de puissants hommes de guerre.

Vendre son suffrage, se faire héberger par un candidat quelconque, c'est se rendre coupable d'un acte d'indignité, c'est abdiquer son indépendance et déshonorer son titre de citoyen.

Dans la plupart de nos villages, les élections municipales dégénèrent trop souvent en luttes d'amour-propre, en misérables querelles de mains se disputant l'écharpe tricolore par tous les moyens.

L'intérêt communal, aussi bien que l'intérêt du pays commande des élections sérieuses. Pas de candidats indécis et poltrons, pas de vanités creuses et bavardes ; cherchez des hommes d'honneur qui aient de la fermeté, du caractère et de la vigueur. Ils sont rares sans doute mais il s'en trouve de loin en loin. Quand vous les aurez trouvés, jetez bien vite leurs noms dans l'urne, alors même que vous ne vivriez pas avec eux dans les meilleurs termes et qu'il y aurait eu, pour des riens, échange de mauvais propos entre vos familles et les leurs. Ce n'est pas le moment de se souvenir, c'est celui de beaucoup oublier.

Ne vous demandez pas s'ils sont riches ou pauvres. Il ne s'agit pas de vains honneurs à donner à Pierre, plutôt qu'à Paul, il ne s'agit pas de contenter de mesquines ambitions, mais de choisir des hommes capables et dignes.

Experts et témoins. — L'expert et le témoin, bien qu'ils soient appelés à participer par leur déclaration au règlement des intérêts de quelques individus, sont néanmoins revêtus par la loi d'une mission presque religieuse. Le magistrat qui leur défère le serment les invite à prendre Dieu pour témoin de la sincérité de leurs paroles, sans haine et sans crainte, simplement, froidement ; ils doivent dire la vérité, telle qu'ils la savent et la comprennent, sans exagération comme sans réticence, et sans se préoccuper des suites de leur mission ; ils ne sont pas appelés devant la justice pour faire condamner ou acquitter, pour appuyer des prétentions ou les combattre, mais pour l'éclairer en l'aidant à rechercher la vérité pour elle-même, en la lui montrant comme elle s'est manifestée à eux ou comme ils l'ont découverte, en rapportant les paroles comme ils les ont entendues, en retraçant les faits comme ils les ont constatés ou comme ils se sont passés sous leurs yeux. Oh ! mes enfants, combien doit être pure la parole de l'homme appelé à faire la lumière dans les débats criminels ? combien doit être nette la conscience qui va s'imposer à la conscience du juge ; combien doit être enfin irréprochable dans sa conduite passée, désintéressée dans ses affirmations actuelles, le témoin sur les lèvres duquel sont suspendus l'honneur, la liberté et quelquefois la vie d'un de ses semblables.

La loi nous le dit, quand elle repousse du prétoire ces gens déjà flétris par certaines condamnations, quand elle écarte, dans quelques cas, telle ou telle catégorie de personnes. La voix de l'équité naturelle nous crie en même temps que la justice ne doit chercher que la vérité, elle ne doit provoquer, écouter, ni peser le témoignage de quiconque peut avoir intérêt à la lui cacher ou à la trahir.

Jury-Jurés. — Dans certaines circonstances les simples électeurs peuvent être investis de la puissance de juger, devenir temporairement magistrats : c'est lorsqu'ils sont désignés pour faire partie d'un Jury : on nomme ainsi un tribunal composé de citoyens appelés à prononcer sur l'existence d'un crime, d'un délit, et sur la part qu'y a prise l'accusé. L'institution du jury en France date de 1791.

Quelles que soient les qualités d'un magistrat, il est bien rare que ses études sérieuses, l'obligation où il est d'interpréter et d'accorder les lois, l'habitude de voir des coupables, n'altèrent en lui cette générosité native, ce penchant instinctif qu'ont les hommes à tendre vers l'indulgence. C'est donc une belle et noble institution que celle du jury ; il y a quelque chose de touchant à voir assis sur le siége des juges, douze citoyens, douze chefs de famille, douze membres honorables de la société, tirés au sort parmi les hommes d'abord choisis et désignés à raison des garanties d'intelligence, d'honnêteté qu'ils offraient, appelés à décider du sort d'un accusé ; c'est là une espèce de Fraternité qui enlève aux formes ordinaires ce qu'on serait tenté d'y trouver de rigide, c'est une loi vivante, pleine de sollicitude et de garanties contre la loi morte et écrite, qui ne s'occupe que des généralités, sans faire la part des mille circonstances qui peuvent en modifier l'application. Mais aussi, par cette même raison que toutes les garanties sont données à l'accusé, par la publicité des débats et la pleine liberté de la défense, le jugement qui le frappe prend un caractère plus sévère ; et il doit se croire bien coupable celui qui a été condamné comme tel par douze de ses pairs, par douze hommes étrangers comme lui à la loi et qui ont décidé qu'il avait outragé la société.

Le Jury n'est donc pas une simple réunion de magistrats, jugeant, avec une scrupuleuse impartialité, les affaires qui lui sont déférées par la loi ; c'est le pays tout entier qu'il représente, qui prononce par sa bouche sur la valeur morale des actes, sans s'arrêter à la matérialité du fait, dont l'appréciation lui est soumise. On ne saurait concevoir, pour un homme qui tient dans ses mains la vie et l'honneur de ses semblables, une mission plus auguste ou un ministère qui exige une conscience plus ferme et plus droite que les fonctions de juré. Le pays le choisit pour lui remettre, non une portion de cette commune et vulgaire autorité qu'il partage entre ses agents, mais pour lui confier l'exercice de cette portion de la justice éternelle, que Dieu a déléguée aux sociétés humaines pour se gouverner et se défendre.

Simples et obscurs citoyens, jusqu'au jour où le sort les a désignés, les jurés sont devenus les premiers magistrats de la nation, depuis qu'il les a retirés de la foule pour les introduire dans le sanctuaire de la justice ; en montant sur le siége, qu'ils laissent donc dans la foule ces préjugés et ces préventions dont ils ne sont peut-être que trop imprégnés ; qu'ils déposent ces passions et ces faiblesses, qui leur feraient trahir le grand devoir qu'ils ont à remplir.

Le juré doit prêter toute l'attention dont il est capable aux dépositions des témoins, aux discours de l'avocat général, des défenseurs, des accusés et du président. Il n'aura plus ensuite qu'à répondre aux questions qui lui seront faites par les juges, car ce n'est pas lui qui est chargé de rendre l'arrêt. On lui demande si l'accusé est coupable, s'il a été coupable avec ou sans préméditation, s'il est vrai que le crime a été accompagné de telle ou telle circonstance. A tout cela il répondra oui ou non. Si, d'après ce qu'il aura entendu, il était convaincu que l'accusé soit coupable, il le serait lui-même beaucoup en déclarant le contraire. Mais s'il avait le moindre doute, s'il ne trouvait pas de motifs suffisants de conviction, il devra répondre non, parce qu'il vaut mieux s'exposer à absoudre un coupable, que de risquer de condamner un innocent :

> Cent mille hommes criblés d'obus et de mitraille,
> Cent mille hommes couchés sur un champ de bataille,
> Tombés pour leur pays, par leur mort agrandi,
> Comme on tombe à Fleurus, comme on tombe à Lodi,
> Cent mille ardents soldats, héros et non victimes,
> Morts dans un tourbillon d'évènements sublimes,
> D'où prend son vol la fière et sainte liberté,
> Sont un malheur moins grand pour la société,
> Sont pour l'humanité, qui sur le vrai se fonde,
> Une calamité moins haute et moins profonde,

Un coup moins lamentable et moins infortuné,
Qu'un innocent — un seul innocent — condamné,
Dont le sang ruisselant sous un infâme glaive,
Fume entre les pavés de la place de Grève,
Qu'un juste assassiné dans la forêt des lois,
Et dont l'âme a le droit d'aller dire à Dieu : Vois !

Victor Hugo.

Écrivains. — Les hommes qui se sont donné la mission d'éclairer leurs concitoyens par des publications de divers genres sont ceux que l'on appelle des *écrivains*. Tous les devoirs de l'écrivain se résument dans celui de n'écrire que ce qu'il croit être la vérité, par exemple il n'en est point pour l'histoire qui puisse passer avant celui-là : « Quand on dit dans un cours public, qu'il n'y a pas eu de vaincus à Waterloo, on s'attire des applaudissements ; mais il vaut mieux dire que la France a été vaincue à Waterloo et en chercher la cause. Là même nous avons mérité d'être vaincus, il faut l'avouer. La science est autre chose que la poésie ; l'histoire est tout autre chose qu'un roman ; le patriotisme est un sentiment sérieux et sacré, qui ne doit pas être suscité et entretenu par le mensonge. L'homme digne d'être écouté, a dit Fénelon, est celui qui ne se sert de la parole que pour la pensée et de la pensée que pour la vérité et la vertu. »

À ce devoir s'en joint un autre non moins impérieux, c'est celui de ne rien écrire qui ne soit avoué par l'honnêteté. Le talent, selon Platon, séparé de la justice et de la vertu, n'est qu'une habileté méprisable et non la sagesse. Malheureusement la plupart des romanciers de notre temps s'écartent souvent de ces règles ; cependant si ces hommes à qui Dieu a donné une belle intelligence, voulaient bien consacrer un peu de temps à nous faire des ouvrages où ils nous montreraient agréablement le chemin de la morale et de la vertu, ils exerceraient une bienfaisante influence sur le goût et les mœurs publiques.

Les journalistes ne doivent se proposer qu'un objet : accumuler les faits, les renseignements, les idées ;

multiplier et répandre la lumière, mettre la vérité à la portée de tous, mais la dire avec convenance, sans haine, sans passion ; enfin ne poursuivre qu'un but, celui d'éclairer et de moraliser leurs concitoyens.

CHAPITRE XXXI.

DEVOIRS DU SOLDAT.

Dans une société bien organisée, le code protége les faibles, mais dans les rapports de peuple à peuple, l'axiome prussien : « *La force prime le droit,* » n'est malheureusement que trop appliqué, et l'expérience nous apprend que la victoire reste aux plus forts, aux meilleurs et aux plus gros bataillons, c'est pourquoi le service militaire, que la loi rend obligatoire pour tous les Français, est un devoir national.

J'aime à le penser, mes jeunes amis, lorsque viendra pour vous le moment de payer votre dette à la patrie, par le service militaire, vous imiterez l'esprit de sacrifice et de dévouement que montrent, chaque jour, les plus simples citoyens, appelés à tout quitter pour servir dans les contingents annuels de la réserve et de l'armée territoriale. Vous oublierez alors les funestes divisions de classe et de parti, pour n'obéir qu'à la voix du devoir et du patriotisme, et vous contribuerez ainsi à donner à la France, en échange de ses frontières perdues, d'autres frontières plus sûres que les montagnes et les fleuves, le rempart de millions de bras et de cœurs, unis sous un même drapeau et une même discipline, dans un même sentiment d'amour du pays et de dévouement aux institutions républicaines qu'il s'est librement données.

Les devoirs du soldat peuvent se ramener à ces trois points : 1° Respect de la discipline ; 2° Culte du drapeau ; 3° Courage.

Discipline. — La première vertu du citoyen sous les armes c'est l'obéissance. Celui qui n'obéit pas est un lâche, il manque à l'honneur et trahit sa patrie, car sans discipline il n'y a point de succès possible pour une armée, si nombreuse qu'elle soit. La discipline se compose à la fois de soumission et de respect. L'obéissance au commandement des chefs doit être absolue, ponctuelle, exempte d'hésitation. La soumission aux règlements militaires doit être rigoureusement observée en toutes circonstances.

Sous les armes il n'est point de prescriptions ou de défenses qui soient indifférentes. L'ordre du simple caporal doit être exécuté avec le même empressement que celui qui vient du maréchal de France, et quand on murmure sur la tenue de la chambrée, on s'enhardit à s'ingérer dans les évolutions du régiment sur le champ de bataille. D'ailleurs, c'est de tous ces détails, dont chacun a sa raison, et qui sont tous prévus par les règlements, que se compose la discipline. Ce ne sont pas les idées qui manquent en France ; chacun a la sienne et chacun veut trop la faire prévaloir. Ce qui nous manque, c'est l'esprit d'obéissance, le sacrifice des opinions individuelles, le sentiment de la discipline. Quand on est devant l'ennemi, on ne doit pas chercher à sauver la patrie chacun à sa façon, mais obéir au commandement du chef ; c'est la seule vraie, la seule bonne manière d'être utile à son pays. Dans les rangs de l'armée, discuter un ordre est toujours chose funeste ; à la guerre un commandement méconnu peut amener, avec la défaite, l'asservissement de la France.

Le drapeau. — Dans le drapeau du régiment vous ne devez pas voir un simple signe de ralliement, mais la noble et symbolique personnification de la patrie. « Oui, mes enfants, le drapeau est bien l'image de la France ; c'est bien l'image de ce qu'elle aime, admire et honore le plus, car c'est l'emblème du sacrifice. Il parle à tous un langage ferme et clair, entendu des plus humbles, comme des plus grands : il faut le suivre tant qu'il avance, et s'il tombe, le relever pour le porter plus loin. Ce drapeau a été associé aux triomphes de la France et à ses désastres, hélas! à ses joies, comme à ses souffrances ; il a flotté sur nos splendeurs et nos ruines, toujours honoré, relevant, comme une promesse, les courages abattus dans des jours de détresse et jalonnant la route du devoir devant les générations qui se succèdent à son ombre. Ainsi liée à nos destinées, cette grande et simple image de la patrie, vrai symbole de son impérissable grandeur, nous apparaît si pleine de brillants souvenirs, d'enivrantes espérances, que l'héroïsme en déborde sur les rangs sans cesse renouvelés de ceux qui se pressent autour d'elle. C'est bien là, mes enfants, le drapeau de la France dont toute l'histoire se résume en ce peu de mots échappés dans un jour de péril et d'agitation populaire, à l'âme inspirée d'un grand citoyen :

Il a fait le tour du monde, avec nos libertés et nos gloires. »

Mourir bravement les armes à la main, pour le salut de ce drapeau, constitue pour chacun de nous le plus grand des devoirs et le suprême honneur. Quelque part qu'il se trouve, dans la paix comme dans la guerre, le soldat doit mettre son orgueil à l'honorer par ses vertus. Tous ceux qu'abrite le drapeau, généraux et soldats, sont solidaires de son honneur et les plus obscurs peuvent ajouter à son éclat par leur bravoure.

Qui de nous ne se sent frissonner, n'éprouve comme une fièvre de patriotisme à la vue du drapeau? Du drapeau qui porte et montre à tous ces deux mots magiques, résumant la vie de l'homme et du soldat : *Honneur, Patrie*. Du drapeau qui, dans ses plis glorieux, transmet en lettres d'or, d'âge en âge, les hauts faits de nos pères, qui, sous les climats les plus lointains, symbolise la patrie? les défaites de Wœrth, de Sedan, de Metz n'ont pas flétri les lauriers de Fleurus, d'Austerlitz, d'Iéna, de Lodi ! Quel peuple n'a pas des morts à pleurer, des pages néfastes dans son histoire? Et si nous devons puiser dans nos malheurs un enseignement pour l'avenir, nous devons aussi chercher dans un passé glorieux, non pas une consolation stérile, mais le sentiment du devoir, un surcroît de virilité, d'énergie.

Courage. — Le courage et le dévouement forment les plus belles vertus du soldat, comme ils sont les devoirs suprêmes et lui donnent le moyen d'accomplir sa mission. En face de l'ennemi, le mépris de la mort est la première condition du succès, et c'est pour le soldat lui-même le plus sûr moyen de salut. Songez-y bien, mes enfants, lorsque vous serez sous les drapeaux, si vous ne voulez pas vous exposer à mourir glorieusement sur le champ de bataille, vous mourrez de misère vous et vos familles, sous le joug impitoyable de l'étranger. Le soldat doit braver la mort en l'attendant de pied ferme, immobile à son rang, si tel est l'ordre qu'il a reçu ; ou courir au-devant d'elle en marchant droit à l'ennemi, sans se laisser arrêter par aucun obstacle. Celui qui recule ou qui cherche son salut dans la fuite, quand un ordre lui commande d'avancer ou de défendre un poste au péril de sa vie, est un lâche, que le code militaire punit de mort et que l'opinion publique flétrit sans retour.

Les misérables que le bruit du canon ou de la fusillade met en fuite, qui abandonnent ainsi leur poste en semant derrière eux l'alarme, compromettent la vie et quelquefois l'honneur de ceux qui combattent.

Au courage, le soldat doit joindre la patience, qui fait supporter sans se plaindre les fatigues et les privations ; il saura aussi montrer une mâle résignation dans les moments difficiles ; il s'habituera à tout endurer avec courage, en pensant que c'est pour la patrie qu'il souffre et qu'il la sert encore en imposant silence à ses propres douleurs.

Vous marcherez donc s'il le faut jour et nuit, sans murmurer, obéissants et gais en pensant que le plus sûr moyen de lasser ses ennemis c'est de ne jamais se laisser atteindre par le découragement, et qu'enfin vous devez vous montrer supérieurs aux épreuves et aux revers.

Les armées de la première République nous ont fourni d'admirables exemples d'abnégation. En voici un entre autres qui mérite d'être conservé dans votre souvenir.

Le 8 nivose an 3, par 17 degrés de froid, Pichegru traversa la Meuse gelée, avec des soldats à demi-nus, sans souliers, sans pain, réduits à camper sous des huttes de branchage ; il battit complètement l'armée hollandaise, passa le Wahal sur la glace, et, le désordre se mettant parmi les Anglo-Hollandais, Utrecht, La Haye, Gertrayedemberg, Rotterdam, ouvrirent leurs portes. Pendant un hiver « comme on n'en avait pas vu d'exemple depuis un siècle » les soldats républicains, semblables à des spectres décharnés, attendaient le froid avec autant d'impatience que d'autres attendaient la belle saison. Amsterdam vit avec admiration dix bataillons de ces braves sans souliers, sans bas, privés même des vêtements les plus indispensables, et forcés de couvrir leur nudité avec des tresses de paille, entrer triomphants dans ses murs, placer leurs armes en faisceaux et bivouaquer pendant plusieurs heures sur la place publique, au milieu de la glace et de la neige, attendant avec résignation et sans un murmure qu'on pourvût à leurs besoins et à leur casernement.

Si la guerre éclate, vous la ferez avec une seule idée, l'honneur du drapeau national, que ce soit là votre superstition, votre préjugé si l'on veut ; ce sera en même temps votre sauvegarde. Il ne s'agit pas seulement de défendre la patrie, il faut la faire aimer ; après la victoire, montrez-vous généreux, doux, humains et justes. Le mot de France qui a retenti si glorieusement dans le monde, doit nous servir de talisman contre toutes les tentations. Avoir un grand nom à soutenir peut sembler un fardeau aux natures vulgaires, mais pour les cœurs bien nés c'est un encouragement. Que la pensée de ne point faire affront au drapeau vous préoccupe sans cesse, que votre conduite soit toujours irréprochable ! Ceux qui sont armés pour la défense du pays, sont investis d'une mission trop sainte pour se permettre des mœurs licencieuses et l'oubli de leur dignité dans l'intempérance.

Les devoirs particuliers du soldat se déduisent presque tous des devoirs généraux de l'homme ; ils ne s'en distinguent que parce qu'ils veulent être accomplis avec plus d'exactitude. Ainsi, par exemple, les fonctions du soldat sont de veiller sur la propriété ; il s'interdira donc rigoureusement tout acte qui y porterait atteinte : se procurer par la maraude des fruits et des légumes, c'est commettre un vol.

Le caporal et le fourrier qui acceptent les remises des fournisseurs, pour fermer les yeux sur la qualité ou la quantité des denrées, se rendent coupables de véritables vols, car les profits illicites se réalisent au détriment des hommes, qu'ils privent ainsi du nécessaire.

C'est aussi manquer de probité que d'abuser de la simplicité et de l'inexpérience des jeunes soldats, pour se faire remettre de l'argent.

Si la propriété d'autrui doit être sacrée pour le soldat, à plus forte raison le respect des personnes constitue-t-il un de ses devoirs les plus impérieux ; il apportera dans ses relations avec ses concitoyens des manières polies et des paroles toujours honnêtes ; se montrer insolent parce qu'on porte un sabre au côté, c'est plutôt un signe de lâcheté qu'une marque de dignité et de caractère.

L'esprit militaire est un heureux mélange de principes austères, de sentiments généreux et de nobles préjugés, qui constituent l'honneur même de la profession des armes et qui établit une étroite solidarité chez tous ceux qui portent l'uniforme.

La fraternité militaire est l'expression la plus simple et la plus touchante de cet esprit ; d'elle-même elle s'impose au soldat comme une tradition et comme un devoir. Dans chaque homme qui porte l'uniforme, il voit un frère d'armes ; sans le connaître, il éprouve pour lui une sympathie qui se traduit par un accueil cordial dans ces rencontres de hasard qu'amènent tous les jours.

Officiers. — On dit : « Chaque soldat a un bâton de maréchal dans sa giberne. » Cela ne peut pas signifier que tous les soldats deviendront un jour maréchaux de France ; mais si tous les soldats ne peuvent devenir des maréchaux de France, ce n'est pas une raison pour qu'un brave et bon militaire ne fasse pas son chemin, surtout s'il veut se livrer à l'étude des sciences qui concernent spécialement l'art militaire. Ces sciences apprennent à l'homme de guerre à perfectionner ses armes, à s'en servir habilement, à en créer même de nouvelles et surtout à se dégager de l'esprit de routine qui nous a valu de si cruelles leçons.

Le soldat, quand il se fait distinguer par son aptitude au métier des armes, par sa bonne conduite, par son intelligence, peut être appelé à occuper divers grades et enfin porter l'épaulette.

Si un tel honneur vous était réservé, sachez que le maintien rigoureux de la discipline doit être l'objet de vos constants efforts; sachez aussi que la justice, dans le commandement, est le plus étroit et le plus indispensable des devoirs de l'officier. L'autorité du chef se rehausse et s'affermit par une impartialité qui ne se dément jamais. L'officier doit commander le respect, non-seulement par les insignes de son grade, mais encore par la dignité du caractère, par l'élévation des sentiments, par l'austérité des mœurs, par une capacité unanimement reconnue. Il faut qu'il puisse inspirer à ses subordonnés une confiance absolue, qu'il soit un homme complet, toujours intrépide et toujours rempli d'une mâle résolution. La règle de ses actions doit être puisée dans un sens moral d'une exquise délicatesse. Aussi sévère pour lui-même qu'indulgent pour les autres, agissant en tout avec une sage mesure, un bon chef doit toujours être animé d'un grand esprit de conciliation, d'une extrême bienveillance pour les personnes, et quant à la discipline et aux principes d'honneur, il doit se montrer d'une fermeté inébranlable. Par la rigidité de sa vie privée, il faut qu'il proteste contre la soif ardente de l'or, du luxe et des jouissances matérielles, qui amollit le courage, abaisse les intelligences et prépare les revers. Souvenez-vous bien que quelque éminent que soit un homme par les dons d'une nature d'élite et par l'effort du travail personnel, il lui manquera toujours quelque chose et il ne parviendra jamais à toute la perfection qu'il pourrait atteindre, s'il ne possède une haute moralité.

La prévoyance et la sollicitude sont pour tout officier une obligation à laquelle il ne peut faiblir sans se rendre coupable envers le pays qui lui a confié ses enfants pour la gloire et le bonheur de tous. Il déploiera donc la plus grande activité pour veiller au bien-être de ses soldats, pour leur assurer en tout temps les vivres et les approvisionnements qui leur sont indispensables; il ne songera au repos et à la nourriture que quand il se sera assuré par lui-même que ses hommes sont pourvus des choses nécessaires à la satisfaction de leurs besoins.

En campagne, l'officier ne doit compter que sur lui-même pour s'assurer de l'exactitude et de la vigilance des postes qu'il a fait installer, des sentinelles et des vedettes qu'il a fait placer. Il faut qu'il n'ait à redouter ni mécomptes, ni surprises ; que tous les chemins, tous les petits sentiers par lesquels l'ennemi pourrait s'avancer soient reconnus à l'avance, que pas un pli de terrain, que pas un buisson, pas un arbre n'échappe à son œil investigateur.

Au moment de la bataille, avant de donner aux soldats l'exemple de la fermeté patiente ou de la bravoure intrépide, le chef doit remplir sa troupe de confiance et doubler son courage, en faisant appel à tous ses sentiments d'honneur et de patriotisme, en leur rappelant qu'un Français doit savoir mourir, comme Bayard, les armes à la main, les yeux au Ciel, la poitrine en face de l'ennemi.

Vous entendez dire souvent : L'avenir n'appartient à personne. Cette pensée manque de justesse. Soyez-en persuadés, mes enfants, l'avenir appartient aux morts qui ont noblement et utilement vécu ; et c'est cette vérité qu'affirme la France lorsqu'elle rend hommage aux hommes qui l'ont honorée sur les champs de bataille, dans les lettres, les sciences ou les arts. Les statues que la reconnaissance publique élève à ces grands citoyens, attestent qu'en dépit de la mort, qui avait cru les saisir, leurs noms ont conquis l'immortalité. Mais nul ne vivra de cette vie indestructible, dont la trace se retrouve à travers les siècles, s'il n'a été utile à son pays, s'il n'a fait son devoir envers les autres.

Ce que je vous dis est tracé en caractères ineffaçables, et vous pourrez le lire, sur ces monuments de bronze que la patrie reconnaissante a érigés à ses grands capitaines, à ses vaillants hommes de guerre qui, comme Marceau, Hoche, Desaix, etc., ont été les plus énergiques défenseurs de l'indépendance nationale ; ceux-là ne disparaîtront pas dans la poussière du passé, les générations qui suivront la nôtre et la vôtre les retrouveront toujours jeunes, toujours écoutés, et lorsqu'elles passeront au pied de leur statue, cette statue s'avancera pour leur répéter ces trois mots, qui contiennent en eux tout le devoir humain : vaillance, honneur, gloire.

Marceau. — Je ne puis retracer ici la vie de tous les héros dont les noms se lisent aux pages de notre histoire ; mais je veux vous dire quelques mots de Marceau, une de nos plus pures et de nos plus grandes illustrations militaires.

Marceau était né à Chartres en 1769 ; son père était procureur au bailliage de cette ville et rêvait de faire de son fils un avocat au Parlement. La mère, hautaine, sévère, s'abandonnait envers ses enfants à des excès d'autorité qui les forçaient à trembler sans cesse. Ces pauvres petits, un garçon et une fille, avaient l'un pour l'autre d'autant plus de tendresse qu'ils en recevaient moins du dehors. Ils s'adoraient, et n'osant jouer, ils pleuraient ensemble. La sœur passait sa main dans les boucles blondes qui couvraient le front du frère, blanc comme celui d'une jeune fille, et elle lui disait : — Courage ! Lui pour ne pas la quitter, prit patience jusqu'à seize ans. Mais alors il n'y tint plus.

Un soir, il quitta furtivement la maison maternelle, et ne sachant que devenir, s'abrita sous le drapeau d'un régiment.

En 1792, Marceau était sergent au régiment d'Angoulême ; il contribua à la prise de la Bastille. Les volontaires de Chartres le choisirent pour un de leurs officiers.

Le bataillon d'Eure-et-Loir faisait partie de la garnison

de Verdun, qui vint assiéger l'armée prussienne; le colonel de Beaurepaire, préférant la mort à la capitulation se tua.

— Résistons encore ! dit Marceau.

Mais il fut seul de son avis. Et, comme il était le plus jeune des officiers de la garnison, ce fut lui qu'on désigna pour aller en parlementaire au camp prussien.

Quand il entra dans la tente du roi Frédéric, et qu'il voulut prendre la parole, les mots lui manquèrent.

Il fondit en larmes.

Les généraux ennemis, émus à la vue de cet enfant, qui semblait porter le deuil de la patrie, plaidèrent pour lui.

La garnison put se retirer avec les honneurs de la guerre.

Pendant le défilé une voix cria aux Prussiens :

— Au revoir ! en Champagne !

C'était la voix de Marceau.

Pendant le siège, il avait perdu son petit bagage et une vingtaine de louis qui composaient toute sa fortune.

Un représentant du peuple lui demanda :

Que voulez-vous qu'on vous rende ?

Il montra son sabre ébréché et répondit :

— Un sabre neuf !

On lui donna le sabre et on l'envoya l'ébrécher comme le premier, en Vendée.

Général à vingt-trois ans, il se signala par l'excès de son courage à Saumur, à Chollet, dans vingt rencontres. Qui ne connaît cette journée du Mans, qui coûta la vie à dix mille républicains, à vingt mille royalistes ?

Marceau, à cheval, chargeait sur les hauteurs.

Au premier rang de l'ennemi combattait avec la même bravoure un tout jeune homme, blond comme lui, presque un enfant. Ce jeune homme est fait prisonnier, il va être fusillé; on reconnaît que c'est une femme. Mlle Angélique de Mellière, Marceau la sauve. Effort inutile !

Un peu plus tard, la Vendéenne est reprise les armes à la main, conduite à Nantes, et elle meurt, léguant au général républicain une petite montre, le seul bijou qui lui restât.

Marceau alors se trouvait dans les Ardennes, toujours à cheval, le sabre à la main, heureux de n'avoir plus à se battre contre des Français, gai de la double gaieté de la jeunesse et de l'entrée en campagne. Il passe la frontière avec Jourdan ; il assiste à Fleurus, et il s'y démène avec de tels mouvements, si superbes et si forts, que les soldats le surnomment le « lion de l'armée. »

A la tête d'une division de Sambre-et-Meuse, il entre dans Coblentz, ce foyer de la coalition, sans avoir tiré un seul coup de fusil, par le seul prestige de la République, l'épée haute et les drapeaux au vent.

Marceau, hors du champ de bataille était doux et bon.

Le 19 septembre 1796, il tombait sous la balle d'un chasseur tyrolien.

La vie de Marceau fut courte et glorieuse.

Il se battit pour rendre la liberté à sa patrie ; il fut pur comme la cause qu'il avait embrassée ; il fut aussi magnanime et généreux, car ses ennemis ont pleuré sur son tombeau.

« Salut, pyramide simple et sublime ! s'écria Byron en visitant le monument funèbre d'Altenkirchen, salut ! tu couvres les cendres d'un héros. »

Les sentiments de Marceau et ses intentions furent toujours honnêtes.

Ami de la liberté et de la justice, ennemi de tout excès, de toute réaction, de toutes les passions funestes, il fut en même temps un modèle de patriotisme désintéressé, et de vertu sublime. Enfin il mérite d'occuper une des premières places dans la brillante phalange de ces jeunes généraux sortis des rangs populaires, à la voix de la Convention, et parmi lesquels après lui il faut compter Championnet, Desaix, Joubert, Kléber et Hoche.

Daumesnil. — Il est encore un nom qui doit rester gravé dans toutes les mémoires, celui de Daumesnil qui a donné l'exemple de l'un de ces entêtements héroïques, qui ne savent désespérer ni de l'honneur national, ni de la vitalité de la patrie.

Daumesnil, né à Périgueux en 1776, s'engagea à 15 ans, fut proclamé le *brave* en Egypte. Il eut la jambe emportée par un boulet à Wagram, il reçut alors le commandement de Vincennes, avec le titre de général de brigade.

Surnommé *Jambe de bois* par le peuple, il vit l'étranger en 1814, lui demander de rendre la forteresse qu'il commandait. « Rendez-moi ma jambe, répondit-il. » Nous vous ferons sauter ajoute un des commissaires.

— S'il le faut, répliqua Daumesnil, montrant un magasin où étaient 1,800 milliers de poudre, je commencerai et nous sauterons ensemble ! — On respecta cette énergie.

L'année suivante, les alliés le sachant pauvre, lui offrirent en secret un million pour qu'il rendît la même forteresse.

Daumesnil témoigna son mépris aux corrupteurs, capitula avec les Bourbons et sortit de Vincennes avec les trois couleurs.

En fouillant la biographie de Daumesnil on trouve presque à chaque jour de son existence quelques-uns de ces actes d'audacieuse intrépidité, qui suffiraient à la gloire d'un soldat. Mis à la retraite, il reprit son commandement en 1830 et répondit au peuple qui réclamait les ministres enfermés dans le donjon : « Vous n'aurez leurs têtes qu'avec la mienne. »

Daumesnil mourut en 1832.

Vincennes a élevé sur une de ses places d'honneur une statue en bronze au héros qui n'avait voulu ni se rendre, ni se vendre.

La même année sa ville natale décernait le même honneur à l'homme vaillant qui, n'ayant pas capitulé, avait répondu par un sarcasme indigné à ceux qui lui proposaient de capituler avec sa conscience.

TABLE DES MATIÈRES

Avant-Propos.

CHAPITRE I. — L'Homme.

Sommaire. — La bonne instruction. — La Morale. — Connais-toi toi-même. — Nature de l'homme. — Le Corps, l'Ame. — Le Physique et le Moral quoique unis sont distincts l'un de l'autre. — Les organes des sens ne sont que les instruments de l'Ame. — L'Esprit ne vieillit pas comme le corps. — La vraie Vie.... 7

CHAPITRE II. — Les Facultés humaines.

Sommaire. — L'Instinct. — Les trois pouvoirs de l'Ame. — Sensations physiques, intellectuelles et morales. — Intelligence, mémoire, imagination. — Conscience. — Les sentiments. — Raison. — La Parole. — Le libre arbitre. — La perfectibilité. — L'Homme n'a d'égal et de semblable que lui-même dans la création. — Puissance des facultés humaines............... 13

CHAPITRE III. — Existence et grandeur de Dieu.

Sommaire. — C'est Dieu qui a créé tout ce qui existe. — Le hasard n'est qu'un mot. — Preuves de la grandeur du Tout-Puissant. — Attributs de Dieu. — La Providence............. 23

CHAPITRE IV. — Trois notions fondamentales.

Sommaire. — Éléments constitutifs de la morale. — Le bien et le mal. — Le devoir. — Caractères de la loi morale. — Fais ce que dois, le bien adviendra. — Le président Bonjean. — Vertu et Vice. — Le bonheur. — Le mérite et le démérite. — La responsabilité morale. — L'héroïsme. — Guair............... 29

CHAPITRE V. — L'intérêt et le devoir.

Sommaire. — Mobiles et motifs. — Les penchants naturels ont leur règle dans la conscience. — L'intérêt personnel ne peut être le motif unique de nos actions. — Le devoir est un guide infaillible. — Le plaisir n'est pas toujours un bien. — L'utilité ne doit pas être le but exclusif de notre vie. — La conscience est un conseiller fidèle. — Une bonne règle d'action. — Adam et Ève.. 40

CHAPITRE VI. — Les sentiments.

Sommaire. — Amour-propre. — Vertus que renferme l'idée d'honneur. — La honte. — Fidélité à la parole donnée : Beaurepaire. — C. Fox. — Hervé Primauguet. — Le point d'honneur; le duel. — Amour du bien, du beau, du vrai. — L'émulation. — L'envie. — La bienveillance. — La haine, le mépris, la colère. — L'estime, la sympathie.................................... 49

CHAPITRE VII. — Sanction de la loi morale.

Sommaire. — Sanction de la loi. — Peines et récompenses. — Sanction naturelle. — L'opinion publique s'égare souvent. — La loi écrite et la conscience. — Preuves de l'immortalité de l'âme. 61

CHAPITRE VIII. — Division des devoirs.

Sommaire. — Quatre sortes de devoirs. — Il faut donner la préférence aux devoirs de justice sur ceux de charité. — Maximes de Cicéron et de Fénélon. — Bailly....................... 71

CHAPITRE IX. — Devoirs envers Dieu.

Sommaire. — Vos devoirs envers Dieu dérivent de ses attributs. — Il faut l'aimer par dessus toute chose. — Le Culte revêt trois formes. — Comment on doit prier Dieu. — Piété. — Liberté de conscience. — Effets de l'intolérance et du fanatisme. — L'hypocrisie. — Superstitions au village. — Une légende de Th. Parker. 75

TABLE DES MATIÈRES.

CHAPITRE X. — Devoirs de l'homme envers lui-même.

Sommaire. — La santé. — Avantage de la sobriété. — Le cardinal Solis. — L'ivrognerie c'est le vol. — Propreté et chasteté. — Le suicide; les marins du Vengeur.......................... 83

CHAPITRE XI. — Le travail.

Sommaire. — Le travail est la loi de l'homme sur la terre. — Il est un devoir et une vertu. — Sa dignité. — Paresse et oisiveté. — Bernard Palissy 92

CHAPITRE XII. — L'instruction.

Sommaire — L'instruction et l'éducation. — Nécessité de l'instruction. — Elle est un devoir. — Le bon sens commun. — Georges Stéphenson... 106

CHAPITRE XIII. — Vertus industrielles.

Sommaire. — Comment il faut vouloir. — Courage et prudence. — La patience. — Un proverbe arabe. — La persévérance; William Cobbett. — Dignité du caractère. — Fierté, orgueil, vanité, luxe. — Modestie et modération. — Thémistocle et Euribiade. — Puissance de l'épargne. — L'avarice. — L'ordre; Buffon... 115

CHAPITRE XIV. — Perfectionnement de soi-même.

Sommaire. — L'homme doit perfectionner ses facultés naturelles. — La sagesse. — Comment on acquiert les vertus qu'on ne possède pas. — Méthode de Franklin. — Cambronne........... 130

CHAPITRE XV. — Devoirs de famille. — Les époux.

Sommaire. — La famille. — Le mariage. — Bonheur de la vie domestique. — Madame de la Valette...................... 137

CHAPITRE XVI. — Devoirs du père et de la mère.

Sommaire. — Autorité paternelle. — Rôle des parents dans l'éducation des enfants. — Fermeté nécessaire. — Force de l'exemple. — Une famille modèle................................... 142

CHAPITRE XVII. — Devoirs des enfants.

Sommaire. — Amour et respect filial. — Ingratitude des enfants. — Les vieux parents au village. — Théophile et Félicité de Fernig. — Frères et sœurs. — Une page de Sylvio Pellico. — Les liens de parenté................................ 151

CHAPITRE XVIII. — Devoirs envers nos semblables.

Sommaire. — La Société. — Justice et charité. — La probité. — L'adjudant Trochet. — Sincérité. — Angrand d'Alletai. — Reconnaissance. — Mlle Vernet. — Sir Richard Wallace. — Ingratitude.................................... 160

CHAPITRE XIX. — Devoirs de charité.

Sommaire. — Comment doit se pratiquer la charité. — Il n'est pas besoin d'être riche pour être charitable. — Et. Lucas. — Bonheur de faire le bien. — Montyon. — L'Egoïsme. — Caractères de l'amitié. — Bose. — Politesse. — Les Gardes françaises à Fontenay....................................... 175

CHAPITRE XX. — Devoirs des Ecoliers.

Sommaire. — L'instituteur représente la famille. — Docilité et attention. — Reconnaissance envers les maîtres. — Bernadotte. — Lhomond et Talien. — On oublie trop les savants; Denis Papin. 185

CHAPITRE XXI. — Devoirs des maîtres et des serviteurs.

Sommaire. — Obligations du maître. — Choix et direction des domestiques. — Les serviteurs. — La servante de Lanjuinais.. 191

CHAPITRE XXII. — Devoirs des apprentis.

Sommaire. — Choix d'un état. — On retire les enfants trop tôt de l'école pour les mettre en apprentissage. — Obligations des apprentis. — L'oisiveté intellectuelle est très-préjudiciable pour l'apprenti. — Abraham Lincoln........................... 195

CHAPITRE XXIII. — Devoirs des ouvriers.

Sommaire. — Rapport des ouvriers avec le patron et avec les apprentis. — Deux espèces d'ouvriers. — Véritable intérêt du travailleur. — L'ouvrier en perfectionnant son œuvre doit songer à l'honneur de la France. — Jacquart.................. 201

CHAPITRE XXIV. — Devoirs des patrons.

Sommaire. — Conduite du patron envers les apprentis. — Direction des ouvriers. — Véritable intérêt du patron. — Richard Lenoir... 207

CHAPITRE XXV. — Les grèves d'ouvriers.

Sommaire. — Conséquences des grèves. — Causes qui les suscitent. — Moyens d'en atténuer les effets. — La maison Chaix. — La faïencerie de Choisy-le-Roi........................ 213

CHAPITRE XXVI. — Devoirs envers les animaux.

Sommaire. — Les animaux sont des êtres sensibles. — Il faut les traiter avec douceur. — Un ami des oiseaux.............. 220

CHAPITRE XXVII. — Devoirs civiques.

Sommaire. — Nécessité de connaître les principes constitutifs de l'ordre social moderne. — Les droits et les devoirs sont corrélatifs. — Les droits naturels de l'homme. — Les citoyens. — Souveraineté du peuple. — Autorité. — Constitution. — Forme de gouvernements. — Liberté, égalité, fraternité. — Washington. 228

CHAPITRE XXVIII. — Devoirs envers la Patrie.

Sommaire. — Nous avons deux mères. — Ce que c'est que la Patrie. — Le véritable patriotisme. — Ringois. — Jeanne d'Arc. — La France en 1792. — Comment une Nation se relève...... 244

CHAPITRE XXIX. — De l'obéissance aux lois.

Sommaire. — Idée générale de la loi. — La protection s'étend sur tous. — La partie de quilles. — Désobéir à la loi, c'est commettre une injustice. — Le patriotisme commande le respect des lois. — Socrate et les soldats de Léonidas.................. 253

CHAPITRE XXX. — Devoirs spéciaux du citoyen.

Sommaire. — Les fonctionnaires. — Rotrou. — Carnot. — Mlle Dodu. — Maires et conseillers municipaux. — Obligations des électeurs. — Experts et témoins. — Le jury et les jurés. — Ecrivains et journalistes............................... 264

CHAPITRE XXXI. — Devoirs du soldat.

Sommaire. — Discipline. — Le Drapeau. — Courage et dévouement. — Les soldats républicains en Hollande. — Qualités que doit posséder l'officier. — Marceau. — Daumesnil.......... 277

APPENDICE. — Les conseils de Franklin.

Sommaire. — La fortune est relative. — Donner un but à sa vie. — Trois mots sacramentels. — Préceptes sur le travail. — Emploi du temps. — Amour de l'ordre. — L'économie. — Base de l'indépendance. — Franklin............................. 295

AVIS AUX MAITRES.............. 307

APPENDICE

LES CONSEILS DE FRANKLIN

LA FORTUNE EST RELATIVE.

Le désir d'améliorer son sort, mes enfants, est assurément très-légitime ; mais à notre époque on ne recherche pas seulement le bien-être, on veut à tout prix arriver à la fortune, qui, pour le plus grand nombre, ressemble au mirage du désert que le voyageur poursuit sans cesse, et qui fuit sans cesse devant ses pas.

Et d'abord, qu'est-ce que la fortune ? Quand on dit à quelqu'un : « Enrichissez-vous ! » on n'entend pas lui donner le conseil ridicule d'amasser une fortune égale à celle de nos grands millionnaires, car c'est là un vœu exagéré, que tout le monde ne saurait avoir la pensée de réaliser.

Ce n'est pas une raison, pour qu'un homme économe, laborieux et honnête, ne parvienne à faire sa fortune.

Quand je dis sa fortune, entendons-nous !

Tout est relatif en ce monde, les fortunes comme le reste : une grosse somme pour moi qui vis du modeste produit de mon labeur quotidien, sera insignifiante pour tel autre, habitué à une large existence. La retraite réglementaire, jointe aux modiques économies d'un simple employé, peut lui procurer une vieillesse aussi paisible, aussi douce, aussi honorable et honorée, que les rentes d'un capitaliste heureux. Le sage se contente de son bien, quelque petit qu'il soit ; la gloire engendre l'envie, et la prospérité est aveugle. L'homme le plus heureux est celui qui a l'esprit de ne pas envier le bonheur apparent de son voisin, mieux favorisé que lui.

Ce serait en vain que vous vous fatigueriez à chercher le bonheur parfait en ce monde, il n'y est point. Toutefois, selon la voie qu'il choisit, l'homme se fait une vie bien différente. — Celui qui cherche sa satisfaction en dehors du devoir joue une partie dangereuse, et, lors même qu'il la gagne, il s'aperçoit que l'enjeu est loin de valoir ce qu'il supposait. Combien d'imprudents, avides du superflu et âpres à sa recherche, y perdent même le nécessaire. Ce qui est manifeste, quoique trop peu remarqué, c'est que les avantages de la fortune et du pouvoir, au-dessous de ce qu'on les imagine, sont toujours de moins en moins sentis par celui qui les possède ; au contraire, l'homme entré dans la voie du devoir, résigné à n'y rencontrer qu'abnégation et sacrifices, y trouve des satisfactions qu'il ne soupçonnait pas avant de les avoir goûtées, et qu'il ne goûte qu'après les avoir méritées.

Si vous voulez acquérir les vertus qui, par la domination de l'âme et l'obéissance du corps vous donneront la richesse, la science et le bonheur, suivez les conseils que le patriarche de la liberté américaine, Benjamin Franklin, a donnés à ses concitoyens dans un livre intitulé : MOYEN DE FAIRE FORTUNE, qui n'est que le résumé des enseignements contenus dans le célèbre almanach du *Bonhomme Richard*, publié de 1732 à 1757.

Je réunis ici pour vous, les préceptes de ce maître immortel ; mettez-les en pratique, et vous deviendrez des hommes, c'est-à-dire des citoyens capables de servir votre famille, vos amis, votre patrie et l'humanité.

DONNER UN BUT A SA VIE.

Celui qui veut se préparer un sort meilleur que sa condition présente, doit donner à sa vie un but fixe vers lequel tendent toutes ses actions et ses pensées. Nos déceptions, nos erreurs, nos échecs proviennent de ce que nous négligeons d'établir ce but. — Mais il faut rechercher dans cette vie, d'abord l'honnête, puis l'utile qui le suit de près, car ils ne peuvent être séparés lors même que l'utile ne se trouve point uni à une sagesse profonde; on a remarqué que la seule vertu suffit pour vivre heureux. « Si quelqu'un vous dit que vous pouvez vous enrichir autrement que par le travail et l'économie, ne l'écoutez pas : c'est un imposteur. » Ces paroles sont et seront éternellement vraies.

« Le chemin de la fortune est aussi uni que celui du marché. Tout dépend de ces trois mots sacramentels : Travail, ordre et économie. » C'est-à-dire qu'il ne faut pas dissiper ni le temps, ni l'argent, mais faire de tous deux le meilleur usage qu'il soit possible. Sans travail, sans ordre et sans économie, on ne fera rien ; avec eux, on fera tout.

Au fond, la vie n'est clémente pour personne et quelque lourde que soit la tâche, le meilleur lot est encore pour ceux qui travaillent. La première condition pour réussir c'est d'entreprendre peu, c'est aussi le moyen d'avoir grande tranquillité. Mais on doit s'appliquer à toute besogne qu'on entreprend et ne s'en laisser jamais distraire par quelque projet de devenir riche tout d'un coup, car le travail et la patience sont les sources les plus sûres de l'abondance.

« Fuir l'oisiveté qui amène les maladies et raccourcit de beaucoup la vie. — L'oisiveté, comme la rouille, use plus que le travail. — La clef est claire tant que l'on s'en sert. — L'oisiveté rend tout difficile ; le travail rend tout aisé. — Fainéantise va si lentement que pauvreté l'atteint tout de suite. — Activité est mère de prospérité. — Point de gain sans peine. — N'employez pas autrui pour ce que vous pouvez faire vous-même. — Rien de fatigant si c'est fait de bon cœur.

Un homme envoya son fils à la campagne pour y défricher un champ tout couvert de ronces et d'épines. Le jeune homme épouvanté, voyant combien ce travail devait être long et pénible, désespéra d'y réussir ; au lieu de commencer l'ouvrage, il se coucha à l'ombre d'un arbre et s'y endormit. Il ne fit rien ni ce jour-là ni les suivants.

Le père vint voir ce que son fils avait fait, et trouva que le jeune homme effrayé par la longueur du travail, ne l'avait pas seulement commencé. Au lieu de témoigner du courroux à son fils, il lui dit avec douceur : « Je te demande de défricher pendant la journée seulement ce petit coin du champ. » Il lui montra un morceau de terre qui faisait à peu près la dixième partie du champ. « Oh ! oh ! pour cela bien volontiers, dit le jeune homme, c'est bien facile. » Il se mit à l'œuvre de bon cœur et, dès le soir, la tâche était faite. « Eh bien, mon fils, fais-en autant chaque jour et ainsi divisée, cette tâche qui te paraissait immense sera courte et facile. »

Le jeune homme, docile à ce conseil, partagea lui-même le champ en dix parties égales. Au bout de dix jours tout fut achevé et ce champ, jusqu'alors hérissé de ronces, devint un jardin qui se couronna de fleurs et de fruits.

Ceci vous montre, mes enfants, qu'il ne faut jamais se laisser saisir par le découragement, et que, pour surmonter les obstacles jetés sur la route de la vie, nous devons les attaquer résolûment un à un et nous parviendrons ainsi à les vaincre tous successivement. Souvenez-vous aussi qu'un travail opiniâtre triomphe de toutes les difficultés.

EMPLOI DU TEMPS.

La marche la plus favorable au bonheur, consiste à savoir bien employer son temps, c'est-à-dire régler sa vie, de manière à en retrancher les moments perdus. La vie humaine se compose de trois parts : la première, *part laborieuse*, consacrée à un travail utile à soi-même et à la société ; la seconde, *part agréable*, au délassement et au plaisir ; la troisième, *part indifférente* consacrée à une foule de petites occupations subalternes qui n'ont ni utilité, ni agrément.

La différence entre les hommes dépend beaucoup de la proportion plus ou moins habile que chacun d'eux sait établir entre ces trois divisions de leur existence. Si on retranche trop de la part accordée au plaisir et au délassement, pour exagérer les proportions de la part laborieuse, on s'use, on altère sa santé. De même, si l'on donne trop de temps à la part agréable de la vie, la faculté de jouir s'émousse, le plaisir devient peu à peu moins attrayant, on se blase, on tombe dans l'indifférence et dans l'ennui ; on perd les profits du travail sans avoir augmenté la somme du bonheur réel. Jamais la troisième part ne devrait donc s'accroître aux dépens des deux premières, qui toutes deux peuvent, au contraire, faire de vraies conquêtes aux dépens de la part indifférente.

Pour atteindre ce but, il faut s'accoutumer à n'abuser ni du travail ni du plaisir, abréger autant que possible le temps qu'on est forcé de consacrer aux opérations matérielles de la vie. Deux moyens principaux aident à diminuer la part de la vie *indifférente*. L'ordre, qui fait que chaque opération de ce genre s'exécute plus facilement; l'habitude, qui économise le temps qu'on emploierait à délibérer chaque fois sur ce que l'on doit faire.

C'est l'habitude de bien employer son temps qui assure le succès en toute chose : être toujours prêt, telle doit être notre devise; que jamais affaire, que jamais homme n'ait à attendre pour vous : si vous êtes appelé à une chose pour dix heures soyez prêt à neuf. Il n'y a pas de moments plus sottement perdus que ceux que l'on passe à se mirer dans une glace ou à d'autres soins futiles. Combien d'affaires importantes ont échoué par suite du retard d'une minute, et que de retards proviennent des heures données à la toilette.

« Si vous aimez la vie, ne perdez donc pas le temps; car c'est l'étoffe dont la vie est faite. — Si le temps est le plus précieux des biens, la perte du temps doit être la plus grande des prodigalités. — Assez de temps est toujours trop court. — Ne point donner de temps au sommeil au-delà du nécessaire. — Renard qui dort ne prend pas de poule. — Nous aurons le temps de dormir dans la bière. — Celui qui se lève tard traîne tout le jour et commence à peine son ouvrage à la nuit. — Se coucher tôt, se lever tôt, donnent santé, richesse et sagesse.

Vous le concevez, mes enfants, pour faire un bon emploi du temps, il faut travailler aussi longtemps de jour et aussi peu de nuit qu'il vous sera possible. Quand on a pris l'habitude de s'asseoir uniquement pour causer, on ne s'en corrige pas facilement, et lorsqu'on ne va pas au lit de bonne heure, on ne peut pas se lever matin : Une heure de sommeil avant minuit, fait plus de bien que deux heures après

Je reprends mes citations : « Ne point se laisser bercer par l'espoir d'un temps meilleur. — Activité n'a que faire de souhaits. — Qui vit d'espoir mourra de faim. — Un aujourd'hui vaut deux demain. — Pousse tes affaires et qu'elles ne te poussent pas. — Ne remets jamais à demain ce que tu peux faire aujourd'hui. Travaillez pendant que c'est aujourd'hui ; car vous ne savez pas combien vous serez empêché demain. — La faim regarde à la porte du travailleur, mais n'y entre pas. — Les huissiers et les recors n'y entreront pas non plus, car l'activité paie les dettes, tandis que le découragement les augmente. — Prenez vos outils sans mitaines ; souvenez-vous que chat ganté ne prend pas de souris. — Vous avez peut-être le bras faible et il y a trop de besogne ; mais tenez ferme, et vous verrez des merveilles, car à la longue les gouttes d'eau percent la pierre. — Avec de la patience, la souris coupe le cable. — Les petits coups font tomber les grands chênes. — Le loisir c'est le moment de faire quelque chose d'utile ; ce loisir, l'homme actif l'obtiendra, mais le paresseux jamais. — Emploie bien ton temps si tu songes à gagner du loisir, et puis que tu n'es pas sûr d'une minute, ne perds pas une heure. — Une vie de loisir et une vie de fainéantise sont deux. Bien des gens voudraient vivre sans travailler sur leur seul esprit, mais ils échouent faute de fonds. La fileuse diligente ne manque pas de mise.

AMOUR DE L'ORDRE.

Je vous l'ai déjà dit, l'amour de l'ordre est un des éléments essentiels du bonheur; aussi notre sage américain ne pouvait l'omettre dans ses conseils : « Indépendamment de l'amour du travail, il nous faut encore de la *stabilité*, de *l'ordre*, du *soin* ; veiller à nos affaires, de nos propres yeux sans nous en rapporter tant à ceux des autres ; car, je n'ai jamais vu venir à bien arbre ou famille changeant de place. — Trois déménagements sont pires qu'un incendie. — Garde ta boutique, et ta boutique te gardera. — Si vous voulez que votre besogne se fasse, allez-y, si vous voulez qu'elle ne se fasse pas envoyez-y. — L'œil du maître fait plus d'ouvrage que ses deux mains. — Faute de soin fait plus de tort que faute de science. — Ne pas surveiller ses ouvriers, c'est leur livrer sa bourse ouverte. — Le soin que l'on prend de soi-même est celui qui fructifie le mieux, car si vous voulez avoir un serviteur fidèle et qui vous plaise, servez-vous vous-même. — Grand malheur naît parfois de petite négligence. — Faute d'un clou, le fer d'un cheval se perd ; faute d'un fer on perd le cheval; faute d'un cheval le cavalier est perdu, parce que son ennemi l'atteint, le tue ; le tout, faute d'attention au clou d'un fer à cheval.

ÉCONOMIE.

L'économie est le complément indispensable de l'amour du travail et de l'ordre.

Si on veut être riche, il faut apprendre à mettre de côté pour le moins autant qu'à gagner. — L'Amérique n'a pas enrichi l'Espagne, parce que les dépenses de celle-ci ont toujours dépassé ses recettes. — De rien ne prends plus qu'il ne t'est nécessaire. — Ne nous repentons jamais d'avoir mangé trop peu. — Plus la cuisine est grasse, plus le testament est maigre. — La tempérance, c'est le bonheur à bon marché. — La vanité et l'orgueil nous coûtent plus que la faim, la soif et le froid. — Laissez-là toutes vos folies dispendieuses et vous n'aurez plus tant à vous plaindre de la dureté du temps, de la pesanteur de l'impôt, et des charges du ménage ; car les femmes et le vin, le jeu et la mauvaise foi font petites les richesses et grands les besoins. — Un vice coûte plus à nourrir que deux enfants.

Défiez-vous des petites dépenses ; les petits ruisseaux font les grandes rivières. — Il ne faut qu'une petite fente pour couler à fond un grand navire. — N'achetez jamais ce qui vous est inutile sous prétexte que c'est bon marché. — Achète ce qui t'est inutile et tu vendras sous peu ce qui t'est nécessaire. — Réfléchis bien avant de profiter du bon marché. Les bons marchés ont ruiné nombre de gens. — C'est une folie que d'employer son argent à acheter un repentir.

Soie et satin, écarlate et velours éteignent le feu de la cuisine; loin d'être la nécessité de la vie, ils en sont à peine les commodités. Par ces extravagances et autres semblables, les gens de bon ton sont réduits à la pauvreté et forcés d'emprunter à ceux qu'ils méprisaient auparavant, qui se sont maintenus par l'activité et l'économie; ce qui prouve qu'un laboureur sur ses pieds, est plus grand qu'un gentilhomme à genoux. — A force de puiser à la huche sans rien y mettre, on en trouve le fond, et c'est quand le puits est sec qu'on sait le prix de l'eau. — Avant de consulter votre fantaisie, consultez votre bourse. — L'orgueil est un mendiant qui crie aussi haut que le besoin et avec bien plus d'effronterie. — Le pauvre qui singe le riche est aussi fou que la grenouille qui s'enfle pour égaler la grosseur d'un bœuf. Les grands vaisseaux peuvent risquer davantage, mais les petits bateaux ne doivent pas s'écarter du rivage. — Au surplus, les folies sont assez vite punies, car l'orgueil qui dîne de vanité, soupe de mépris, l'orgueil déjeune avec l'abondance, dîne avec la pauvreté, et soupe avec la honte.

Évitez les dettes. — Voulez-vous savoir le prix de l'argent, allez et essayez d'emprunter. — L'argent engendre l'argent; les petits qu'il engendre en font d'autres plus facilement encore, et ainsi de suite. — Plus les placements se multiplient, plus ils se grossissent, et c'est de plus en plus vite que naissent les profits. — Celui qui engloutit un écu, détruit tout ce que cet écu pouvait produire, et jusqu'à des centaines de francs. — Le bon payeur est le maître de la bourse des autres. — Celui qui est connu pour payer avec ponctualité et exactitude à l'échéance promise, peut en tout temps, jouir de l'argent dont peuvent disposer ses amis, ressource parfois très utile. En vous endettant, vous donnez à autrui pouvoir sur votre liberté; il est difficile à un sac vide de se tenir debout. — Celui qui achète à crédit paie, non seulement la valeur de l'objet, mais encore une prime d'assurance pour les risques que court le vendeur; celui qui paie argent comptant y échappe ou peut y échapper. — Le carême est bien court pour qui doit à Pâques.

Ne dépensez pas votre argent avant de l'avoir gagné. — Appliquez-vous à toujours payer comptant les choses destinées à la consommation personnelle. — Avant de faire une dépense quelconque, pesez chaque fois dans votre esprit le plaisir du jour et la privation du lendemain; c'est-à-dire qu'il faut examiner si la jouissance qu'on s'apprête à goûter est bien équivalente aux besoins qu'on ressentira les jours suivants, et qu'on pourrait satisfaire avec le même argent. C'est une règle de conduite qui est en quelque sorte la définition même de la prévoyance, et que les ouvriers doivent se remettre en mémoire les jours de paie; il faut calculer sa dépense journalière, non sur le salaire du jour, mais sur la moyenne des salaires de l'année, en tenant compte exactement de la morte-saison, des interruptions accidentelles et après avoir fait la part de l'épargne. Ne regarder comme inutile aucune épargne quelque minime qu'elle soit. — L'argent qu'on épargne est le premier gagné. — Un peu répété souvent fait beaucoup.

Il faut avoir de la prévoyance pendant que l'on est jeune et en bonne santé. — Le soleil du matin ne brille pas tout le jour. — Gagnez bien ce que vous pouvez et tenez bien ce que vous gagnez; voilà la pierre qui changera votre plomb en or. — Celui qui prodigue sans fruit, pour cinq francs de son temps, perd cinq francs tout aussi sagement que s'il les jetait dans la mer. — Celui qui perd cinq francs, perd non-seulement ses cinq francs, mais encore tous les profits qu'il aurait pu retirer en les faisant travailler; ce qui dans l'espace de temps qui s'écoule entre la jeunesse et l'âge avancé, peut monter à une somme considérable. — Dépensez par jour un en moins de votre bénéfice net. — L'indépendance avec peu ou beaucoup est un sort heureux et place l'homme qui la possède de niveau avec les plus riches.

CONDUITE.

L'activité, l'économie, la prudence, bien que ce soient d'excellentes choses, vous seraient tout-à-fait inutiles, sans l'*esprit de conduite et de religion*. Demandez donc humblement la bénédiction du ciel, dit Franklin, et ne soyez pas sans charité pour ceux qui paraissent en avoir besoin, mais consolez-les et aidez-les.

Il faut moins s'appliquer à acquérir les qualités qu'on n'a pas reçues de la nature qu'à se défaire de ses vices et de ses défauts. — Si vous êtes irrité, comptez jusqu'à dix avant de parler; et jusqu'à cent si vous êtes en colère; partout l'homme qui suit ces inspirations s'élève, grandit depuis le pasteur jusqu'à l'homme d'État bienfaiteur de l'humanité. L'un et l'autre traversent la vie en faisant le bien et en combattant le mal.

Enfin le philosophe américain donne ce conseil à ceux qui veulent s'enrichir. « L'expérience tient une école qui coûte cher; mais c'est la seule où les insensés puissent s'instruire. — Il ajoute: on peut donner un avis, mais non la conduite. — Qui ne sait être conseillé, ne peut être secouru. — Si vous n'écoutez pas la raison, elle ne manquera pas de vous donner sur les doigts.

La religion fait vivre, non pour le plaisir de respirer, mais pour faire le bien, la nature entière obéit aux lois de Dieu, centre et modèle de toute perfection. Nous devons nous étudier à reconnaître cette divine perfection, cette bonté infinie pour y conformer notre conduite, l'invoquer, en suivre les inspirations. »

L'austérité de ces conseils ne séduira pas les esprits légers et superficiels ; mais ceux qui veulent absolument parvenir doivent les suivre à la lettre. Au surplus, écoutez :

Il y a vingt ans, vivaient dans une mansarde trois jeunes gens. Ils avaient mis en commun leurs rêves d'avenir, leur courage, leur ignorance et leur pauvreté ; l'un était mécanicien, l'autre, commis ; le troisième copiste. Ce ne fut point vers l'argent qu'ils tournèrent leurs premiers efforts, ils résolurent d'acquérir d'abord ce qu'ils nommaient « le principal outil de la prospérité. » Ils entendaient par là l'esprit de décision, joint à une saine intelligence des choses ; ils croyaient que l'argent ne fait guère attendre des gens de talent et probité.

Je les voyais quelquefois : A chaque visite, j'étais étonné des métamorphoses accomplies dans leur raisonnement, dans leur langage, dans leur attitude ; ils semblaient porter sur leurs visages une âme nouvelle, et le bien-être entrait dans leur modeste logement.

Trois ans plus tard, l'un dirigeait une usine considérable ; l'autre avait établi une maison de banque industrielle, le troisième était devenu libraire : il n'était pas le moins riche. Où avaient-ils trouvé les capitaux des premières opérations ? Dans la confiance qu'inspiraient leur probité, leurs talents, leur activité. Mais où avaient-ils puisé toutes ces vertus, si vite, si complètement ? J'étais devenu l'ami du libraire. Je lui demandai un jour le secret d'une triple fortune si rapide : « ce n'est pas seulement le secret de la fortune, me dit-il, c'est aussi celui du bonheur. » Le lendemain il m'envoya un petit volume qui avait pour titre : *Comme on devient un homme* par Edmond Douay, qui dans ce volume a donné aux mémoires de Franklin, toutes les qualités qu'exige un manuel d'éducation pratique.

FRANKLIN.

En 1776 on vit arriver à Versailles un vieillard de soixante-dix ans qui était envoyé par les insurgés d'Amérique pour plaider la cause de ses concitoyens. Cet homme illustre, connu depuis longtemps par ses découvertes, inventeur du paratonnerre, associé à tous les corps scientifiques de l'Europe, c'était Benjamin Franklin, dix-septième enfant d'un pauvre fabricant de chandelles de Boston. Il avait débuté par être ouvrier imprimeur, puis avait publié le premier journal américain, et créé des manufactures de papier, s'était fait graveur, fondeur en caractères, fabricant d'encre, marchand de café et de rhum, ne reculant devant aucun travail, pourvu qu'il fût honnête.

C'était lui qui avait organisé par voie de souscription les premières bibliothèques de Philadelphie, fondé l'université de cette ville, établi une société de sauvetage contre l'incendie, cherchant en tout le bien de ses semblables; il portait dans des entreprises si variées cet esprit de sagesse pratique et cet infaillible bon sens qui est le maître des affaires. Il n'avait que trente ans lorsqu'il fit son apparition sur la scène politique, comme membre de l'assemblée de Pensylvanie.

Quand il était arrivé à la fortune et à la gloire, Franklin n'avait pas oublié ses origines; sa noblesse avait été le travail, et il demeurait fidèle à sa noblesse; ses habitudes de modestie, de simplicité et d'économie ne se démentirent pas un instant. Un jour, pendant sa résidence en France, il reçoit une lettre de sa fille qui, pour figurer dans une fête nationale, lui demandait des dentelles et des plumes : « Vous ne filez donc plus ? vous ne tricotez donc plus ? ma chère Sally, lui répond Franklin; vous dites que vous voulez être parée, parce que cela témoignera du goût de votre père, mais le goût de votre père, c'est qu'au milieu de la misère universelle, vous ne soyez point parée. Faites comme votre père ; portez vos manchettes jusqu'à ce qu'elles soient trouées; cela vous fera de la dentelle et quant en plumes, si vous en voulez, vous en trouverez à la queue de tous les coqs d'Amérique. »

Tel était l'homme que le peuple américain envoyait à la cour de France où sa popularité fut immense. Cédant au vœu de l'opinion, Louis XVI signa l'alliance avec les États-Unis, le 6 février 1778.

« *God and liberty* » Dieu et la liberté, s'écria Voltaire peu de temps avant sa mort, en bénissant le petit-fils de Franklin, dans une entrevue mémorable à l'Académie des Sciences.

Habile négociateur, Franklin seconda puissamment les efforts de ses compatriotes et des Français leurs frères d'armes. Le 3 septembre 1783, l'Angleterre reconnut à Paris l'indépendance de l'État américain.

Franklin, qui continua de séjourner en France comme ministre plénipotentiaire des États-Unis, trouvait encore du temps pour cultiver les sciences et les arts mécaniques. Touché des bontés de Marie-Antoinette, il se montrait reconnaissant à sa manière, en construisant de ses propres mains, pour la reine le premier *harmonica* qui fut entendu en France. Agé de 79 ans, attaqué de la pierre, et voulant mourir dans son pays, Franklin fut transporté au Hâvre dans une litière que la reine voulut absolûment faire accepter à l'ambassadeur républicain (1785).

L'arrivée de Franklin à Philadelphie fut un triomphe national ; toutes les populations se portèrent à sa rencontre. Il employa ses dernières années à exhorter ses concitoyens à la concorde. Il expira le 17 avril 1790. Le Congrès décréta un deuil de deux mois dans tous les États de l'Union. L'Assemblée nationale de France, la *Constituante*, porta pendant trois jours le deuil de Franklin, sur la proposition de Mirabeau. L'ancien imprimeur de Boston n'eût pas mérité tant d'honneurs, ni de se survivre sous le nom glorieux de Bonhomme Franklin, s'il n'eût commencé par travailler beaucoup pour épargner un peu et par étudier sans cesse, pour apprendre sans fin.

AVIS AUX MAITRES.

A l'instituteur qui voudra fixer dans l'esprit des enfants les vérités que nous avons développées dans ce livre sans les leur donner à apprendre par cœur, ce qui serait pour les jeunes intelligences un exercice aride, nous conseillons d'adopter la méthode suivante dont nous avons pu depuis 1850 constater l'excellence.

I. Il dictera tout ou partie du sommaire placé en tête du chapitre qui devra former le sujet de la leçon du jour.

II. Il lira ou fera lire à haute voix un paragraphe ou la moitié d'un paragraphe, si celui-ci est trop long, expliquera les mots dont les élèves ne connaissent pas la signification.

III. Il résumera exactement l'objet du paragraphe, se servant, aussi souvent que possible, des mots que l'auteur a employés.

IV. Désignant au hasard un des élèves qui suivent les cours, il l'invitera à se lever et à faire un récit oral analogue à son propre résumé. — D'abord l'élève réussira peu dans cet exercice ; il hésitera, cherchera inutilement le mot et souvent restera court. Le maître lui viendra en aide, le soutiendra, lui dira le mot qui lui échappe, et toujours encouragera sa bonne volonté. — Un deuxième paragraphe, puis un troisième, etc., seront l'objet du même travail, mais chacun résumé par un élève différent. — L'essentiel n'est pas de lire beaucoup, mais de bien lire.

V. Aussitôt après la leçon orale, les élèves devront en faire un résumé écrit ; le sommaire dicté leur servira de point de rappel.

Il va sans dire qu'avant la leçon, le professeur se fera remettre le livre de chaque élève afin qu'il ne puisse copier son résumé.

Cette méthode employée pour des enfants de 11 à 13 ans, donne des résultats vraiment remarquables. Après quelques leçons, la plupart répètent presque mot à mot le paragraphe qu'ils ont lu, ou, s'ils font des variations, ils prouvent suffisamment par leur récit qu'ils ont retenu toutes les idées de l'auteur.

Les élèves se sentant exposés à faire tour à tour les récits exigés suivront très-attentivement la lecture ; ils chercheront à la retenir ; au bout de quelques leçons, les plus intelligents y réussiront si bien, qu'ils parviendront à faire eux-mêmes, après une simple lecture, le résumé que le maître avait dû se réserver jusque-là.

Nous ne croyons pas qu'il existe un exercice plus utile à l'enfant; il l'habitue à la réflexion, développe merveilleusement sa mémoire, l'oblige à exprimer clairement ce qu'il a lu, à essayer de petites improvisations dont le moindre mérite est de lui apprendre à parler correctement sa langue.

C'est selon nous la plus belle gymnastique intellectuelle dont on puisse user pour développer ses facultés naissantes.

A cet exercice vient s'ajouter celui qui résulte du résumé écrit et qui contribue à graver plus profondément dans l'esprit de l'élève les principes dont il a écouté et reproduit lui-même l'exposé. Le maître arrivera à ce résultat si important après quelques essais ; ses élèves lui feront quatre pages de rédaction d'une lecture qui n'en comporte pas plus de cinq.

C'est là un utile exercice de style où l'enfant le moins intelligent trouve toujours quelque chose à dire.

Pour retirer de la méthode que nous venons d'indiquer, tous les avantages qu'elle offre, il faut certainement un homme convaincu, dévoué à son apostolat, et nous sommes heureux de le proclamer, aujourd'hui nos instituteurs sont animés du feu sacré qui fait les bons maîtres.

1782 — Amiens. Typ. Ve Lambert-Caron, place du Grand-Marché.

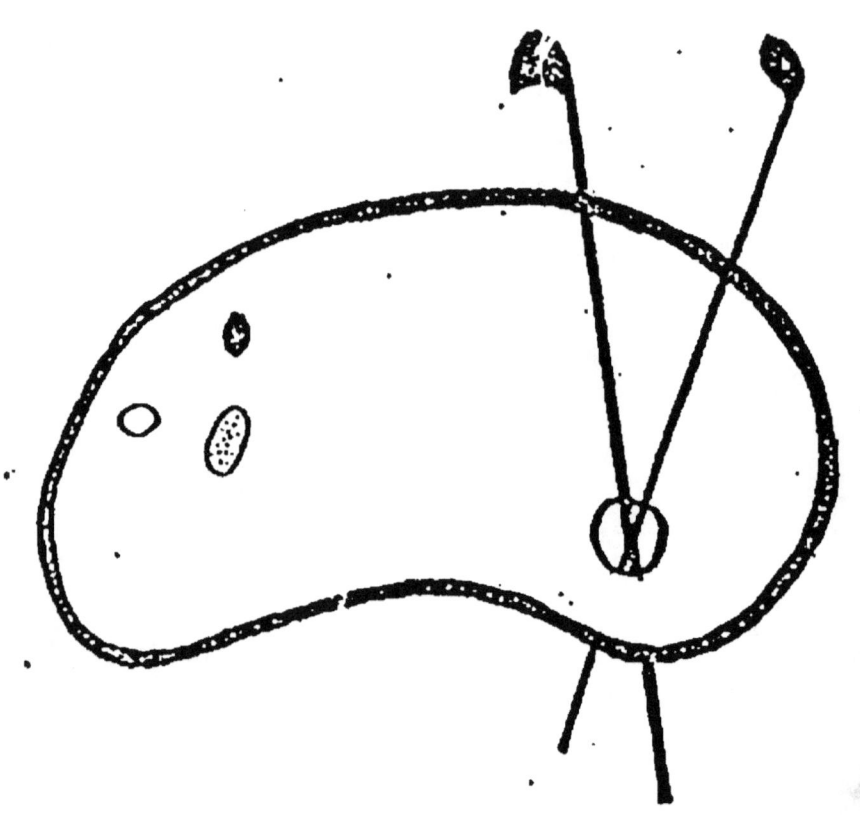

ORIGINAL EN COULEUR
NF Z 43-120-8

www.ingramcontent.com/pod-product-compliance
Lightning Source LLC
Chambersburg PA
CBHW071302160426
43196CB00009B/1386